백수 탈출 1

인생의 때를 밝히는 세상과의 이야기
백수 탈출 1

초판 1쇄 인쇄일_ 2009년 12월 3일
초판 1쇄 발행일_ 2009년 12월 10일

지은이_ 혜공
펴낸이_ 최길주

펴낸곳_ 도서출판 BG북갤러리
등록일자_ 2003년 11월 5일(제318-2003-00130호)
주소_ 서울시 영등포구 여의도동 14-5 아크로폴리스 406호
전화_ 02)761-7005(代) | 팩스_ 02)761-7995
홈페이지_ http://www.bookgallery.co.kr
E-mail_ cgjpower@yahoo.co.kr

ⓒ 혜공스님, 2009

값 15,000원

* 저자와 협의에 의해 인지는 생략합니다.
* 잘못된 책은 바꾸어 드립니다.

ISBN 978-89-91177-92-5 04810
ISBN 978-89-91177-91-8 (세트)

인생의 때를 밝히는 세상과의 이야기

백수 탈출 ①

혜공 지음

BG 북갤러리

머리말

다소의 차이는 있겠으나 누구나 세상에 태어났기에, 살아가면서 무언가 차지 않고 채워지지 않는 그 무엇을 사람마다 가지고 살아갈 것이다.

젊으면 젊은 대로, 나이가 들면 든 대로 희망도 갈망도 아닌 생을 감싸고 있는 것 같기도 하면서도 아니고, 생의 골격을 이루고 있는 듯하면서도 아닌 그 무엇이 그리도 궁금하여 얼마나 많은 세월을 떠돌이 백수가 되어 동가식서가숙(東家食西家宿)을 했던가?

모든 생물들이나 존재물들이 존재하려고 하여 존재하고 있나? 아무것도 모른 채 생겨나고 태어났기에 존재하고 있을 것이며, 모르고 왔기에 모르고들 살아갈 것이다.

자연이 세상에 왔기에 때의 자연에서 슬기와 지혜를 배우고 익혀서 실답게 살아봐야 하지 않겠나?

글을 쓰면서 틈틈이 써 놓은 글을 찾아오는 지인들에게 읽혀 보았더니 재미 위주의 글이 아니고 알듯 모를 듯하여 보기가 어렵다고 하며, 이렇게 글을 쓰면 보는 사람들이 재미 없어할 것이니 쉽고 재미있게 써야 한다는 조언을 늘어놓는다. (내가 보면 재미가 있는데.)

모든 삶은 때의 일이기에 재미와 무관하고, 장사와 무관한 책이면 어떠랴?

때의 글이라는 일념으로 세상에 내놓는다.

글의 특성상 세상에 알려지지 않은 천기누설에 가까운 글이라 매우 조심스럽고 머리통 속에 들어있는 것을 다 드러내 놓고 쓸 수가 없어 안타까움이 남는다. (알아는 볼까?)

무릇 형상이 있는 것은 모두가 다 허망하다. 만약 모든 형상에서 형상이 아닌 것을 본다면 곧 여래를 보리라.
凡所有相(범소유상) 皆是虛妄(개시허망)
若見(약견) 諸相非相(제상비상) 卽見如來(즉견여래)
누구나의 삶이 백수임을 진작 알았더라면 相(상)을 쫓는 허망한 짓거리는 덜하였을 것이 아닌가?

그래도 때의 인연으로 뜬구름(진묵스님) 같은 큰 스님의 도움이 있어 글을 지어 세상에 내놓는다.

한 편의 구름이 일어나는가?

한 편의 구름이 지고 있나?

소들이 쉬는 계절에 님한신 뒷자락의

금구정사에서 **혜공** 합장

차례

머리말 ………………………………………………………… 4

제1부 백수 탈출 1

1. 중놈은 아무나 되냐? …………………………………… 11
2. 神(신)들과 함께하는 시대 …………………………… 22
3. 스님아, 너 뭐하냐? …………………………………… 32
4. 움직임이 運(운)이요 ………………………………… 47
5. 백수 탈출 1 …………………………………………… 56

제2부 역사는 흐른다

6. 세상은 힘의 전쟁터 …………………………………… 69
7. 비행기를 두드려야 하는데 …………………………… 79
8. 공자의 나라 …………………………………………… 86
9. 목구멍이 포도청이라 ………………………………… 94
10. 끝나지 않은 삼국의 전쟁 …………………………… 104
  (1) 본토를 사수하라! - 백강구 전투 ……………… 105
  (2) 천년을 준비한 전쟁 - 길 좀 빌립시다 ………… 111
  (3) 청일전쟁과 한일합방 …………………………… 119
  (4) 세 차례의 전쟁을 치르고 ……………………… 124

제3부 인생살이, 때를 기다려라

11. 물길이 힘이고 문화이다 …………………………………… 131
12. 도장(印)을 쥐려면 ……………………………………………… 143
13. 달은 밝은데 ……………………………………………………… 152
14. 시간은 신의 움직임 …………………………………………… 169
15. 화장(火葬)을 해주시오 ………………………………………… 179
16. 만 원뿐이라서 …………………………………………………… 187
17. 안개속의 여인 …………………………………………………… 195

제4부 龍(용)들의 세상

18. 물의 맛 …………………………………………………………… 211
19. 제자리 저승치기 ………………………………………………… 219
20. 나 귀신에 씌었나요? ………………………………………… 228
21. 산신들의 회의 터 ……………………………………………… 238
22. 어느 도인과의 이야기 ………………………………………… 246
　　첫 번째 이야기 龍(용)의 세상 …………………………… 246
　　두 번째 이야기 잠을 안 재워, 신이? ………………… 257
　　세 번째 이야기 왕들의 전생 ……………………………… 266

〈책 속의 책〉 – 암수로 풀어보는 운세법 1 ………………………… 277

제1부
백수 탈출 1

1. 중놈은 아무나 되냐?
2. 신들과 함께하는 시대
3. 스님아, 너 뭐하냐?
4. 움직임이 運(운)이요
5. 백수 탈출 1

1. 중놈은 아무나 되냐?

산자락에 궁둥이를 틀고 살다보니 틈이 나는 대로 산을 자주 찾아 오르내리게 된다.

이제는 누가 시키지 않아도 산행의 맛을 알아서 즐겨 찾지만 예전에는 산에 오르자고 하거나 등산이나 가자고 하면 무엇 때문에 힘들이고 피곤하게 산에 가냐고 하며 별로 달가워하지를 않았었다.

무상하게 변하는 것이 세상의 일인지 힘들어하며 그리 달가워하지 않던 산을 오르내리는 것이, 자연스러워지는 일이 되었다.

시절의 인연으로 출가를 뜻에 두고 산문을 두드리며 헤매고 다녀도 나이가 많다는 이유를 들어 아무도 거두어 주질 않아서 어찌 할 바를 모르고 정신조차도 가누기가 힘이 들어 할 때에 아시는 분의 소개로 산속에 사는 도인을 찾게 되었는데, 그분이 나의 사부이신 一山(일산)어른이시다.

처음 찾아가 인사를 드리고 출가에 뜻을 두고 찾아 왔다고 말씀드렸더니 대뜸 "야! 이놈아, 중놈은 아무나 되냐? 중놈 짓거리는 아무나 하는 줄 아냐? 이놈아! 그리고 중의 짓거리도 타고 나야 되고 그리 만만한 것이 아니다! 40 넘게 제멋대로 살면서 할 짓 못할 짓 다하고 제멋대로 살다가 중놈이 되면 뭐가 달라지기나 하냐?"라고 하신다. 그래서 '그치시려나?' 하였는데 다시 이어진다.

"그리고 목구멍에 넘어간다고 먹을 것 못 먹을 것 가리지 않고 이것저것 안 가리고 돼지처럼 처먹고 살다가 중이 된다고 해서 그걸 누가 온전한 중놈이라고나 하겠냐? 그리고 승복만 걸쳤다고 다 중놈이냐? 승복만 걸치는 중놈이 되려면 여기 와서 대가리 들이대지 말고 저자거리에서 승복을 사 걸치고 중놈 짓거리하면 될 것이니 오며가며 지랄 떨지 말고 돌아가라"며 호통을 치신다.

지랄(糦, 음식 먹고 체할 지, 剌, 난동부릴 랄)은 먹은 음식이 소화가 되지 않아 괴로워서 난동을 부리는 것이다.

쏟아 놓으시는 말씀 속에 뼈가 있음을 알았기에 무슨 말이 필요한가! 아무 말도 필요가 없음을 알았기에 인사를 드리고 나오며 마당에서 감사의 눈물을 삼키면서 삼배를 올리고 되돌아 왔었다.

스님은 누가 밥 먹여 주냐?

출가를 원하나 산문의 법에 걸려 오라는 곳도, 찾아갈 곳도 없는 신세였으나, 일산 어른의 호통 속에서 암담하고 요원하던 출가의 길을 찾았기에 시간을 내어 찾아뵙고 인사를 드리니 호통부터 치신다.

"뭐 하러 왔냐? 너 같은 놈을 중놈 만들어주면 청정하게 수행하시는 스님들이나 팔고, 공부하신 스님들 욕을 도매금으로 먹일 놈이니 아예 출가는 생각하지도 말고, 꺼내지도 말고 돌아가라."

호통은 치시나 수행자가 되려는 자의 행동이나 마음가짐에 대하여 일러주시는 어른의 말씀임을 알아 차렸기에 감사한 마음으로 절을 올리고 돌아왔었다.

그리고 그 후 또 찾아뵈었는데 "아! 이놈아, 귀찮게 뭐 하러 찾아와? 근본이 안 되고 공부가 안 된 놈이 옷만 걸치고 중놈 되면 청정한 부처님의 도량을 좌판 삼아 부처님 올려놓고 장사나 해 처먹을 짓거리나 생각을 할 텐데" 하시며 내쫓듯 등을 미신다.

그 후로도 어른의 진의를 알아차렸기에 찾아가서 뵙기를 몇 번째였던가.

그날도 찾아가서 인사를 드렸더니 이전과는 달리 "여보게, 그냥 세상에 묻혀 살면 그냥저냥 편한 밥 먹고 살만한 인사가 어찌 그리 고생을 사서 하겠다고 그러시나?" 하시며 "스님 되기가 쉬운 것도 아니며 스님이 된들 누가 밥 먹여 주며 공부하라고 시키기나 하나?" 하신다.

그리고 어른은 "스님은 어느 절이나, 어느 종단이나, 어느 큰스님의 제자가 되는 것이 중요한 것이 아니고 스스로 공부하여 부처의 밝음을 알아차리는 것이 본분의 일"이라고 하시며 "그래도 고생을 하겠다고 하면 말리지는 않을 것이니 저 건넌방에 와서 솥을 걸어 보라"고 하신다.

그날로 준비해 두었던 생필품과 옷가지를 넣은 가방을 들고 행랑채에 들었는데, "늦게 시작한 공부라고 생각하지 말고 열심히 공부를 하라"고 하시며 "급한 마음은 공부에 도움이 되지 않으니 천천히 해보게!" 하신다.

그 후로 어르신과 함께 생활을 하게 되었다. 아래채의 헛간을 뜯어서 고쳤는데, 어른은 "공부하는 사람은 비바람만 피하면 된다"고 하시며 수행자들의 처소인 '산 구멍 절(崒)' 자를 일러주신다.

"辛(신)자의 씨를 찾아보라"

어느 날인가, 천체의 생성과 氣(기)에 대하여 말씀을 하시다가 "지금 계절이 어디에 와 있나?" 하며 물으셔서 "가을입니다"라고 대답을 드렸는데, "허어!" 하시기에 "천간은 7살인 庚(경)과 8살인 辛(신)의 때이고, 지지는 申(신)酉(유)의 때이며, 결실기이기에 金(금)의 때입니다" 하니 "허어! 그래" 하시며 얘기를 이어나가려는데, 객방으로 손님이 찾아든다.

이야기를 접고 방을 나서며 "손님이 오셨는데 공양은 어떻게 준비해야겠냐?"고 말씀을 드렸더니 "있는 대로 알아서 준비하게" 하신다. 며칠 전에 사다놓은 라면이 생각이 나서 "라면이 있는데 어떨까요?" 하였더니 "그래. 그것도 좋지!" 하신다. 오랜만의 일이라 라면을 끓여서 손님과 함께 공양을 드시는데 라면에 물을 들어부으시며 "조금 맵다"고 하신다.

아차! 싶었으나 어찌할 수 없는 노릇이 아닌가.

연로하시어 맵거나 짜거나 자극을 주는 음식은 가려서 드시는데 매운 라면을 드렸으니 난감했다.

손님이 일을 마치고 가는 것을 보고 평소에 잘 드시기에 냉장고에 넣어두었던 두부를 살짝 데워서 간장을 올려 가지고 어르신의 방으로 들어가서 두부를 내려놓았더니 "허어!" 하시며 "아까 먹은 놈들이 너무 매워서 속에서 전쟁을 치르고 있는데 이놈들이 넘어가면 속이 조금은 편해질까?" 하시며 두부를 맛있게 드시면서 내게도 젓가락을 쥐어주신다.

두부를 드시고 나니 "한결 속이 편하다"고 하시며 오전의 얘기를 이어가신다.

"천간(하늘)의 가을은 庚, 辛인데 나이로 보면 경(7살)보다 신(8살)이 한 살을 더 먹었으니 제일 야물고 튼튼한 열매라" 하시며, "한문의 한 자, 한 자의 생성은 육서 육체의 원칙이 있음을 안다면 辛(매울 신) 자를 만들 때에 무엇을 보고 글이 생겼는가?" 물으시더니, "辛(신)자를 사용하고 있다는 것은 자연의 어딘가에는 辛(신)자를 처음 만들 때의 씨가 있을 것이니 신자의 씨를 찾아보라"고 하신다. 무슨 생뚱맞은 소리인가?

풀이를 하면 辛(매울 신)자를 글로 만들어 사용을 하고 있으니 자연의 어딘가에는 辛자를 처음 만들 때의 어떤 재료가 있을 것이며, 글을 사용하고 있다는 것은 자연의 어딘가에 그 글자를 만들게 하였던 재료가 존재하고 있다는 것이니 그것을 찾아오라는 것이었다.

辛자를 파자해보면 立(설 립)자와 十(열 십)자로 나뉘는데, 뜻을 들여다보면 '열 번 섰다'는 뜻이 있음을 알 수가 있다. 결론은 9번 넘어졌다가도 10번째에 일어서는 것이 자연에 존재할 것이니 그것을 찾아오라는 것이다.

2전3기, 4전5기, 7전8기는 들어봤으나, 9전10기는 생각조차도 못하였으며 辛자를 무심코 쓰면서도 '9번을 넘어뜨려도 10번을 일어난다'는 뜻이니 얼마나 지독하고 매서운 글인가를 알게 되었다.

어른의 별호는 '꼬장 스님'

다음날부터는 시간만 나면 글의 재료는 모두가 자연에서 생성이 되었음을 알아서 산을 찾아 오르게 되었는데 辛의 재료도 자연에 있을 것이기에 글의 씨를 찾아 산을 헤매며 다니게 되었다.

해를 넘기고 봄이 되어 천지의 싹들이 세상 구경하듯 너도나도 고개를 내밀며 세상을 초록의 세상으로 물들이는데 분명 辛자의 씨도 싹이 터서 어딘가에 고개를 내밀고 있으련만 알지 못하여 만날 수가 없었다.

한 날은 어르신이 서찰을 내주시며 어느 절을 찾아가서 전해주라고 하시며 "혹시 이곳에서의 생활을 물어보면 삼 년쯤 되었다고 말을 하라"고 일러주신다. 그러시면서 "공부라는 것은 너무 느슨해서도, 너무 긴장을 해서도 도움이 되질 않으니 쉬엄쉬엄하라"고 하신다.

"오랜만에 밖에 나가서 볼일도 보고 절에서 충분히 쉬며 공부하고 오라"고 하시며, 어른께서는 "날씨가 좋으니 산에 약초나 나물들이 자랐을 것"이라며 망태기를 메고 이내 산으로 오르신다.

산속의 집을 나와 길을 물어 절을 찾아들어가보니 저녁 예불을 올리는 소리가 들린다.

(파지옥진언) "옴 가라지야 사바하."

법당으로 올라가서 예불을 드리고 주지스님에게 어른의 서찰을 올렸더니 "어른 스님을 찾아가 뵈어야 하는데" 하시며 어른의 건강을 물으신다. 이어 "어른 스님과는 얼마나 함께 생활을 했나?"고 물어 "삼 년 되었습니다"라고 하였더니 주지스님은 눈이 커지며 다시 묻는 것이 아닌가. 그래서 다시 "삼 년 되었습니다"라고 하였더니 이번에는 여러 스님들에게 "일산 스님이 이 처사와 함께 삼 년을 함께 생활을 하고 계시다는데 스님들, 믿을 수가 있는 말이요?" 하며 묻는다.

여러 스님들은 어르신을 알고 있는 것 같았고, 그 중에서 나이가 지긋하신 스님이 "처사님, 꼬장 어른을 삼 년씩이나 모시고 계신다니 정말 대단하시요! 그분의 성정이 워낙 꼬장꼬장하고 급하시기 때문에 누구라도 일 년을 그분 옆에서 견디지를 못했는데" 하신다.

들은 얘기를 정리해보면 일산 어르신은 소싯적에 출가를 하시어 절집의 큰스님들 밑에서 공부를 하셨으며, 한때는 절의 살림도 맡아하셨고 譯經(역경)의 일도 하셨기에 따르는 후학들도 많았다.

그러나 성격이 워낙 강직하고 융통성이 없어서 애로 또한 많았단다. 십여 년 전에 절집 생활을 정리하고 환속을 하셨으며, 많은 스님들은 '꼬장 스님'으로 별호를 지어 기억하고 있었다.

어느 스님은 나에게 칭찬을 아끼지 않는 얘기도 하신다. 자신들은 '일 년을 모시지도 못했는데 어떻게 삼 년이 넘도록 모시느냐, 득도하지 않고서는 불가능한 일'이라 칭찬을 하시고는 언제고 찾아가서 한 수 배워야겠다고 덧붙이신다.

한동안을 그곳의 절에서 보내고 집으로 돌아와서 생활을 하며 어른의 꼬장꼬장한 별호가 괜히 붙은 것은 아니라는 걸 새삼 알게 되었다.

막상 무엇이든 찾고 나면 업고 다닌 아이일 수도…

공부를 하다보면 시간이 가는 줄도 몰라 늦게 잠자리에 들면 아침에 일어나는 것도 조금은 늦게 되는데, 어른의 노랫소리와 장단을 맞추는 빈 깡통 두드리는 소리에 잠깨어 일어날 때가 가끔은 있었다. 그때마다 어른께서 이른 아침에 흥이 나셔서 그런 걸로 알았다.

언젠가는 동장군이 기승을 부려 몹시 추운 날인데 새벽녘에 방의 온기가 없어 일어나 밖으로 나가보니 뒤뜰에는 내 방의 아궁이에서 빼 놓은 듯한 연탄이 벌겋게 타고 있고, 위에는 세숫대야에 물이 담겨있었다. 그래서 데워진 물을 어른께 갖다드렸더니 아침 세수는 마쳤으니 나보고 더운물을 쓰라고 하신다. 그러면서 스님은 "공부하는 사람은 방이 더우면 공부에 장애가 되고 편함을 쫓아 잠만 늘어나기에 내가 연탄불을 빼 놓았다"고 하시며 "일어났으면 연탄을 도로 제자리에 갖다 넣으라"고 하신 적도 있었다.

그 뒤로도 날씨가 추워 방을 데워야 할 연탄이 뒤뜰에서 새벽하늘을 데울 때도 더러 있었고 깡통의 장단에 섞인 노랫가락 또한 심심찮게 들었는데, 꼬장꼬장한 성격 탓이라는 걸 들은 뒤로는 하루를 여는 지극한 제자 사랑의 표현임을 알게 되었다.

한동안을 절에서 머물고 집으로 돌아와 인사를 드리고 밖으로 나와 옆 뜰로 나가보니 그동안 보이지 않던 엄나무, 두릅, 오가피, 취나물과 약초로 보이는 것들이 풍성하게 심어져있다. 그동안 나물로 이용을 하시려고 채취하여 심어 놓으신 것 같았다.

계절이 익은 여름으로 가며 장마가 비를 몰고 와서 비가 내리는 날이 자주 있게 되어 "산행을 가고 싶어도 갈수가 없다"고 말씀을 드렸더니, "산을 다녀도 너무 멀리는 가지 말게. 막상 무엇이든 찾고 나면 업고 다닌 아이일 수도 있으니" 하신다.

어느 날 비가 밤새 내리고 오전에도 비가 추적추적 내리더니 오후에 들어서며 언제 비가 왔었냐는 듯이 밝은 해가 보인다.

비가 많이 온 터라 가까운 뒷산을 오르며 보이는 고사리나 나물을 뜯으며 한가로이 산행을 마치고 집으로 돌아오는데, 산 까치 떼가 며칠 전에 이사 온 까마귀 부부와 영역의 다툼을 부리는지 여러 마리가 무리를 지어 이리저리 날며 소란스럽고 시끄럽다.

열려 있는 넓은 하늘에서도 터 싸움을 하고 있으니 '땅이나 하늘이 언제나 시끄러운 싸움을 멈출까?' 하는 부질없는 생각을 잠시 가져 본다.

녀석들은 수적으로 우세하여 떼로 몰려다니며 시끄럽게 하는 지라 이사 온 까마귀 부부가 싸움이 귀찮은지 산의 능선을 넘어가며 자리를 피한다. 큰 날개로 유유히 날아가는 녀석들이 넘어가는 산의 능선을 훑어보는데 문득 辛자의 형상이 머리를 스치며 글자가 선명하게 눈에 들어오는 것이 아닌가. 아! 찾았다!! 이렇게 가까운 곳에 두고 그동안 산을 뒤지듯 다녔으니.

저녁 공양을 하며 상머리에서 어르신에게 辛(신)자의 씨를 찾았다고 말씀을 드렸더니 무어냐고 물어보시지도 않으시며 "허어! 이제야 보셨나?" 하시며 "글자의 한 자, 한 자가 하는 일이 저마다 다르니 앞으로 살아가면서 辛(신)자의 뜻을 깊이 담고 살아봐! 지독한 뜻만큼이나 묘함이 있을 것이네" 하신다. (독자님들 궁금하신가? 찾아보시게!)

강산이 변하는 시간이 갔어도 산에 오르면 오소리도, 까치도, 노루도, 토끼도 만날 수가 있어서 좋아 오늘도 산을 찾아 발길을 들여 놓는데, 발밑에서 까투리가 인기척에 놀랐는지 퍼드덕 날갯짓을 하며 날아오르니 이내 장끼도 고운 옷 자랑 하며 날아오른다. 허어! 이놈들아, 놀랐다.

글이 있어 세상이 흐르고 흘러, 이어지고 이어져서 역사라는 이름으로 내려오며 얼마나 많은 글들이 지금도 일을 하고 있는 것을 알고나 있는지? 자못 궁금하다.

산길을 걷고 있자니 눈에 익은 글자들이 세월의 흐름도 잊은 채 제 모습을 보이며 발길을 따라온다.

2. 神(신)들과 함께하는 시대

   아침의 이슬 밭에서는 고개를 숙이고 있더니 해가 차올라 대지에 열기를 풍기니 제 녀석들 고개를 들고 해를 바라보고 있다.
   어디 해바라기뿐이겠는가! 만물이 해의 열기나 빛을 조금이라도 더 쬐기 위해 온갖 아양을 떨며 바람이라도 일어나 불라치면 나뭇잎들은 속을 뒤집어 까면서 잎의 뒤 쪽에도 열기를 저장하려고 팔랑거리는 것을 볼 수가 있다.
   물속에 사는 고기들도 해의 열기를 먹고 자라기에 음지보다는 해가 드는 양지쪽에 다양한 어종이 자리를 잡고 살고 있음을 알 수가 있다.
   우리네들이 터 잡고 살아가는 지구는 중심축이 한쪽으로 기울어져서 태양을 돌기에 사계절이 생겨나게 되었으며, 계절은 태양의 고도와 주기에 의해서 형성되는 것은 누구나 알고 있으리라.

세상을 살아간다는 것은 고통의 바다에서 허우적거리는 것이라지만 늦게 출가를 한 터라 어르신을 모시고 조금이라도 더 공부를 했으면 하는 마음이 간절한데, 어느 날인가 어르신이 이제 때가 익은 듯하니 어디라도 자신의 인연자리를 찾아보라고 하신다.

듣기는 좋은 말이나 나가라는 말씀이시니 어디 갈 곳이 있나, 오라는 곳이 있나, 내쫓는 것이나 진배가 없으니 그때의 막막함이란.

그 후로 한동안 몸담을 곳을 찾아 헤매다가 다행히 ○○산의 뒤통수 자락에 있는 움막을 얻을 수가 있었는데 수행의 자리로서도 손색이 없었다(그곳은 이조 때에 천석꾼의 집 자리였다).

수행의 자리는 금당자리라고도 하며, 금당 터는 四神(사신, 청룡·백호·현무·주작)을 부리고 도움을 받을 수 있는 터를 말한다.

들고 나올 것도 없는 짐을 챙기고 어르신께 인사를 드리니 "아름답고 아름답다"고 하시며 "문턱에 처음 들였을 때에는 산속에 불목하니 같았는데 이젠 여법한 스님이 되셨으니 부디 초심을 놓치지 말고 삼보정재를 무섭게 알라"고 하시며 더는 아무 말씀도 없이 뒷산으로 올라가신다.

(사랑도 사람의 일이라 만날 때에 미리 떠날 것을 염려하고 경계하지 아니한 것은 아니지만, 이별은 뜻밖의 일이 되고 놀란 가슴은

새로운 슬픔이 터집니다. 〈한용운 님의 '님의 침묵' 중에서〉

출가에 목이 말라 이곳저곳의 산문을 두드려 보았으나 어디 한 곳에서도 몸뚱이를 받아주는 곳이 없었는데, 시절의 인연인지 어르신이 받아주어 세속의 껍질을 벗겨 주고 공부로 눈을 뜨고 보게 해 주셨으니 지난 세월에 입은 은혜를 어찌 말로 다할 수가 있겠나! 떨어지지 않는 무거운 발걸음을 돌려 새로 얻은 움막으로 돌아 왔었다.

(우리는 만날 때에 떠날 것을 염려하는 것과 같이 떠날 때에 다시 만날 것을 믿습니다. 아! 아! 님은 갔지만은 나는 님을 보내지 아니 하였습니다. 제 곡조를 못 이기는 사랑의 노래는 님의 침묵을 휩싸고 돕니다. 〈한용운 님의 '님의 침묵' 중에서〉

젊었을 때에는 허술하거나 빈틈이 없고 워낙 대쪽 같은 성정이시라 누구라도 함께 지내기가 어려웠다는 어르신과 지낸 긴 세월이 불과 며칠 지난 것 같은 것은 공부에 대한 갈망과 아쉬움이 남아 있기 때문이리라.

사람이 살지 않았던 산속의 집이라 여기저기에 사람의 손이 필요한 곳이 많았다.

산속의 겨울은 유난히도 추운 것을 알고 겨울을 잘 지내야 하기에 방의 구들장도 뜯어고치고, 굴뚝도 세우고, 아궁이에 부뚜막도 만들었고, 자고 눈을 뜨면 주위를 정리하고 치우며 나무나 꽃나무도 옮겨와서 심고, 주위에 오랫동안 묵어나던 밭도 갈아엎어서 상추와 고추, 배추 등 채소도 심어 놓으니 여법하게 살림이 늘어난 것이 흐뭇하기도 하였다.

자신의 변하는 계절에 맞는 짓거리를 해야

하루해가 짧아 쪼개서 쓰던 어느 날인가?

집 앞으로 검정색의 차가 들어와 멎더니 건장한 체구의 남자들이 집안으로 들어섰다. 그 중에 한 사람이 아는 체를 하며 인사를 하는데 기억이 나질 않았다.

바쁜 일손이었으나 방으로 들이고 차를 마시며 얘기를 나누어 보니 어느 지인이 소개를 하여 찾아 온 것임을 알았다. 유흥업을 하고 있고, 이름은 O광섭이며, 경자 생에 병술 월, 정유 일 생이란다.

누구나 사람이라는 껍데기를 쓰고 살기에 이름표를 달고 남들보다는 멋이 있고 부유하게 살고 싶고, 폼 나고 '광발' 나게 살기를 원하여 이리 뛰고 저리 뛰며 분주히 살아간다. 하지만 자연의 계절은 정해져 있고 계절의 행위는 누구도 거스를 수가 없으니 봄과 여름과 가을이 하는 짓거리는 날이 가고 달이 가면서 자연의 계절이 바뀌듯, 사람의 생도 나이가 들면 당연히 바뀌는 것을 알아야 하겠다.

갓 불혹을 넘긴 나이라 계절이 바뀌는 환절기에 들어있고, 丙戌(병술)인 암놈의 개가 일을 마치고 정유의 닭에게 자리를 넘겨주는 때이며, 계절은 여름이 지나고 가을로 들어서는 때가 아닌가.

천간의 병정이 火(화)이기에 성품은 곧고 정직하나 남을 의식하여 자랑과 허풍이 함께 있으며, 지지의 유술이 金(금)이라 농사를 짓기에 좋은 농기구를 갖고 있으며, 같은 쇠라도 가공되어진 쇠이기에 귀한 보석의 가치를 지니고 있으며, 앞으로는 흙을 다루는 토건업이나 부동산업도 가능하나, 자연이나 땅을 훼손하는 일은 절대하지 말라고 일러주었다.

지금까지 해왔던 유흥업은 나이의 계절로는 더운 여름이기에 물장사로 재미를 보았겠으나, 이제부터는 계절이 바뀌어 선선한 가을의 시기로 접어 들어가며, 봄과 여름에 심었던 농작물을 수확하는 시기라 물을 다루는 일은 별로 재미가 없을 거라 일러주었다.

자연의 사계절은 천체의 운행이 만들어 내는 것이기에 이미 정하여졌음도 알아야 하며, 지구라는 공기주머니에서 생을 영위하는 사람에게 봄의 짓거리와 여름의 짓거리와 가을이 하는 짓거리를 알아 자신의 변하는 계절에 맞는 짓거리를 해야 할 것이다.

세월이 가는 것도, 오는 것도, 어느 누가 막을 수 있겠는가.

하늘에서 하는 어떤 짓도 우리네들이 어찌할 수가 없음은 하늘에서 행하는 어느 행위도 불가침이며, 천체의 움직임에 어느 사사로움이 끼어들 틈이 있다고 보는가?

이미 정해진 것임을 알아야 편할 것이네!

🌠 세상은 점점 신들의 놀이터로 변해간다

예전에는 강산이 변한다는 말을 할라치면 10년의 세월이라고들 하였지만, 21세기에 들은 요즈음에는 하도 세상이 급변하기에 3년만 지나도 강산이 변한다고들 하는데 가히 빈말이 아닌 것 같기도 하다.

일상의 변화를 수로 나타내보면 미터, 킬로미터의 1,000배율의 단위가 메가, 기가, 테라의 단위로 커지고 센티미터, 밀리미터의 단위가 마이크로, 나노, 피코의 단위로 극소화되어 우리의 일상에 들어와 있음은 어느 시대에도 없었던 변화가 아닌가.

극대와 극소의 수치가 우리들의 생활 속에 들어와 생각과 행동을 바꾸고 있으며, 상상을 초월하는 물건들이 선을 보이며, 일상의 생활에 스며들고 있음을 볼 때에 가히 인간이 할 수 없는 神(신)들의 영역을 넘나드는 것 같은 세상으로 변해가고 있는 것을 알 수가 있다.

미터의 천배가 킬로미터이며, 킬로미터의 천배가 메가의 단위가 되고, 메가의 천배가 기가라고 하니 어디 상상이나 하겠는가. 메가톤급만 해도 엄청난 힘이라고 알고 있는데 그의 천배인 기가톤급이 출현을 하고, 기가의 단위가 테라의 시대로 이어갈 것이 분명하기에 신들의 영역에 넘나든다는 표현은 결코 과장이 아닐 것이다.

1톤을 들어 올리는 장사 앞에 천 톤을 들어 올리는 장사가 출현하고, 그 장사 앞에 1,000배인 100만 톤을 들어 올리는 장사가 출현을 한다니 어찌 인간의 힘으로 상상이나 하며 또한 대적이나 할 수 있겠는가

1밀리미터의 가는 머리카락을 천 가닥으로 가르고, 가른 한 가닥

으로 다시 천 가닥을 낸다는 것은 분명 인간의 상상을 초월하는 것이기에 신의 세계를 넘나든다는 표현이 적합하리라.

인간의 한계를 넘어 불가능하여 할 수가 없는 일이나 생각에만 머무는 그 어떤 것이 신들의 영역이라고 하였으니 변하는 세상을 보고 있자면 세상은 점점 신들의 놀이터로 변해가는 것을 알 수가 있다.

자신의 생활이 여유롭고 풍족하여도 그 생활을 이어가고 지키기 위하여 항상 더 좋은 수가 없나 하며 수를 찾을 것이고, 넉넉하지 못하여 빈곤한 사람이나 그 무엇에 고프고 애달픈 사람들은 항상 좋은 수가 없을까 하며 묘수를 찾으려고 애를 쓰고 있다. 이를 볼 때에 세상의 모든 움직임은 수와 연결이 되어 있고 움직이는 모든 것의 하나하나가 수 아닌 것이 없다고 하겠다.

🕯 안 해야 할 짓을 하고서 무슨 재미를 보려고?

작년엔가. 봄이 되어 때가 익어서 산천의 꽃 들이 흐드러지게 피어 얼굴을 자랑이나 하듯이 온통 주위가 꽃밭을 이루었기에 뜰을 거닐며 '혼자 보기가 정말 아깝구나!' 하고 있는데, 누군가 마당으로 들어서며 "스님, 그동안 잘 지내셨습니까? 세월이 많이 지나서 기억이나 하시겠는지요?" 하며 말을 건네기에 쳐다보니, 궁둥이 돌릴 자리를 겨우 잡고 터 닦기에 여념이 없을 때에 찾아왔던 O광섭이가 아닌가!

"기억하지. 그때는 어깨에 힘이 잔뜩 들어있는 동생들을 대동하고 검정색 고급승용차를 끌고 온 것도 알고 있는데 그동안 왜 발길을 안 하셨나?" 하고 물으니, 바쁘게 이리저리 뛰어다니듯 생활을 하다 보니 잊고 지내게 되었다며 죄송하다는 말을 덧붙인다.

"죄송할 거야 있나! 그래 바쁘게 생활을 하였다면 바쁜 만큼 얻은 것도 있었는가?" 물으니, 잠시 생각을 하더니 한때는 얻은 것이 있어서 그걸 놓치지 않으려고 발버둥을 쳤으나 지금은 아무것도 남은 것이 없단다.

나이의 계절이 물장사보다는 흙을 다루거나 부동산을 하면 될 것이라는 말을 듣고 조금씩 땅을 사고팔면서 재미를 보았단다.

건축이나 부동산을 하다보다 이익이 많은 것에 맛이 들었고, 투자하는 만큼 이익도 생기는 거라는 생각이 들었는데 주위에서 유원지를 개발하는 곳 땅을 사서 콘도나 별장을 지어 분양을 하면 투자 이상의 이익이 있을 거라고 권하였단다. 그래서 그는 자금이 다소 어려웠지만 일을 벌려 놓으면 그동안은 해결이 잘 되었기에 시작을 하면 어떻게 하든지 풀어나갈 것 같아 땅을 사서 일을 시작하였다.

자금이 어려워 이것저것 가지고 있는 것은 은행에 잡히고 개인들에게도 빌려서 건축은 마감을 보았으나 분양이 애초의 생각대로 되질 않아서 고생을 하였단다. 시간이 가고 날이 가면서 개인의 돈이나 은행에서 빌린 돈들이 이자가 늘어나서 삼사 년을 버티다가 얼마 전에 강제로 정리를 하였는데, 배는 어디가고 배꼽만 남았다며 쓸쓸하게 웃는다.

유원지에 별장을 지으려니 산의 옆구리도 파헤치고, 산의 다리도 잘라 놓고, 산의 대가리도 뭉개어 둑을 막아 연못도 만들고, 집의 기초도 쌓았다니 어찌 잘 되길 바라는가? 당장에야 말없고 대답 없는 자연이지만 자연이 살아 있어야 사람도 살 수가 있는 것인데, 자연을 갈가리 찢고 할퀴고 파 엎어 놓고 어찌 잘 되길 바라는가?

흙을 만지는 것에 재물이 들어 있으나 자연을 훼손하지 말라고 일렀거늘, 한방에 돈을 벌어보려고 안 해야 할 짓을 하고서 자연에서 무슨 재미를 보려고 했는가?

"여보게! 흩어진 재물에 연연하지 말고 이제라도 자연과 함께 살아가는 것을 안다면 재물은 들어올 것이니 틈이 나는 대로 자연 공부나 해보게. 그 속에 돈이 들어 있으니!"

묵묵히 말을 듣고는 그는 다시 찾아뵙겠다며 산을 내려간다. 세월이 변한 만큼이나 많이 변해 힘 빠진 모습을 보내자니 매우 안타까웠다.

파괴된 자연들의 반란이 시작되었다

하늘이 열리고 땅이 굳어져 자연을 이루는 것이며, 사람이 살아가는 공간이 하늘과 땅 사이의 존재하는 공간임을 안다면 자연의 소중함을 당연히 알아야 하지 않겠나!

사람들의 욕심에 의해서 파괴된 자연들의 반란이 시작되었음을 아는 이들은 알고 있으리라.

봄에 피는 꽃들이 때아닌 겨울에 피어나고, 어느 곳에서는 때아닌 여름에 눈이 내리고 가을에 태풍이 몰아쳐서 건물들을 날려버린다. 그런가 하면 겨울에도 빙하가 녹아 흐른다니 사람들에 대한 자연의 반란이리라.

지구는 스스로 자정능력이 있기에 계절을 잊어버린 듯한 일기에 별로 신경을 안 써도 된다는 이들도 더러는 있으나, 지구인들 누구 좋으라고 일을 잘 하겠는가.

세상이 신들의 놀이터로 변한 줄을 아는지 모르는지 세월 따라 수많은 계절은 오고가는데, 제철을 아는 이들이 얼마나 되는지?

세상에 공짜가 어디 있나! 다들 알아들었다고! 뭐 대단할 것도 없는 말이라고! 세 살 먹은 아이도 알고 있다고! 웃기고들 있네!

여보게들, 알아들어서 뭐 할라고?

알아차린 놈 보기가 어렵다는 얘길세!

3. 스님아, 너 뭐하냐?

여름의 삼복이 고개를 들며 날씨가 더워지니 산속의 움막에 살면서도 '더위를 어떻게 지낼까?' 하는 궁리를 하게 된다. 작은 평상이야 있지만 이왕이면 여럿이 둘러앉을 수 있는 평상을 생각하고는 나무의 주변이 시원할 것이기에 집의 앞뒤를 돌아보고 옆 뜰에 아름드리 살구나무와 은행나무가 자리를 차지하고 자라고 있는 자리가 좋을 것 같아 그곳에 자리를 잡았다.

재목으로는 겨울에 땔감으로 사용하라며 여기저기서 실어다 놓은 목재가 있었기에 그것에서 골라 틈만 나면 열심히 잘라서 붙이고 이어대고 박다보니 십여 명이 앉아도 넉넉할 만큼의 평상이 만들어졌다.

며칠을 지내며 사용을 하다 보니 햇빛도 피하고 비도 막을 수가 있는 지붕을 씌웠으면 좋겠다는 욕심이 생겨서 곧바로 일을 시작하였다. 지붕을 덮어씌우는 일이 쉬운 일은 아니었으나 튼튼한 나무를 골라 기둥을 세우고 몇 날을 시간만 나면 열심히 뚝딱거려 지붕도 만들어 씌우니 웬만한 비가와도 끄떡없을 만한 정자가 만들어져서 아침저녁으로 때 없이 드나들면서 실없이 혼자서 흐뭇하다.

날씨가 점점 더워지니 오가는 사람들도 들러서 쉬었다 가며 시원하다고 한마디씩 보테니 때맞춰서 잘 만든 것 같다. 밤이 되어도 방으로 들지 않고 모기장을 치고 잠도 자곤 하는데, 여간 시원한 것이 아니기에 요즈음 생활은 대부분 새로 지은 정자에서 지내게 되었다.

며칠 전 할 줄 모르는 일을 벌려 놓고 나무를 떡 주무르듯 붙이고 떼고 박았다가 빼며 정자를 짓느라 정신이 없는데, 전화가 걸려와서 받아보니 "형, ○종원이요"라고 말을 한다. 정말이지 오랜만이고 어떻게 지내고 있는지 궁금하기도 했던 차에 "어떻게 알고 전화를 하냐?"고 하니 "지난 이야기는 일간 찾아 뵐 테니 그때 나누자"고 하여 대화를 간단히 마쳤다.

오랜 세월 동네라는 울타리에서 나이를 더 먹었으니 형이고, 나이 덜 먹어서 동생이 되어 그냥 그렇게들 살아왔다. 그러면서 그 녀석이 결혼하여 자식도 낳고 잘사나 했는데, 언젠가 들리는 소문엔 혼자 지내고 있다 해서 '한 번 만나봤으면' 했으나 다른 곳으로 이사를 하여 볼 수가 없게 되었다. 그리고 나도 출가를 하여 산속에 묻혀 산승으로 살게 되니 그동안에 밖의 일들은 알 수가 없던 차였다.

부딪기며 사는 인연의 소중함을 알아야

因緣(인연)이라 함은 因(인)이 있기에 緣(연)이 있음을 말하는 것이다. 태어난다는 것도 인연이요. 누구누구의 집안이네, 무슨 성씨네 하는 혈연의 관계를 가지고 태어나서 살며, 태어나면서 어느 지방, 어느 지역에서 태어났느냐 하는 지연관계가 있으며, 자라나고 살면서 어느 학교, 어느 선생의 문하생이었느냐에 따라 달라지는 학연관계가 있다.

누구나 혈연, 지연, 학연의 연들이 있으니 실타래가 풀려나가듯 그때그때의 삶이 緣(연)에 의해 풀려 감을 알 수 있으며, 因(인)에는 果(과)가 맺게 되어 있으니 인연에 의해서 각각의 연들에 의해 생기거나, 벌어졌거나 하는 모든 행위가 열매 맺음도 알아야겠다. 그리고 인과에 의해 생긴 과는 果報(과보)가 있어 인연 따라 맺은 어떤 짓거리들이라도 과보가 있기에 서로의 인연은 소중한 것이니 살면서 만나고 부딪는 인연들과 덜 익은 짓거리를 하지 말아야 할 것이다.

얼마나 지났을까. 정자를 완성하고 얼마 되지 않았는데, O종원이가 길을 물어물어 산속까지 찾아왔다.

예전에 방송국의 작가라는 분을 따라다니며 사진과 비디오 촬영에 대한 기술을 배우고, 한때는 방송국의 스튜디오에서도 일을 하였던 걸 아는데, 차의 겉 표면에 영상물의 포스터 그림들이 붙어 있는 걸로 보아 지금도 그 일에 종사하고 있는 걸로 짐작이 간다.

새로 지은 정자에 올라앉아 십년도 훨씬 넘은 세월의 조각들을 이리저리 틀고 끼며 짜깁기를 마치고 나서 현실의 처지에 도착을 하니 산속에서 생활하는 스님네야 군더더기가 없지만은 사바 중생들의 삶이 어찌 간결할 수가 있겠는가.

두 딸을 낳고 살면서 서로의 성격 차이로 자주 다투게 되어 이것도 저것도 아닌 생활을 하다가 서로를 위한 방법으로 헤어지게 되었고, 딸 하나 데리고 지내지만 여자가 없는 것은 아니란다.

올해 초에 함께 살고 있는 여자가 이렇게 사는 것은 서로가 무의미하며 자신은 아무렇지도 않으니 좋은 사람을 만나서 결혼을 하라고 하더니 며칠이 지나지 않아서 자신이 아는 사람이라며 결혼 알선업자를 소개까지 시켜주는데, 주로 중국 동포를 대상으로 하는 소개업자였기에 별로 마음이 내키진 않았단다.

여자는 자신은 개의치 말라고 하며 서두르고, 소개업자도 발을 맞추어 등을 떠밀리듯이 정월에는 중국에도 다녀왔단다.

그 후로도 여러 번 중국에 다녀왔으며, 그곳에서 여인을 만나 결혼을 하기까지 생각보다 이것저것 절차도 복잡하였으나, 유월에는 모든 것이 정리되어 한국 비자만 나오면 중국에서 혼인을 한 여인이 한국으로 오게 된단다.

처음에는 별로 내키지 않는 마음으로 중국도 다녀오고, 결혼도 하였으나, 닥친 현실의 일이 되고 보니 앞으로 어떻게 해야 할지를 모르겠다며 물어오는데 자신이 정하고 택한 일을 남이 어떻게 하라고 하겠는가. 法(법)대로 하라고 할 수밖에.

종원이에게 이제부터 새로 혼인을 하여 생활하게 되는 여자가 부인이니 지금까지 살아오면서 중국 사람이다, 한국 사람이다 하여 가지고 있는 그릇되고 편파적인 고정관념을 버리고, 나 하나만을 보고 의지하여 이역만리 고향을 떠나온 사람임을 명심하고, 이 땅에 살고 있는 여인들과 다를 바 없이 대하고, 그런 마음으로 살아야 하고, 남들 앞에서도 당당해야 한다고 일러주었다. 그리고 살아가면서 생활의 습관이나 문화의 차이에서 부딪치는 일들이 많을 것을 예상해야 하며, 뜻하지 않은 어려움들이 생활을 어렵게도 하겠지만, 항상 보살피고 보호해 주는 마음을 내어 살아가야 한다고 일러주고 보냈다.

因緣(인연)이 무엇인가. 별 대답들이 많이 있겠지만은 부딪침이 아니던가. 우리네들의 생활이 아니던가. 대단할 것도 없고 대단하지 않을 것도 없음이니 '중국놈 씨'가 따로 있고, '미국놈 씨'가 따로 있고, '일본놈 씨'가 따로 있고, '한국놈 씨'가 따로 있다던가. 그 땅에서 태어났으니 편의상 서로 그렇게 이름 지어놓고 부르는 것이 아닌가. 그놈들의 씨 값이 따로따로 값이 있던가. 태어나는 것이 같으니 값도 같음을 알아야겠다.

서로 이웃하고 있으니 보기 싫어도, 보기 좋아도 멀리 있는 것들보다는 부딪기며 살아야 하는 것이 어제 오늘의 일이겠는가. 그러니 인연의 소중함을 알아야 할 것이다.

우리가 둥지를 틀고 사는 곳이 중국에서는 동쪽이기에 해가 뜨는 곳이 되고, 이 땅에서 해가 뜨는 동쪽은 아메리카 대륙의 미국이나 캐나다이다. 그러니 누구에게나 해가 뜨는 것은 동경이요, 그리움이요, 희망이기에 그 땅에서는 이곳으로 오고, 이 땅에서는 그곳을 찾게 마련인 것은 해가 뜨는 곳이기에 희망을 실현하기 위해서일 것이다.

허나 웃기는 것은 이 땅에서 해가 뜨는 곳이 동쪽이라면 가까운 동해 건너 일본이라는 곳도 있다. 그런데 왜 그놈들은 놔두고 그 倭(왜)놈들의 마빡을 딛고 다리 삼아 건너뛰어서 멀리 태평양 바다 건너 미국이다, 캐나다 하며 짐을 싸들고들 가고 있는 것인가. 한번쯤 뒤집어 생각을 해보면 인연의 역사는 살아 있어서 과거와 현재를 딛고 미래형이 되어 진행되고 있음이기에 어느 곳에서나 도도히 흘러가고 있음을 새삼 알게 하는 것이 아닌가 싶다.

인연에는 因果(인과)가 있고, 인과에는 果報(과보)가 따른다

중복을 지나니 날씨가 무더운데 그동안은 장마라는 이름으로 가끔씩은 오락가락하던 비도 멈추고 장마전선도 소멸되었다고 하니 더위란 놈이 기승을 부리는 때인지라 제법 덥다.

예불을 마치고 산행이나 하자 싶어 대롱이를 풀어주니 놈은 신바람이 나서 산길을 앞장서서 인도한다.

이놈하고 산행을 다닌지도 여러 해가 되었지만 항상 변함이 없이 순종하고 잘 따르니 서로 가죽만 다를 뿐 의사가 통한다는 얘긴데, 언제쯤 이놈과의 인연도 들여다봐야 할 것 같다.

산행을 마치고 집으로 내려오니 종원이가 언제 왔는지 기다리고 있다. 땀이 난 몸을 찬물로 씻고 정자에 오르니 그리 시원할 수가 없다.

언제 왔냐고 물으니 얼마 되지 않았다고는 하나 기다린 시간이 꽤나 된 듯싶다. 바쁠 텐데 이리 시간이 있냐고 하니 조금 머뭇거리더니 사실은 며칠 있으면 중국에서 혼인을 한 색시가 비자를 받아서 이곳으로 나오게 되어 있는데, 자신은 어느 단체와 외국 전지훈련을 간다는 것이다.

기록사진을 찍어주기로 오래전부터 예약이 되어 있어서 그들과 함께 외국엘 다녀와야 하는데 한 달은 걸릴 거란다. 그러니 이곳 사정을 모르는 색시가 어떻게 생각할지도 걱정이지만 신랑이 없는 곳에서의 생활을 생각하다보니 지금 살고 있는 집에 색시만 혼자 두고 가기에는 불안한 생각이 들어서 형한테 신세 좀 져야겠다고 찾아 온 거란다. 그러면서 저번에 와서 보니 건너채에 방이 있는 걸 보고 갔기에 자기가 결정을 했다며 거절할 틈도 주질 않고 들여대니 어찌할 수 없음이 아닌가. 생면부지의 사람들끼리라서 서로 고생은 되겠지만 그리 지내자고 하였다.

이틀인가 지나서 손님이 들어 얘기를 나누고 있는데 종원이가 큰 가방과 예쁜 색시를 대동하고 집으로 들어선다. 공양주가 그들을 맞이하여 건넌방에서 이런저런 얘기를 하고 있고, 손님이 가시고 그들이 있는 건넌방으로 들어가 보았다.

지금껏 중국사람 하면 우리네들보다 조금은 칙칙하고 어눌한 걸로 선입견을 갖고 있었는데, 그런 것들이 그녀를 보는 순간 한방에 날아가 버린다.

신상에 대해서 물어보니 戊申(무신) 생, 辛酉(신유) 월이란다. 이름은 가지고온 우리네들의 호적과 같은 것을 보니 류치에걸로 읽을 수가 있는데, 이 땅에 발을 디딘 달이 유월달이니 '유월'이라고 이름 하였다. 그녀는 조선족이 아닌 한족이며, 교육은 고등교육을 마치고 그 이상의 공부도 이수한 듯싶었다.

"그나저나 종원아, 돌멩이 더미를 안고 살 텐데 걱정이다" 하니 못 알아듣는다. 申(신), 酉(유)는 금에 속하나 가공이 안 되면 돌멩이라 태어난 천간지지가 온통 돌무더기이니 껍데기는 예쁜 암놈이지만은 속의 부속품은 수놈이다. 그래서 종원이에게 "수놈도 보통이 넘는 대장 수놈이니 살면서 어떻게 감당할 거냐?"고 하니 그제야 알아들은 듯 태연하게 말을 한다. 끼리끼리 통하는 방법이 있으니 별 걱정을 안 한단다.

둘이 잘살길 바라며 축원을 해주었다. 그래도 다행인 것은 유월이의 일주가 암놈이고, 시절의 운세도 좋게 흐르니 이 계절만 잘 지내고, 가꾸고, 키우듯 가르친다면 후일을 기약해도 괜찮을 듯싶은 것이 그나마 다행이었다. 〈암수 관계는 책 속의 책 참조〉

산속에서 부인과 삼 일을 지내고는 사진이며 촬영 시설물을 싣고 종원이는 떠나고, 유월이의 산속 생활이 시작되었다. 공양주가 항상 같이 하기에 염려는 덜 되었다.

조석예불 때나 공양을 할 때에도 설명을 덧붙이더라도 이해가 가게 시간을 주었다. 그리고 낮 시간에는 달력의 뒷면에다 줄을 치고 한글의 쉬운 문장을 적어서 쓰게 하니 날씨는 더워 땀을 흘리면서도 열심히 쓰고 또 쓰기를 반복하였다. 매일 오전에는 내가 직접 시간을 할애하여 글과 뜻을 가르쳐주니 눈에 띄게 필체도 좋아지고 언어의 소통도 나날이 향상됨을 볼 수가 있었다.

여자인 유월이가 이 땅의 음식에 대해서도 알아야 하기에 직접 만들어 보게도 하고, 김치나 국거리, 염장류 등의 양을 조절해야 맛이 난다는 것 등을 알려주었다. 모든 것을 함에 있어 절 식구들과 똑같이 하게 하니 잘 따라서 하였다. 그렇듯 시키는 대로 하는 걸 보니 매우 총명함을 엿볼 수가 있었다.

처음에 왔을 때에는 대화를 하려면 우리말과 중국말, 손짓발짓 등 객지에 돌아다니는 콩글리시의 신세도 졌는데, 보름이 지나니 일상의 쉬운 대화는 할 수가 있게 되었다.

이 땅에 오는 많은 중국의 언니들이 우리네들의 인식에는 대부분이 돈이나 벌어 가려고 오는 걸(그렇지 않은 사람들도 있겠지만)로들 알고 있으나, 유월이 언니는 이 땅에 오기 위하여 누구나처럼 돈을 벌려고 남에게 돈을 빌려서 나온 것이 아니라 그냥 이 땅이 좋아서, 이 땅에 살고 싶어서 나왔다고 말을 한다. 그러나 듣기에는 반가운 소리지만 이 땅에서의 현실을 생각하면 공허하게도 들린다.

이 땅의 많은 남정네들이 외국 사람이지만 우리와 같은 동포이기에 정붙여 살다가 홀연히 떠나들 가버리니 지금도 서쪽하늘을 보며 한숨을 쉬고 있는 현실을 생각해보면 어둡다.

그냥 이곳이 좋아서 나왔다니 그 인연의 고리를 잘 다듬고 보듬어서 이곳에서 꽃피우며 살아가게 해주어야 하겠다.

꽃을 보자면 꽃을 담는 화분이 필요하니 우선 화분이나 만들어야 하지 않겠나. 흙이 匠人(장인)의 손에 의해서 명품의 자기로 탈바꿈이 되듯 잘 가꾸고, 다듬고, 빚어서 명품을 만드는 수밖에 없지 않은가.

종원이가 돌아와서도 사정이 있어 한동안 함께 생활을 하다가 아침저녁으로 제법 선선해져서야 집을 새로 장만해서 나갔다.

돌고 도는 게 세상사라 하지 않았던가. 바로 엊그제 같은 지난 역사를 보면 이 땅의 언니나, 누나나, 이모나, 고모들이 여자라는 이유로 자의에서나, 타의에 의해서나, 공권력에 의해서나 공출되어 상납되고, 밀거래되고, 노획되어 끌려갔음을 알고들 있다면 꼭 그들이 간 곳이 중국뿐이겠는가. 동남아나 아니면 더 멀리까지 그들의 발길이 있었음을 알 수가 있는데, 힘없는 백성으로 태어나서 힘없이 갔으니 돌아올 때에도 힘없이 돌아 올 수밖에. 지금 그 언니들, 누나들, 이모고모들이 因(인)의 씨를 가지고 緣(연)을 풀고 제자리에 묶기 위해서 오고들 있는 것이 아니겠는가.

돌아오는 그들을 이 땅에선 잘 대해주어야 하건만 돌아오는 그들을 이 땅에서는 어떻게 대하고 있는가. 조금 처지가 어렵다고 생각들을 하고 하인을 대하고 다루 듯하며, 혼인을 하고서도 구박하고, 모멸감을 주고, 무시하고, 폭력을 휘두르고, 심지어는 돈을 주고 사온 것으로 착각들을 하니 가정이 잘돼 나갈 리가 있나. 아이 둘, 셋을 낳고서도 돌아들 가고(물론 대다수가 아니라 일부의 얘기지만) 있으니 그네들이 이 땅에서 살아가도록 배려해주고, 어려움도 풀어주며 돌아가려는 마음의 발길을 돌리도록 우리네들과 같이 대해주고 보살펴준다면 애써 이룬 가정이 중도하차 하는 일만이라도 없게끔 잘 살펴주고 가꾸어야 하지 않겠나.

인연에는 因果(인과)가 있으며, 인과에는 果報(과보)가 따르게 되어 있다. 그러므로 서로의 사이에서 일어나는 일들을 항상 너도 반, 나도 반씩을 공평하고 평등하게 잡고 있음을 생각하고 짓거리를 잘 해야 할 것이다.

날씨가 제법 쌀쌀하다 싶은 어느 날인가, 낮에 전화가 걸려 와서 받아보았더니 대뜸 "누구냐?" 하기에, "스님이다" 대답하며 "누구냐?" 되물으니, "나다!" 하면서 "스님아! 너 지금 뭐 하냐?" 하고 묻는다. "스님 공부하고 있었다" 하니, "난 오늘 논다. 심심해서 전화를 했다"고 한다.

유월이 언니하고 통화를 끊고 나서도 기분이 상하지 않고 흐뭇한 마음이 드는 건 크고 있고, 잘 자라고 있음을 보았기 때문이리라. 태어나서 암놈의 옷을 걸치고 있으나 계절이 辛酉(신유)의 수컷이라 수놈의 짓거리를 하고 있으니 이상하다고 할 수도 없는 노릇이다. 그러니 각각의 계절이 하는 일을 보면 자연은 거짓이 없음을 알 수가 있으리라.

🌱 꽃이 피고 꽃이 져야 더 귀한 열매도 맺는다

아메리카의 인디언들의 씨는 우리와 같은 몽고족이라는데 그 땅에 들어선 침략자들에게 공격과 흘침을 당하여 오랜 시간을 침략자들에게 버티었으나 모두가 산화가 되었으며 제 터에서는 박제된 이름으로 소수만이 정복자들의 관용이랄까, 전시용이랄까 보호구역이라는 한정된 곳에서 겨우 이름표 붙이고 겨우 목숨 붙여 살아가고 있음을 알 수 있다.

이 땅에서는 잦은 외침이 수없이 많았지만 단일민족이라는 자긍심이 있었기에 그 어떤 어려운 시련들도 이겨내고 극복하였으며, 우수한 민족이기에 시대를 이끌어가며 번영을 누리고 있는 것이리라.

허나 이상하리만치 바다 건너의 대륙을 선호하여 왜놈들 마빡을 다리 삼아 건너뛰어 짐을 싸들고 이민이나 여행을 떠나는 것을 쉽게 볼 수 있는 일이 되었다. 그리고 출산이 임박한 몸으로 긴 시간이 소요되는 위험한 여행을 감행하고 있으며, 그곳에서 출산을 하려고 가는 것이나, 공부를 하겠다고 하면서 유난히 그 땅을 찾아 가는 것이나, 이 땅에서 이름표 달고 한때나마 행세 좀 했다는 인사들까지도 유독 그 땅을 찾아가고 있음을 보면 그 대륙도 우리네들과 어떤 인연의 고리가 있음을 실감케 한다. 지난 세기에 터 잡고 살았기에 주인이 내 땅을 둘러보러 가는 것이 아닌가 싶다.

역사란 지난 과거의 일들이라 하지만 과거나, 현재나, 미래가 함께함을 안다면 현실이라고 말하고 규정짓는 순간에 과거가 되고, 미래라고 하는 순간에 우리를 지나 과거로 가고 있음이니 삼세가 두루 항상함을 알아야 할 것이다.

유월이 언니가 이 땅에서 살겠다고 종원이와 짝이 되어 살아온 세월이 어언 강산이 반은 변한다는 세월이 흘렀건만, 지금도 가끔씩 친정집 드나드는 심정으로 절집을 찾아든다.

언젠가 산행을 하며 나눈 얘기다. 자기가 살던 곳에는 산이나 나무가 흔치 않아서 나무 보기가 힘이 들고 그런 곳을 보려면 또 멀리 가야만 볼 수 있는데, 한국의 산들은 어디를 가나 오밀조밀하고 예쁘단다. 한국에는 특히 나무들이 많아서 보기도 좋고, 계곡이나 바위들이 조경을 해놓은 듯한 자연이 너무너무 좋단다. 그래서인지 이 땅이 점점 좋아지고 이 땅에서 안 떠날 거라고 한다. 아직도 그녀는 이 땅에서 살아가기 위해서는 더 배우고 익혀야 한다면서 절집에 오면 질문이 많지만, 하는 짓거리가 예쁘고 고맙다.

"월이야, 스님아! 뭐하냐? 나 심심하다" 하고 놀리면, "스님, 이젠 그만 놀리세요. 남들 알면 흉봐요"라고 한다. 허어 큰일 나지 않았나. 내가 흉볼 일을 하고 있으니!

예쁜 꽃을 보려면 애써 가꾸고 살펴야 예쁜 꽃을 볼 수가 있듯이 예쁘고 고맙게 살아주니 이보다 더 예쁜 꽃이 어디 있겠는가. 꽃이 피고 꽃이 져야 꽃보다 더 귀한 열매도 맺을 것이 아니겠는가.

돌고 도는 것이 물레방아라나. 어찌 도는 것이 물레방아뿐이겠는가. 우리네들 세상사도 모두 돌고 있음이니 옛것이 새것이 되고 새것이 옛것이 된다.

어제가 오늘인가, 오늘이 내일인가, 내일이 어제인가.

나뭇잎이 움직이는 소리가 들리는 걸 보면 먼 곳에서 바람이 인다. 동풍이냐, 서풍이냐 바람이 이는 것 같더니 이내 곁을 지나간다. 바람이 부니 나뭇잎들이 뒤집혀 서로 배를 드러낸다.

불어오는 바람 한 움큼 쥐어보니 제법 익은 듯하다.

가는 바람 배에 얹혀놓고

지나쳐왔을 먼 곳의 애기나 들어 봐야겠다.

4. 움직임이 運(운)이요

　아침에 일찍 일어나서 별로 하는 일도 없으면서 아침을 보내고, 점심때를 맞이하고 하는 일 없이 바빠 이것저것 서둘기만 했다. 그러면서 저녁을 맞이하여 밤에도 공부는 한답시고 책상머리에서 궁둥이 몇 번 붙이고 떼다보면 늦은 밤이 되어 잠자리에 들게 된다.
　나이가 들어 새로운 것을 배우고 익힌다는 것은 쉬운 일이 아니며 어른을 모시고 그 밑에서 공부를 배운다는 것은 정말이지 결코 쉬운 일이 아니다.
　산속에서 어른을 모시고 생활을 하다 보니 세상 사람들은 무엇을 하든 자신과의 어떤 일이나 자신은 그때에 이렇게 했는데 하며 지난 세월의 자신을 기준으로 모든 일들을 바라보고 처리한다. 그리고 자신이 해왔던 대로 무엇이든 해결을 하거나 해결하려는 것을 새삼 보게 된다(내가 있으므로 세상이 존재하기 때문에).

나이를 칠순도 훨씬 넘기신 어른이 상대가 누구든지 큰소리가 나올 때가 있다. 가만히 옆에서 지켜보면 자신의 의견과 상충되어 잘못된 것을 우기거나, 가르쳐준 것을 제대로 이해 못하거나, 배우는 제자가 게으름을 피우거나, 엉뚱한 질문이나 행동을 보일 때면 그리 느긋하고 조용하시던 분이 벼락을 몰아치신다.

어르신과 함께 산속에서 지낼 때에 어르신의 동향인으로 동양철학을 전공하여 命理(명리)학에도 깊은 공부를 하셨다는 정 교수님이 자주 산속의 암자에 찾아오셨는데, 정 교수님이 발이 넓고 이름이 알려진 것인지 그의 제자들도 많이 찾아오시게 되었다.

약국을 경영하시는 이 선생, 건설업을 하신다는 유 선생, 포목점을 하신다는 장 선생, 학원을 운영하신다는 오 선생, 정형외과의 양 원장, 전통 한정식을 경영하면서 장사를 항상 웃음으로 일관하는 진 여사가 음식에 대해서 공부를 하다 보니 음식의 오행을 알지 못하면 안 될 것 같아서 틈나는 대로 일손을 놓고 오행을 배우신다는 진 여사, 철학관을 운영하신다는 김 여사 등 많은 이들이 가끔씩 들러서 정 교수님에게 배우고 얘기를 나누다 가신다.

언젠가, 여름이 익어 천지가 녹음으로 뒤덮여 모든 이들이 피서처를 찾아 산과 바다를 찾을 때에 정 교수님과 제자들이 산속의 절집을 찾으셨는데, 공부도 하시고 피서를 겸해 며칠을 유하신단다.

세상을 살면서 여유가 있고 시간이 남아서 여럿이 뭉쳐 다니며 하는 공부란 것이 때를 맞아 공부하는 것과는 시작부터가 다를 것이니 자신의 여유만큼이나 여유를 부릴 것이기에 공부도 절절하지 못할 것이다.

공부란 목표를 향함에 있어 매달리고 매달리며 매진하고, 사무쳐서 벼랑 끝을 딛는 마음으로 생사를 잊고 절절해야 할 것인데, 적당히 시간을 보내며 즐기면서 하는 공부는 결과에 있어서는 여유를 부린 만큼의 차이가 있을 것이다.

어르신과 교수님의 대화 속에는 사주명리학이 자리 잡기 전에도 사람들이 갖는 특유의 불안함이나 궁금증은 존재하였을 것이기에 그 시대에 맞는 운세학이 꽃을 피웠을 것에 대하여 얘기를 나누시기도 하고, 오행의 골격인 천간과 지지의 형성에 대한 얘기도 오고 갔으며, 중국 역사의 전설이라는 삼황오제의 얘기나 고대 역사 속의 진경(천부경, 삼신일고, 참전계경)에 대해서도 얘기를 나누셨다. 그리고 태어난 해를 중심으로 운세를 풀어보는 이허중의 당사주나 근세와 현세에 이르는 사주팔자의 근간을 이루는 서자평이 지은 연해자평서의 내용에 대하여도 얘기를 나누셨다.

용신, 그렇게 찾기 어렵고 세우기가 어렵나?

자연의 터에 자리를 잡고 살아가기에 음양과 오행을 접하며 살아가건만 음양을 물어보면 점술을 얘기하고, 오행을 물어볼라치면 미신이라고들 하며, 자신들과는 무관한 얘기라고 일축하는 이들을 심심찮게 접하게 된다.

누구나 생활하면서 매일매일 접하는 달력의 요일을 들여다보면 일월은 양과 음이고 火, 水, 木, 金, 土를 오행이라 하는데, 지구와 함께 태양계를 운행하고 있는 형제 별들의 이름이다. 그리고 그 별들의 음과 양의 움직임을 천간과 지지로 표기하고 있다. 사람의 명이 한숨에 달려있음을 안다면 숨 쉬는 자연의 공기가 얼마나 소중하고 고마울 것이겠는가. 당연히 존재하는 것이기에 고마움이나 소중함을 모르고 잊고 지내듯이 음양과 오행도 당연히 존재하는 것이기에 모르고 잊고 지내는 것이리라.

음양과 오행의 근간인 天干(천간)과 地支(지지)의 생성은 학자들에 따라 이견은 있으나 대략 5~6천년 전에 만들어져 사용을 해오고 있으니 우리네들이 알고 있는 사주팔자와는 무관하다고 할 수가 있다. 그것은 천체의 운행을 알고 지구와 형제 별들의 이름을 따서 정했으니 그 옛날 오행을 만들어내어 천체의 운행과 태양이나 그의 위성들의 움직임을 정리하였으니 어찌 놀랍고 경이롭다 하지 않을 수 있겠는가.

구백여 년 전에 송나라 시대의 서자평에 의해서 만들어진 사주팔자가 이 땅에 들어와 자리를 잡은 것은 6~7백년의 역사에 지나지 않으나, 글을 아는 자들만의 전유물이여서 이조시대의 높은 문맹률을 생각해 보면 일면 아는 자들의 횡포로도 가늠해 볼 수가 있으리라.

점심공양을 하고 난 뒤 공양간의 뒷정리를 마치고 나서 방으로 돌아와 책상을 마주하고 공부를 하고 있자니 누군가 "스님, 안에 계십니까?" 하며 방문을 두드리기에, 들어오시라고 하니 유 선생과 양 원장이다.

합장을 하며 방으로 들어오는 두 사람을 보니 심기가 몹시 불편하게 보인다. 자리를 잡고 애써 태연한 척 앉아 있기에 "무슨 일로 이 방으로 건너오시게 되었냐?"고 물으니 성질이 급한 양 원장이 "안채의 대청에서 얘기를 나누다가 어르신에게 한 방 얻어맞고 건너 온 것"이란다.

점심공양을 마치고 어르신과 교수님이 대청마루에서 얘기를 나누시니 자연히 제자들도 이곳저곳에 자리를 잡고 두 분의 얘기를 듣게 되는데, 한문을 최초로 만들었다는 창힐이란 사람의 이전에도 어떤 문자가 존재하였을 것이며, 존재하던 그 문자에 의지하여 당시에는 불편함이 없었을 것이기에 운세를 보거나 길흉화복의 점도 쳐보는 방법이 있었을 것이다.

당시에는 사주나 팔자라는 말은 없었을 것인데, 문자 이전의 운세학에 대한 어떤 생각이나 질문이 있으면 말해보라고 하시기에 양 원장이 "어르신! 그러면 그때는 용신을 잡거나 세울 필요가 없었겠네요?" 하였더니, 어르신이 "야 이놈아! 여기서 용신이 왜 나오냐?" 하시며 정히 용신이 궁금하고 답답한 모양이면 아래채의 스님에게 물어보라고 하시기에 찍소리도 못하고 건너왔단다.

얘기를 듣고 나니 웃음이 저절로 나온다.

크고 넓은 대궐을 짓기 위하여 터를 닦는 자리에서 헛간이나 지을 나무를 물어봤으니 터 닦는 도목수가 한 소리 하는 것은 당연한 일이리라.

"그나저나 용신이 그리도 찾기 어렵고 세우기가 어렵냐?"고 물으니 두 사람이 함께 어렵다고 대답을 한다.

사주 추명학은 태어난 날의 일주를 중심으로 격국을 정하고 용신을 정해서 상생상극을 대입하여 운세의 길흉을 알아보는 방법이다. 격국은 월지나 월지의 지장간에 많이 자리하고 있고, 용신은 일주의 길신으로 정하나, 꼭 그렇지만도 않기에 세심히 살피는 공부가 필요하다.

집을 짓는 그 집에 누가 와서 사느냐에 따라 규모가 달라지고 내부의 모양도 달라지는 것을 안다면 일주는 주인이고, 용신은 문패가 되고, 격국은 집의 모양이 되겠다.

같은 집이라도 선생이나 학자가 살거나, 장사꾼의 집이거나, 경찰의 집이거나, 운동선수의 집이거나, 연예인의 집이거나, 사업가의 집이거나, 종교인의 집이거나, 농부의 집이냐에 따라서 용처가 달라질 것이니 모양은 같더라도 쓰임이나 집 안팎의 살림살이는 다를 것이기에 추명을 함에 있어서도 세심한 분석과 많은 공부와 노력이 뒤따라야 할 것이다.

많은 공부와 노력이 뒤 따라야 한다는 것은 자연의 계절이나 그 계절들이 하는 일들을 세심히 살피고 변하는 무궁의 수를 알아야 한다는 것이다.

때의 생을 살아가는 모든 이들의 계절이 형형색색임을 알아서 각각의 사람들의 움직임(運운)을 알아야 할 것인데, 학문이나 識者(식자)들의 전유물이 되어 쉽게 감정을 하고 쉽게 판단을 해주어 전혀 결과가 없는 경우나 엉뚱한 결과도 있을 것이다. 그에 따른 폐단이나 부정적인 요인은 세월이 흐르면서 쌓여갈 것이며, 쉽게 내뱉은 말이 화가 되어 돌아올 것임을 알아야 하겠다.

공부란 자신만을 위함이나 성취가 아니고 세상과의 조화를 이루려는 것이다. 그리고 누가 하는 어떤 공부에도 그 속엔 많은 생명이 들어있음을 알아야 한다. 또한 사무친 마음으로 배우고 절절하고 생사를 초월하는 뜻을 세워 공부를 해야 하며, 그렇게 익히고 배워서 알아차렸다면 세상과 조화를 이루어 나가야 할 것이다.

(무슨 소리야?)

조용한 산속을 찾았던 정 교수님과 그의 제자들이 공부를 한답시고 모여서 며칠 북새통을 치르고 하산들을 하였는데, 더운 계절에 흘린 땀만큼 많이들 공부하여 가져갔으면 좋을 텐데 하는 바람이 앞선다.

운이 좋고 나쁨도 알고 보면 움직임 속에서 일어난다

　항상 머무름이 없고, 변하는 자연의 모든 것들처럼 사람의 운세도 머묾 없이 변하는 것을 알아 제자리에서 주위의 모든 이들과 조화를 이루며 살아가고 있나? 염두에 두고 생활한다면 운이 쉽게 떠나지는 않을 것이다.

　운세 運(운)자를 들여다보면 밑받침 또는 쉬엄쉬엄 갈 辶(착)자와 군인 軍(군)자로 나뉘며, 군인 군자를 나누면 갓머리의 상투를 잘라낸 민갓머리와 수레 車(거) 또는 수레 車(차)자로 이루어진 글임을 알 수가 있다.

　運(운)자의 핵심은 움직인다는 것이며, 어떻게 움직이는가를 살펴보면 군인의 움직임이라고 정의하고 있다.

　군인의 움직임은 노출을 피하기 위하여 상투를 잘라낸 민갓머리가 의미하는 것처럼 은밀하게 움직이며, 수레를 이용하여 보다 많은 짐을 나르고 있음을 알 수가 있다. 이는 운의 핵심이다. 그리고 움직임의 요체는 수레 車(차)를 어떻게 이용을 하는가에 달려있다고 하겠다.

　차나 수레가 움직이는 것은 다들 알고 있을 것이나 형상화되어 있는 車(차)를 움직일 수가 있다면 운세를 가름할 수가 있다고 보여진다. 그런데 어떻게 하면 움직일 수가 있으며, 어떤 짐을 싣고 있는지 念頭(염두)를 굴려봐야 알 수가 있지 않을까.

(車의 씨를 찾아들 보시오?)

운이 좋다는 것도, 운이 나쁘다는 것도 알고 보면 움직임 속에서 일어나는 것이다. 때의 생각에 의해서 행동하는 반사작용(운을 결정짓는 것을 알아서 매사에 신중한 결정과 행동을 하는 것)이 운을 결정짓는 것임을 알아야겠다.

삶은 조화이기에 많은 사람들이 서로를 의지하며 어울려 살아간다. 그들 하나하나가 귀한 존재들이며, 하나하나가 귀한 생명들이며, 귀한 존재이기에 하찮아 보이고 별볼일 없이 보이는 누구라도 제 일을 하고 있음을 알아 귀하게 여겨야 할 것이다.

요일을 물어보면 누구나 쉽게 화, 수, 목, 금, 토요일을 대답하는데, 오행을 물어보면 모른다며 입들을 다문다. 그렇게 어려운 것인가? 아니면 나만 떠들고 있나?

해가 뜨고 지고, 달이 뜨고 지는 것이 이상한 일이며, 모른다고 안 뜨나?

하늘에 구름이 끼었나!

5. 백수 탈출 1

 계절이 일을 하면서 때때의 모습으로 우리들에게 다가오는데 언제나 계절이 같을 수가 없음은 자연이 그러함을 알아야 할 것이리라.
 사십도 훌쩍 넘긴 나이에 시절의 인연으로 출가를 하여 무명초를 삭하고 산사의 생활을 시작하던 때에 부딪히는 모든 것들이 낯이 설어서 매사에 긴장의 끈을 놓을 수도 없었다. 그리고 준비하지 않은 계절을 보낸다는 것이 얼마나 춥고 길며, 시리고 매서운지 알았고, 한껏 제 설움에 깊은 밤이면 눈에서 별을 보기도 하였다.
 산속이라 유난히도 매서운 바람 그리고 눈은 어찌 그리도 많이 몰고 왔었는지. 손을 비비며 눈을 치우던 것이 엊그제의 일 같은데, 강산이 변한다는 세월을 뒤로 하였는데도 그때의 생각이 가끔씩 머리에 내려앉는다.

다시 시작하라면 엄두도 못 낼 것 같은 일이었으니 때의 초심과 때의 발심이 있었기에 가능했으리라.

추위도, 더위도 수행자들에겐 모두가 공부의 재료에 지나지 않는 것은 서슬 퍼런 발심이 있기에 추우면 추운 대로, 더우면 더운 대로 정진을 하니 어찌 장애가 되며, 장애라는 말이나 붙여보겠는가.

계절이 익어 때가 되면 싹을 틔우고, 자라서 꽃을 피우고, 열매를 키워 익히고, 때가 되면 거두어 씨를 만들어 오는 계절을 기다림은 자연의 순환이 아닌가.

때를 모르니 수놈인지 암놈인지도 모르고, 계절도 모르고, 나이도 모르고 자신의 껍데기만 만들어 상에 매달아 놓고 정작 자신을 모르고 상을 내세우니 어찌 남을 볼 수가 있으며, 어찌 자신인들 알 수나 있겠나.

🔥 하늘에서 정해진 것, 땅에서는 어찌할 수가 있는가?

계절이 바뀌어 겨울에 들어섰건만 날씨가 춥지가 않아서인지 나무에 매달린 잎들은 제 계절을 잊고 바스락대기만 하더니 며칠 밤의 된서리를 맞고 제자리를 찾아 떨어져서 마당가에 나뒹군다.

떨어진 단풍의 잎만 보아도 그해의 일기를 짐작할 수가 있다.

단풍이 곱게 물들어 고운 때도 있고, 일기가 고르지 못한 해에는 낙엽이 별로 곱지 않은데 올해의 단풍은 그리 곱지가 못하다.

낙엽을 보고 있자니 한해가 가는 것이라는 생각이 들어 뒹구는 놈들을 몇 장이라도 주워서 책갈피에나 꽂아두고 싶어 마당에서 고운 잎을 찾아 서성이고 있었다. 그런데 차 한 대가 마당으로 들어와 멈춘다.

차의 문이 열리며 내리는 사람을 보니 백수였다. 이 녀석 마당가의 나를 보더니 그냥 그 자리에서 삼배를 넙죽 올린다. "하늘이 열려있고 땅도 굳건하니 무엇을 찾는 발걸음이라면 응당 찾아서 갖고 가거라" 하며 합장 축원을 해주니, "그간 강녕하셨어요?" 하며 합장을 하고는 발길을 법당으로 돌린다.

그나저나 이 녀석 엉뚱한 구석이 있는 녀석인지라 '오늘은 무슨 일로 걸음을 하셨나?' 하며 백수가 처음 절집을 찾아 왔을 때가 생각이 나서 혼자 웃어본다.

절집을 드나드는 누군가에게서 '암수로 운세를 보는 법'이라는 소책자를 얻어서 그 녀석 깜냥에는 오행을 안답시고 더듬어 내려가 보았으나, 열심히 하여도 자신으로서는 알 수도 없고 풀 수도 없는 부분에 이르게 되고, 암수법으로 풀어 보면 자신의 계절이 암놈의 계절이기에 억울하다며 따지듯이 물어 왔었다. 그런데 백수는 그때의 발심을 잃지 않고 자신의 계절과 계절이 하는 짓거리를 알아차리고 일상의 생활을 하면서 공부를 하고 있으며, 의심이 들면 그 의심을 들고 가끔씩 절집을 찾아오고 있으니 여간 예쁘지 않을 수가 없다.

백수는 己亥(기해) 년, 10월(乙亥, 을해), 19일(乙巳, 을사) 태어났으니 봄의 나이는 6살이었으나, 달이나 날의 나이는 2살이다. 계절의 암수로 보면 암놈으로 봄과 여름과 가을을 지내게 되어 있어 자신은 남자인데 암놈으로 지나게 되냐는 것이었으니 누군들 그것을 바꿀 수가 있겠는가. 자신의 인연으로 짊어지고 나온 것이 아닌가. 하늘에서 정해진 것은 땅에서는 어찌할 수가 없음이리라.

백수는 도시 근교에서 한의원을 운영하는 집안에서 태어나 자랐고, 자신도 한의학을 배워 가업으로 한의원을 물려받아 지내고 있다. 그러나 어찌된 일인지 살아가는 것에는 나이가 들어가도 도무지 관심이 없고, 예전의 神仙(신선)이나 道人(도인)을 동경하여 뜬구름 같은 도인들의 얘기나 학문에 정신이 팔려 방랑을 일삼듯 살아왔단다.

나이가 들면서 집안의 장손이라는 부모님의 성화에 바라지도 않았던 결혼을 하여 가정생활을 하게 되었고, 자연이 아이가 태어나면서 주위에서는 가정에 재미 붙여 살아주기를 바랐다. 하지만 생각과 이상은 평범함을 받아들일 수가 없었으니 생각이 다르고 행동이 달라 틈만 나면 밖으로 정신없이 돌아다녔기에 평범함을 바라는 부인과는 서로를 위해서 헤어졌단다.

어린 새싹이 가지를 키워내고 꽃을 피워 열매를 따려면 모진 세파를 견디어 내야 함은 자명한 일이리라.

"암놈이든 수놈이든 어떤 옷을 걸치고 살아가는 것이 중요한 것이 아니며, 계절과 때를 알아서 그 시기를 잘 넘겨야 할 것이니 자신이 잘하고 좋아하는 일을 찾아하라"고 백수에게 일러주었었다.

신선도 신선이라는 이름뿐인 껍데기임을 알아야 신선을 알 수가 있으며, 도인도 이름만 도인일 뿐 껍데기임을 알아야 도를 알아볼 수가 있음이 아닌가.

공간의 이동이나, 축지법이나, 공중부양이나, 둔갑술 등의 術(술)을 도로 알고들 있으나, 도는 한마음이며, 본래의 자리이며, 본래 없음이며, 안다고 알아지는 것이 아니며, 열매가 익으면 터지듯 툭 터지는 것임을 알아야겠다.

벽돌을 갈아 보이며

제자가 한쪽에 치우쳐 수행을 함에 제자에게 벽돌을 갈아 보이며 깨달음의 길로 인도하는 어느 스님의 얘기가 있다. 이를 통해 깨달음이나 도를 구하려는 구도자의 행적과 스승의 제자 사랑을 들여다보자.

도를 구하여 유명하신 어느 큰스님의 문하에 어려서 출가하여 열심히 좌선을 하시는 스님이 계셨는데, 큰스님은 열심히 참선을 하는 제자가 큰 그릇임을 알아보고 때를 기다리셨다.

그러던 어느 날, 그날도 열심히 앉아서 좌선을 하고 있는 제자를 보고서 "무엇을 얻으려고 그렇게 열심히 좌선을 하시나?" 하며 물으니, "깨달음을 얻어 부처를 이루고자 합니다." 제자가 대답을 하자 큰스님은 아무런 말도 없이 밖으로 나가 벽돌을 주워가지고 와서는 문밖에 있는 섬돌에다가 벽돌을 문지르며 갈아대는 것이 아닌가.

문밖에서 벽돌을 가는 스승의 행동이 너무도 의아해서 제자가 "스님, 벽돌은 무엇 하려고 갈고 계십니까?" 하며 물으니, "응, 보면 모르시겠나. 이걸 갈아서 거울을 만들어 볼까 하네." "아니 스승님, 벽돌을 간다고 어찌 거울이 되겠습니까? 그것은 말도 안 되는 일이 아닌가요?" 그러자 스승은 "그럼 앉아서 참선을 한다고 부처를 이루겠는가?" 그 말을 듣는 순간 제자가 스승의 뜻을 알아차리고 방에서 뛰어나와 무릎을 꿇으며 "그러면 제자가 어떻게 해야 하겠습니까?" 하고 물으니, 스승은 "마차가 나아가지 않는다고 수레의 바퀴를 때려야 하겠나? 소를 때려야 하겠나?"

제자가 대답이 없자, 스승은 "머물 것이 없는 법에 대하여 취하거나 버리려는 생각을 내지 말게. 그대가 만일 앉은뱅이 부처가 된다면 그것은 부처를 죽이는 일이 되고, 앉아있는 일에만 집착한다면 그 이치를 통하지 못할 것이네. 그대가 내 말을 듣는 것은 밭에 씨를 뿌리는 것과 같고, 내가 법의 원리를 설하는 것은 하늘에서 비가 내리는 것과 같으니 인연의 때가 무르익었기에 자네도 머지않아도를 보게 될 것이네"라고 말을 하신다.

이를 듣고 "도가 빛이나 형상이 아닌데 어떻게 볼 수가 있습니까?"라고 제자가 물으니, "마음을 보는 눈이라야 도를 볼 수가 있네"라고 스승은 말을 했다.

제자가 어두운 곳에서 빛을 발견하여 마음의 눈이 열리며 미혹을 떨치려 바동거리듯 재차 묻는다.

"도가 이루어지기도 하고, 무너지기도 하는 겁니까?"라고 물으니, "만일에 이루어짐이나, 무너지는 것이나, 모임이나, 흩어짐으로 도를 보았다면 이는 도를 제대로 본 것이라 할 수가 없네. 더 이상의 얘기는 군더더기일 테니 게송(偈頌)이나 들어보시게."

마음의 밭에 여러 씨앗이 있으니 비가 내리면 모두 싹이 트리라.
삼매의 꽃은 형상이 없으니 어찌 허물어지고
또 어찌 이루어짐이 있겠나.

게송을 들은 제자가 도의 꽃을 보는 것은 당연한 일이리라.

예전에 큰스님도 자신의 스승을 찾았을 때에 인사를 드리니 "어떤 물건이 이렇게 왔는고?" 하는 첫마디에 답을 못하고 말의 진의를 품고 8년의 세월을 녹이고서야 알아차려서 다시 찾아가 인가를 받았으니 본래 청정한 것이고 더럽힐 수도 없는 것이 아닌가.

계절, 나이, 때를 안다면 백수도 아님을 알아차릴 것

밖에서의 일을 마치고 방으로 들어오니 백수가 기척을 하며 방으로 발을 들여놓는다.

따뜻한 쪽으로 자리를 잡아 앉히고 차를 끓여 마시며 "어떻게 지냈냐?"고 넌지시 물어보니, 무엇이든 하면 될 거라고 생각했었던 것이 계절과 때가 있음을 알았기에 주어진 일을 열심히 하며 살면서 공부도 열심히 하고는 있으나, 三才(삼재)에 대해서는 생각이 미치지가 않아서 스님의 설명을 들으려고 찾았단다.

철모르는 망아지처럼 남들이 전하는 허망한 말이나 신비한 것에 정신이 팔려 돌아다니다가 스스로 책상 앞에 자리를 잡았다니 여간 다행한 일이 아닐 수가 없다.

일주가 乙巳(을사)의 독이 없는 암놈의 뱀이나 巳(사) 중에는 庚(경)금과 戊(무)토가 암장되어 있다. 그러니 때가 이르러 庚(경)금이 익으면 독 없는 물뱀이 살모사의 짓거리를 할 것이니 누구인들 상상이나 하겠는가. 때가 익으면 꺼내어 사용을 할 수 있으리라.

삼재는 자연 형성의 요소인 天(천), 地(지), 人(인)을 말하며, 우리네들이 살아가는 집을 말하는 것이다. 집을 지으려면 땅을 정하고, 기초를 단단히 다지고, 대들보를 세우고, 기와로 하늘을 가리고, 옆벽을 흙이나 나무판으로 막아서 바람막이를 한다. 그 안에 몸을 누이고 쉬는 공간을 이용하는 것이 집이라면 자연의 오행을 빌어서 하늘이나, 땅이나 궁극에는 무엇을 얻고 무엇을 보호하는 것인가? 무궁의 수가 있을 것이나 궁극은 인간의 몸뚱이를 보호하고 ,생각을 보호하고, 생활을 보호하기 위한 것임을 안다면 그 안에 내재되어 있는 수 삼재가 지니고 있는 수를 알아야 하겠고, 때에 따라 변하는 수도 알아야 할 것이다.

웃기는 일이라 웃으면서도, 웃을 수도 없는 글이 있어 적어본다.
天方地軸(천방지축)을 낱말사전에는 ① 못난 사람이 종작없이 덤벙대는 일, ② 너무 급하여 방향을 잡지 못하고 함부로 날뛰는 일이라고 쓰여 있다. 정작 글이 가지고 있는 뜻을 풀어보면 '(천방) 하늘의 방향은 (지축) 땅이 축이요, 중심이다' 는 말이고, 속뜻을 들여다보면 '자연의 삼재(천지인)의 중심은 사람이다' 라는 말이다. 즉, 人乃天(인내천)을 말하고 있으며, 天符經(천부경)에 있는 天一一(천일일), 地一二(지일이), 人一三(인일삼)의 삼재와도 상통하는 말이다.
그러나 어찌 세상의 모든 것을 다 알고 살 수가 있겠는가?
적당히 모르고 사는 것이 편할 것이며, 알아차린 사람들만이 알고 있는 말이다. 그러한 말들이 어디 천방지축뿐인가.
우리가 무심코 사용하는 말 속에 널려있다는 것도 알아야 하겠다. (왕건이 건졌다!)
오나가나 공수요, 백수일진대. 빈손으로 왔다고 해서 손에 쥐고 있는 것이 없다고 함부로 살지는 말아야지. 자연이 그러하듯 계절을 알고, 나이를 알고, 때를 안다면 공수도, 백수도 아님을 알아차릴 것이다.

무명하기에 유명을 부러워하지도 말고, 백수이기에 더는 잃을 것이 없다는 것은 무한의 도전과 기회가 도처에 널려 있다는 것을 알아차려야 하겠다.

유명하여지고 공수가 채워져 만수가 되면 좋을까?

그래도 백수가 부럽다.

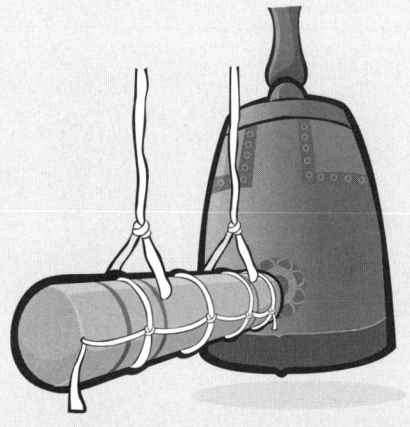

제2부
역사는 흐른다

6. 세상은 힘의 전쟁터
7. 비행기를 두드려야 하는데
8. 공자의 나라
9. 목구멍이 포도청이라
10. 끝나지 않은 삼국의 전쟁

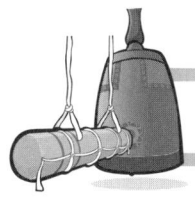

6. 세상은 힘의 전쟁터

오랜만에 볼일이 생겨서 서울역을 찾았다.

기차가 들고 날 때마다 사람의 홍수가 밀물과 썰물을 이루어 들고 나는 듯하다.

바쁘게 사는 사람들의 잰걸음이야 예나 지금이나 변하지 않았지만 역 주변의 풍경은 많이 변해 있었다.

넓은 광장의 인파 속에 몸을 맡기며 눈을 들어 주위를 둘러보고 높게 솟아 있는 건물들을 보자니 목에 힘이 드는데 들리는 주변의 소리가 익숙지가 않아서인지 왠지 귀에는 아무 소리도 들리지가 않는 것 같다.

움직이며 활동적이고 진취적으로 나아가며 뻗치는 기운이 남성의 기운이라면 여성의 기운은 소극적이며 움직임을 싫어하고 제자리를 지키며 보듬는 기운일 것이다.

인류의 역사는 남성의 열정적이고 충동적이며, 정복적인 남성들이 부딪히고 싸우며, 파괴와 건설을 이끄는 얘기들을 승자와 패자를 갈라 승자들의 영욕의 부침을 기록한 것이라 하겠다.

산다는 것은 서로의 존재 속에서 힘을 분출하는 전쟁터

잠자던 대륙인 아메리카가 세상에 알려진 것을 보면 콜럼버스가 인도로 가는 뱃길이 열려서 항해를 하다가 우연히 발견한 것이 아메리카 대륙인데, 인도로 가서 향료, 보석, 후추 등 유럽에서 비싼 값에 팔리는 것들을 직접 장사를 하여 이익을 내기 위함이었다.

신대륙의 발견으로 16세기에 들어서서는 북미 대륙은 영국과 프랑스의 각축장이 되고, 남미는 스페인과 포르투칼이 식민지의 확장에 혈안이 되었다. 지배자들은 자신의 부귀영화를 위하여 본국인에게 식민지의 땅을 별장이나 농원으로 팔아 막대한 이익을 취하기도 한다.

어느 곳이나 땅이 존재하는 곳은 때의 문화가 꽃을 피웠을 것이니 남미 대륙의 잉카제국, 아즈텍 왕국 등 토착왕조나 세력들은 그들의 땅에서 문화를 꽃피우며 살았을 것이다.

잉카제국의 멸망은 스페인에서 돼지를 키우며 돼지몰이로 살아가던 청년이 '이런 구차한 생활을 면할 길이 없을까?' 하는 생각을 하다가 바다 건너에 신대륙을 발견하였다는 풍문을 들은 터라 '그래! 이렇게 냄새나는 일을 평생 하는 것보다 신대륙에 가서 무언가 새로운 것을 찾아보자' 는 생각에서 잉카제국의 멸망은 시작되었다.

이후 청년은 왕에게 청원을 하였고 왕은 신대륙에서 얻어지는 재물의 반을 주며 점령하는 땅의 통치권까지 준다는 약속을 한다.

왕정시대에 왕의 허가를 받고 나니 여기저기에서 재력이 있는 귀족들도 동참을 하게 되었고, 타고 갈 배도 만들었으며, 여러 분야의 전문가들과 막강한 화력을 지닌 약 180명의 군대를 이끌고 황금을 찾아 신대륙을 찾아 떠난다.

대륙에 당도한 피사로 일행은 황금이 많다는 곳을 찾아서 잉카제국에 발을 들여놓고 우호관계를 맺자고 황제를 청하고 접견하러 나온 잉카의 황제(아따왈바)를 기습적으로 사로잡아 놓고 황제의 몸값으로 황금을 가져오면 풀어 주겠다고 하여 엄청난 양의 황금(11톤)을 거두어들이고 나서도 기독교로 개종을 거부하였다는 이유로 황제를 죽인다.

왕을 죽이니 잉카의 전사들이 가만히 있었겠나. 그들도 힘을 다하여 대항을 하였으나 침략자들의 무기를 당해낼 수가 없었으니 총과 대포의 화력 앞에 몽둥이나 돌로 무장했던 12만 명의 전사들은 도륙을 당해 전멸했다.

정복 당시에 실종된 원주민이 7~8천 만 명이라고 하니 피사로는 자신이 익힌 돼지몰이의 기술을 유감없이 신대륙의 정복에 응용했음을 알 수가 있다.

살아남은 원주민들도 정복자에 대하여 두려움과 경외감으로 감히 대항은 상상조차도 하지 못하였으며 은둔과 고통의 세월을 보내게 되는데, 예나 지금이나 산다는 것은 서로가 존재하기에 힘을 겨루며 힘을 분출하는 전쟁터라 할 것이다.

수놈과 암놈이 뒤바뀌었다

많은 사람들이 오고가는 것을 보면 진취적이고 활동적이며 힘이 있는 수놈들이 이끌어가는 세상이라 힘이 넘치고 패기 있는 남자들도 많이 보이지만, 더러는 깃털 빠진 장닭의 군상들이 많이 보이고 세파에 찌들었음인지 초췌하고 초라하며 힘도 없어 보이는 이들도 눈에 많이 들어온다. 누가 그랬나? 모양을 갖추고 예를 갖추는 것도 곡간이 차고 주머니가 두둑해야 거기서 힘이 나온다고. 승자와 패자의 논리로 아니면 음과 양의 논리로 하며 생각에 젖는데 갑자기 소방차 여러 대가 지나가며 내는 요란한 소리에 귀가 뚫린 듯 소리가 들려온다. 어디에 불이 났나?

역의 시계를 보니 세월의 무게를 한층 더 느끼게 하는데, '이놈은 이곳에서 얼마나 많은 사람들의 만남의 기쁨과 헤어지는 아쉬움과 슬픔을 함께했을까?' 하는 생각을 하고 있는데, 누군가 나를 알아보고는 손을 흔들며 다가온다.

대통이었다. 반가움에 다가가서 손을 잡고 얼싸안으며 뭔가 얘기는 하는데 입 밖으로는 한마디도 나오질 않는다. 한참을 함께하다가 어깨를 풀며 대통이가 함께 온 부인을 인사시킨다.

30년도 넘은 세월이 흘러도 친구가 친구를 알아보고 만났으니 무슨 말이 필요하겠나. 그냥 보면 서로가 알 수 있는 것이 아닌가! 지하도로 들어서서 남대문 시장으로, 명동으로, 충무로 입구에서 남산으로 올라 구경을 하며 돌아다니는데, 부인은 엄지손을 세우며 최고라며 탄성을 연신 쏟아 놓는다.

누구나 어렵게 살던 70년대 초 어려운 생활을 면해보고자 형님이 남미로 이민을 결정하면서 어디를 가더라도 서로 의지할 수가 있는 혈육이 필요하고 노동력도 필요하기에 형이 함께 가자고 하여 그는 이민을 떠났었다.

처음에는 모든 환경이나 여건이 맞질 않아 생각 이상의 고생을 하였으나 시간이 가고 현지에 적응이 되면서 생활이 안정되고, 그곳의 원주민인 부인을 만나 가정을 이루면서 경제적으로 나아지게 되었단다.

부인의 부족은 모계 중심의 부족인데 부인의 어머니가 족장이며, 다음의 족장은 부인이 승계를 하게 된단다.

이 땅에서는 남아선호사상 때문에 산부인과 의사들을 고생시키면서까지 고추를 생산하려하지만, 그곳은 딱히 남녀의 구별은 하지 않는다고 한다. 더구나 딸을 낳으면 집안에서 좋아한다는데 투표권이 여자에게 있기 때문이란다. 그래서 딸을 많이 둔 아버지들은 부족 내에서 은근한 힘을 과시하기도 한단다.

자녀는 위로 딸이 둘, 아들이 둘, 아래로 딸이 둘이어서 모두 2남 4녀이며 위의 딸들은 출가를 시켰고, 아들들은 모국에서 대학 공부를 시키기 위하여 데리고 나왔단다.

부족이 차지하고 있는 지역의 땅은 넓으나 주로 산악지대의 땅이기에 그동안은 별로 가치를 인정받지 못하였다. 그러나 근자에 들어서는 그곳에 여러 종류의 유익하고 귀한 광물자원이 많이 매장되어 있는 것을 알게 되어 탐사를 한 결과, 채산성이 매우 높다는 것을 알게 되어서 개발을 서두르고 있다고 한다. 형님은 진작부터 그곳에서 구리광산을 개발하여 운영하고 있단다.

그곳 원주민들의 생활은 우리네들의 농촌생활과 비슷하고 그들의 풍습이나 사는 형태, 사람들의 생김생김도 우리네와 닮은 점이 매우 많음을 알 수가 있단다.

허긴 남미 대륙이나, 북미 대륙이나 터 잡고 살아가는 원주민들은 내몽고나 동북아의 시베리아 쪽에서 살다가 베링해협을 건너간 우리와 같은 북방계의 몽고족들이며, 그들의 후예들이기에 살아가는 여러 가지 면에서 우리네들과 흡사한 점이 많은 것은 당연한 일이리라.

강산이 세 번씩이나 변한 후에 만난 친구이나 어제의 친구처럼 재미있는 일상의 얘기를 나누며 생일을 물어보니 외국인이라서인지 부인이 무척 재미있어 한다. 대통이의 생일은 己丑(기축) 일이고, 부인은 辛亥(신해) 일이었다. 수놈은 수놈이 아니라 암놈이고, 암놈은 암놈이 아니라 수놈이었다.

　자연의 사계절과 天干(천간)의 형성을 살펴보면 그 또한 자연의 때를 결정하고 문자로 자연을 나타내는 것이니 봄은 木(목)나무의 색인 푸른색이며, 싹을 틔워 자라는 때인지라 갑을이고, 여름은 火(화)이니 태양의 열기로 만물을 키워 살찌우며 꽃을 맺게 하니 병정이다. 그리고 계절 중앙의 자리에는 모든 만물은 흙(土)이 있으므로 자라는 근본의 터이기에 무기가 되고, 가을은 쇠金(금)이라 하니 곡식이 열매를 맺어 단단함을 뜻하여 경신이라 하고, 겨울을 물水(수)라 함은 모든 것들은 제자리의 낮은 곳으로 돌아가기에 임계라 하였다.

　자연의 계절이 돌고 돌아 해를 엮어나가고 각 계절은 자연이 익어가는 것을 나타내고 있으니, 갑을 병정은 나이의 순서로 짜여 있음을 알아야 하겠다.

　어린 싹이 자라 꽃을 피우고 열매가 맺으면 익어서 떨어지는 것이 자연이라면 봄의 갑은 1살이요, 을은 2살이며, 여름의 병은 3살이고, 정은 4살이다. 중앙의 흙인 무는 5살이고, 기는 6살이며, 가을의 경은 7살이고, 신은 8살이 되겠다. 겨울의 임은 9살이 되고,

계는 10살이 된다.

  인류가 생겨나면서 모계를 중심으로 한 씨족 중심의 사회가 형성이 되어 남자보다는 자손을 잉태할 수가 있는 여자가 씨족이나 부족을 대표하여 모계 중심적으로 생활을 하였으나, 오래 이어가지는 못한 것 같은데 적자생존인가? 힘의 논리인가?

  부계 중심의 사회가 되어 근세에 이르렀음을 안다면 지나온 많은 세월 남성 중심인 세상에서 얼마나 많은 여성들이 여자이기에 소외당하거나 눈물과 한숨의 세월이었는가도 돌아보아야 할 것이다.

  자연의 계절이 변하는 때에 계절과 계절을 이어주는 환절기가 있어서 變(변)하고 化(화)하는 계절과 완충작용을 하여 주는데, 봄에서 여름으로 가는 시기에 봄이 익어서 더워지면 여름의 더운 맛을 느끼나 여름이라고 하기에는 덜 더우니 봄 같은 때가 있어 환절기라 하며, 여름에서 가을로 넘어가는 때에도 환절기가 있고 가을에서 겨울로 넘어가는 때에도 환절기가 있으니 각 계절은 고유의 맛이 있고 환절기의 맛이 나름대로 있으니 4계절의 내는 맛 또한 8계절의 맛을 내며, 다양함이나 변화 또한 무궁함을 알아야겠다.

  문화나, 주의나, 시대나 느끼며 접하는 다양함에 유행처럼 잠시 다녀가는 것이 있는가 하면 오랜 세월 우리들의 곁에 머물고 있는 것도 있으나 모든 것은 변하게 되어 있으며, 변하는 것은 당연한 일이 아니겠는가?

우리는 오랜 세월을 남성 중심의 사회를 만들어 남성의 짓거리인 호전적이며, 약자를 누르고 군림하고 투쟁적이며, 약탈과 침략의 일들을 당연한 일상으로 접하며 살아왔다. 그러나 이제 변하는 것인가? 문화가 향상되어서인가?

요즈음에 전파매체를 봐도 힘의 상징이던 남성보다 부드러우며 재치 있는 꽃미남들이 눈에 많이 들어온다. 게다가 女權(여권)이란 말이 낯설지가 않고 남성들도 부드러움을 찾고, 보듬고, 품는, 여성 고유영역의 일들을 배우고 익혀서 여성들의 영역에서 일하는 남자들을 심심찮게 접하게 되는 것은 변해가는 모습을 보는 것이리라.

언젠가 산책길에서 누군가가 물어왔다.

"스님, 관세음보살의 상을 남자의 상으로 봐야 하나요? 여자의 상으로 봐야 하나요?" 하고 물으며 그는 아무리 봐도 가늠을 못하겠단다.

"관세음보살은 오래전에 부처를 이루신 분인데 사바 중생들의 고통을 들어주시겠다는 서원으로, 다시 보살계로 오신 분이십니다. 어려운 중생들에게 때로는 어머니 같이 온유하시고, 때로는 아버지 같이 인자하신 분이시며, 32상의 나투시니 상은 남자이면서 여성의 상이요, 여자이면서 남성의 상입니다" 하니 의아해 하며 "예?" 한다.

아버지가 필요한 사람에게는 아버지로 다가가실 것이고, 여자나 어머니가 필요한 사람에게는 여자나 어머니로 다가 오시며, 때로는 동남이나 동녀로 오신다는 것을 알아들은 건지? 못 알아들은 건지?

　부계의 사회가 모계의 사회로 점차 변해가고 있음은 외모가 잘생기고 부드러우며 섬세한 남자들을 여자들은 바라고 원하며, 부드러운 여자보다는 활동적이고 자신의 일을 갖고 그 영역에서 열심히 일을 하는 여자를 남자들이 선호하는 것을 보면 수놈은 암스러워져야 잘 살 수가 있을 것이고, 암놈은 숫스러워져야 잘 살 수가 있는 때로 가고 있다.

　허나 농부가 때에 이르러 농사를 짓는 것은 밭이 기름지고 아무리 농기구를 장만하였다 해도 밭을 갈아 씨를 뿌리는 수고를 농부가 게을리 한다면, 가을의 수확을 기대하기가 어려울 것이니 쟁기와 밭의 한판 싸움이 볼만하리라.

　그래도 수놈이 수놈이 아니라 암놈이라는 것도, 암놈이 암놈이 아니라 수놈이라는 것도 너무 너무 어렵다.

　어려우신가? 시작인데!

　어렵다 말고 읽어보시게! 妙(묘)함이 있을 것이네!

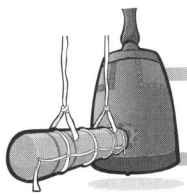

7. 비행기를 두드려야 하는데

먼동이 채 가시기도 전 아침에 많은 사람들이 거리로 나와 제각각의 일터를 향한 발걸음이 분주하다. 어린 학생들도 그 틈에 끼어 무거움직한 가방을 둘러메고 학교로 향한다.

모두가 때의 일을 하고 있음이리라.

분명 태어나서 살아가는 것은 배우고 익히기 위함이며 배우고 익히려는 것은 나이 들어가면서 만나는 때의 세상이라는 넓은 바다를 원만히 항해하기 위하여 최소한의 생존 방법을 미리 알아 두려는 것이리라.

계절이나 나이에 상관없이 살아가는 모든 인생들은 항상 무엇이든 익히고 배우면서 살아가고 있다고 하겠다.

세상을 살아가는 것이 어디 바다에만 비유할 수가 있겠는가. 넓은 평원의 세상도 만나고 하늘이 보이지 않을 만큼의 밀림도 만날 것이며, 깎아지른 듯한 태산의 준령도 만나고, 만년설의 빙하도 만나고, 사막의 모래바람도 만날 것이다. 자연에 존재하는 그 무엇인들 안 만나겠는가? 때가 되면 모든 것을 다 만날 것이기에 미리 배우고 익혀서 때의 세상을 만나면 헤쳐 나가기 위함일 것이다.

배우고 익히라면서 멍석을 펴주어도 딴짓거리에 정신이 팔려 제때를 놓치는 경우도 있고, 제대로 공부할 형편이 되지 않아도 고생스럽게 배우며 귀동냥으로라도 배우는 배움에 목마른 이들도 볼 수가 있다. 지금을 이기고 때에 써먹기 위함이니 분명한 것은 익히고 배운 것은 누구도 가져갈 수가 없기 때문이다.

일제강점기의 대장장이가

언젠가 길을 가다가 시골의 장터를 지나게 됐는데 장날이 아닌데도 사람들이 제법 몰려있어서 궁금하기도 하여 다가가서 보았다.

대장간인데 무엇 때문에 이리들 몰려있나 싶어서 사람들이 모여있는 곳으로 가서 물어보았더니 이곳 대장간에서 만드는 농기구나 연장들은 대장장이의 기술이 좋아서 마모나 훼손이 잘 안되어 오래 사용할 수가 있다는 평판이 나고, 실제로 사서 사용을 해본 사람들이 물건이 좋은 것을 알게 되어 다시 찾아오고 또 소문을 들은 사람들이 찾아와서 항상 이렇게 문전성시를 이룬다고 한다.

대장장이가 쇠를 잘 다루게 된 것에는 특별한 이유가 있는데, 이 근처에 오래 살고 있는 사람들은 대부분 알고들 있다면서 이야기를 꺼내 놓는다.

구한말 일제의 강점기에 조선과 중국을 집어삼키고 그나마도 모자라서 대동아전쟁을 일으켜서 동남아의 여러 나라들에 대해서도 침략전쟁을 일으켰을 때에 일본과 이웃하고 있는 조선의 백성들은 그들의 일꾼이요, 총알받이가 아니었는가? 학생들은 학생들대로, 장정들은 징용으로, 아녀자들은 정신대로 끌려갔으며, 얼마나 고초를 당했던가? 일제의 침탈의 땅이 늘어나고 일제의 전선이 길어질수록 조선 백성들의 고통도 함께 늘어 가던 때에 대장장이의 아버지와 어린 나이였던 대장장이도 일본에 징용으로 끌려갔었단다.

두 부자가 일을 하게 된 곳은 비행기의 부속을 제작하는 곳이었는데 그곳에서도 처음에는 '조센징'이라 하여 비중 있는 일은 시키지 않아 막일만 했단다. 그리고 어느 일을 시켜도 성실히 일을 하는 것을 확인하고서야 대장간에서 일을 하라고 하여 철을 녹이고, 쇠를 다루는 곳에서 일을 하게 되었단다.

그러나 당시에 일을 하던 곳은 일급비밀기지였는데 그곳에서 일본인들을 도와서 일은 하였지만, 녹인 쇳물을 어떻게 가공 열처리를 하는 줄은 알 수가 없었다. 녹인 쇳물은 지하의 갱도로 이송, 그곳에서 특수 열처리를 하여 제품을 만드는데, 지하의 갱도를 드나들 수 있는 사람은 몇 되지가 않았단다.

　두 부자는 어떻게 해서라도 쇠의 열처리과정을 알아내기 위하여 지하의 갱도에 내려가 보려고 노력을 기울였으나, 기회가 오기 전에 해방이 되었단다.

　해방이 되니 일을 하던 모든 사람들은 뿔뿔이 흩어져 제 고향으로 돌아가기가 바빴으나, 부자는 어떻게 하든지 쇠의 열처리하는 법을 알고자 평소처럼 일터로 출근을 하였다.
　그런데 어느 날인가, 일인들이 갑자기 바쁘게 움직이며 조선인들의 인원을 점검하더니 두 부자를 포함하여 몇 명만 남기고 남은 이들은 돌려보내더란다.
　뽑힌 사람들에게는 며칠간 대장간에서 일을 할 것이라고 하고는, 쇠를 녹이고 그동안은 가볼 수가 없었던 지하의 갱도에도 내려가서 일본인들과 함께 작업을 하며 뭔가를 만들었는데, 들리는 말로는 연합군 장군이 타고 다니는 비행기의 어느 부분이 망가져서 급하게 부품을 만들게 되었다고 들었단다.
　두 부자는 그리도 내려와 보고 싶었던 지하의 갱도에 들어서 보니 지하의 갱도가 넓은 것에 놀랐고, 장치나 시설물이 어마어마한 것에 대해서도 놀라웠단다.
　지하의 갱도에서 일본인 기술자를 도와 쇳물의 처리(담금질)를 직접 해본 것도 좋은 일이기는 하나, 어떤 용액에 얼마를 담그면 어떤 강도의 쇠로 만들어지는 것인지에 욕심을 냈단다.

쉬는 시간이나 일본인들의 눈을 피해가며 탱크에 저장되어 있는 용액들을 조금씩 열어 손으로 비벼도 보고, 코로 냄새를 맡기도 하고, 입으로 맛도 보면서 확인을 해나갔단다.

확인을 하고자 하는 탱크가 얼마 남지가 않은 날이었다. 그날도 감시의 눈을 피하여 탱크를 열어서 용액을 손에 담아 비벼도 보고, 코로 냄새를 맡아봐도 도무지 알 수가 없어서 약간의 용액을 혀에 묻히며 입으로 조금 가져갔는데, 무슨 용액이었는지 고통 속에 소리를 치며 정신을 잃었단다.

소란에 달려온 일본인에게 탱크를 가리켰더니 "조센징이 뒈지려고 환장을 했나? 청산가리를 먹게?" 하면서 병원으로 후송을 하여 치료는 하였으나, 그 용액에 혀의 일부가 녹아서 이후로는 말을 제대로 하지 못하는 반벙어리로 살게 되었단다.

고향으로 돌아와서 대장간을 연 두 부자는 일본에서 배우고 익힌 기술로 일을 하니 쇠의 질이 좋기로 소문이 났단다.

쇠의 담금질은 쇠의 강도를 결정하는데 공기, 모래, 물, 기름, 화공약품이나 전기를 이용한다.

허긴 비행기를 만드는 곳에서 기술을 배워왔으니 당연히 쇠를 잘 다루는 것이 아니겠는가?

세월이 벙어리 아버지를 모셔가고, 어리던 대장장이도 세월에 떠밀려 먼저 가신 아버지의 나이가 들었어도 망치를 내리치며 내는 소리에는 힘이 실려 있었다.

그가 두드리며 만들고 있는 것이 비행기 날개가 아닌가? 뚝딱, 뚝딱, 뚝딱, 뚝딱.

🍀 가야의 문화가 전해지면서 일본은 국가의 틀 형성

서기 80년에 일본의 해안가에 뿔이 둘 달린 괴물이 나타나서 일인들이 무서워하고 두려워했으며, 괴물이 타고 있는 말도 괴물의 형상을 하고 있었다는 기록이 있다.

그것이 과연 무슨 괴물이었겠는가?

이 땅에서 건너간 무사들이었을 것이다.

그 당시에 일본은 문화가 발달되지가 않았었고, 갑옷에 투구를 받쳐 쓴 무사를 처음 보았기에 그러한 글을 남겼을 것이라 추측이 된다. 그 당시에 일본으로 건너갔던 무사들은 한반도의 남쪽에 자리를 잡았던 가야제국의 무사들이었으리라. 이후에 4세기를 전후해서 가야에 의해서 발달된 철기문화가 일본으로 건너가게 되었다. 그제야 일본은 나라의 틀을 잡아가며 고대 국가의 틀을 형성하게 되었던 것이다.

나무나 돌을 다듬어서 사용을 하다가 청동기의 쇠붙이를 찾아서 사용하며 힘을 과시했으나, 철기(무쇠)를 알아내어 사용을 했다 함은 당시에는 천하를 얻을 수가 있는 병장기를 소유했다는 것이나 다름이 없다.

이 땅에서 건너간 우리의 조상들에게서 전수받은 철기의 문화를 그들은 열심히 녹이고 담금질을 잘하여 튼튼하고 강한 쇠를 가지게 되었다. 그러면서 헛된 망상에 지나지 않은 짓거리도 많이 벌이기도 했다. 아무튼 쇠의 강함은 바로 쇠가 지니고 있는 강도에서 나오는 힘임을 알아야 할 것이다.

쇠를 이용하면 할수록 더욱 강한 쇠가 필요한 것은 쇠가 지니고 있는 힘만큼 소유하고 있는 자들의 힘일 것이다.

그러니 쇠를 잘 다루고 더 강한 쇠를 만들기 위하여 꾸준한 열성이 있어야 하지 않겠는가.

어디서 들려오는 소리인지 뚝딱, 뚝딱, 뚝딱, 뚝딱.

별나라에 갈 인공위성을 만들고 있나?

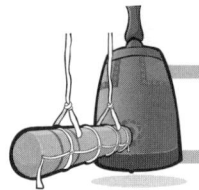

8. 공자의 나라

　아침에 일어나 산행을 하면 하루를 열고 살아가려는 모든 몸짓들을 만나 볼 수가 있어 상쾌하기가 그지없는데, 어쩌다가 때를 놓치게 되면 사시 예불을 마치고 산을 오르게 된다.
　한낮의 더운 열기도 산에 몸을 맡기면 시원하기에 애써 힘이 들어도 산을 찾게 되며, 땀에 젖은 몸을 이끌며 한걸음, 한걸음 발을 옮겨 정상에 오른다.
　산의 정상은 산이 높든 낮든, 크든 작든 더 오를 곳이 없기에 정복을 했다는 생각을 갖게 하며, 발아래에 놓인 산하를 굽어 내려다보는 여유를 갖게 된다.
　일상의 나날들이 크고 작은 끊임없는 전사의 몸짓이라면 힘이 들어도 산에 올라 정상에 서면 그곳에서만이 느끼는 성취감이나 정복감이 산을 찾는 누구나에게 활력소가 될 것이다.

산의 언저리에 살기에 자주 찾는 산이건만 오를 때마다 보여지는 것이나 느낌, 생각이 달라지는 것은 때의 몸짓이기에 변하는 것이라고 생각은 하지만, 실제로 산에 올라 발아래의 세상을 내려다볼라치면 '언제 이렇게 변했나?' 하는 생각이 떠나질 않는다.

생활에 묻어 있던 예의나 여유는 어디로 갔나?

작년엔가. 어느 지인으로부터 작품의 발표회가 있으니 참석을 해달라는 부탁을 받고 가나마나를 두고 고심하다가 다녀오는 것도 수행생활에 활력이 되려니 하는 생각에 참석을 하기로 하고 오랜만에 시내관광을 겸해서 길을 나섰다.

지하철을 이용하면 편한 노정이라 지하철에 올랐다. 빈 좌석은 없고 복잡하지 않을 정도의 사람들이 서서 가고 있었다.

한쪽에서서 손잡이에 의지하여 서 있었는데, 앞에 앉아있던 중년의 여성이 "스님, 이곳에 앉아서 가세요" 하며 자리를 양보한다. "보기보다는 아직 건강하다"고 하여도 여인은 자리에 앉지를 않고 여러 번을 권하기에 여인의 호의를 무시할 수가 없어 "감사하다"는 말을 하고 자리에 앉게 되었다.

자리에 앉아서 고마움에 여인과 몇 마디의 말을 주고받게 되었다. 얼마 지나지 않아 여인도 내려야 한다며 자리를 떠나고부터는 눈을 지그시 감고 달리는 지하철에 몸을 내맡기고 있었다.

"다다다딱, 다다다딱." 열차가 달리며 내는 특유의 소리를 듣고 있노라니 물론 열차바퀴가 레일의 이음을 넘어가며 내는 소리인 줄은 알지만, 그 힘찬 소리가 하루에 천리를 뛴다는 천리마의 힘찬 발굽소리같이 들려온다. 한편으로 생각해보면 '얼마나 많은 사람들을 실어 나르기에 내는 힘겨운 소리인가' 하는 생각도 하며 지하철과 함께 "다다다딱, 다다다딱" 하며 뛰어 가고 있었다.

그런데 갑자기 객실 안에 있던 사람들도 많이 내리고 많은 인파가 물밀듯 밀려들어 오며 객실 안이 복잡해졌다. 환승역이었다. 조금 있자니 출입문 하나 건너 쪽에서 말소리가 크게 들려온다.

몸조차 가누기가 힘이 들어도 앉을 자리가 없어 사람들이 들고 나는 출입구에 쭈그리고 앉아 계신 노인이 있어서 50대의 신사가 앞에 앉아있는 젊은이에게 자리를 어른에게 양보하라고 하였더니 "아니, 내가 왜요?" 하며 거부를 하니 50대의 신사가 "그래도 이놈아! 부모 있는 놈이 거동이 불편하신 노인을 저렇게 바닥에 앉아가시게 하면 되겠냐?" 하며 다시 젊은이에게 자리를 양보하라고 해본다. 그러나 "아저씨, 나한테 반말하지 말고 이래라저래라 하지 마세요" 하며 젊은이는 아랑곳하지도 않았고, 주위의 사람들은 그들의 대화를 들었지만 나 몰라라 하며 고개를 돌리고들 있었다.

내가 얼른 일어나 어르신을 모시고 와서 자리에 앉혀드리며 "편하게 가세요" 하니 "고맙다"는 말을 하시는데, 대답 대신 '정작 편하게 가는 건 접니다' 하며 외치고 싶었다.

  그날의 행사를 치르고 오랜만에 이곳저곳을 둘러보자니 '이곳이 우리나라인가? 외국의 어느 곳인가?' 하는 생각이 들 만큼 눈에는 화려함과 외색의 물결이 넘쳐난다.
  이왕에 길을 나섰으니 한 곳을 더 둘러보려고 버스의 승강장으로 가서 줄을 서서 버스를 기다리게 되었다.
  버스가 도착하고 순서대로 앞에 서 있던 몇 명이 차에 오르고는 줄이 줄어들지가 않고 버스의 입구 쪽에서 시비조의 말이 오고간다. 젊은 여인이 사오 세 가량의 어린아이의 등을 밀다시피 하며 "올라가! 올라가!" 말로만 재촉을 하고 있어서 뒤에 서 있는 사람들이 "빨리 좀 탑시다" 하며 여인에게 말을 하였다. 그랬더니 여인은 뒤를 돌아다보며 "아저씨, 지금 아이에게 조기교육을 시키고 있는데 그렇게 말을 하세요?" 하며 아이를 태우질 않고 "올라가! 올라가!" 하며 어린아이에게 조기교육(?)을 시키고 있었다.
  참다못한 운전기사님이 "조기교육도 좋으나 뒤에 손님들을 생각하라"는 말을 듣고서야 여인은 그 제서야 아이를 안아서 태우고 자리를 잡고 앉는다. 차를 타고서도 어찌나 어린아이에게 이래라, 저래라 하며 조기교육을 시키는데, 이것은 교육을 시키는 건지, 아이를 잡는 건지 생각을 해봐도 도통 정리가 되질 않는다.
  교육을 주입식으로만 배워서인지, 알고 있는 것이 그것뿐이어서

인지 아이는 생각을 해주지도 않고 자신의 생각에 어린아이를 끌고 가면서 맞추려고 하고 있으니 어찌 어린아이가 어른의 생각을 따를 수나 있겠는가.

오랜만에 이곳저곳을 둘러보고 발걸음을 옮겨 집으로 돌아오는 내내 '세상이 많이 변하여 껍데기의 외형은 화려하고 풍요로워졌으나 우리네들의 생활에 묻어 있던 아름다운 예의나 여유, 도덕은 어디로 갔나?' 하는 생각이 들어 씁쓸한 생각이 좀처럼 머리를 떠나질 않는다.

유교를 국가의 근본으로 삼은 세계 유일의 나라, 조선

세상을 살아가면서 남을 위하고 배려해야 하는 것은 서로가 존재하는 것만으로도 귀중한 존재들이기에 서로가 서로를 귀하게 대해야 하며 서로를 위하여 최소한의 예의나 도덕을 지니고 살아가야 할 것인데, 어찌해서 이렇게 변했는지 한번쯤은 되짚어보아야 할 것 같다.

과거의 지나온 길을 풀어보면 현재의 일들이 보이고, 현재에 일어나는 일들을 보면 미래의 일들을 알 수가 있으니 지나온 역사의 길을 더듬어 봐야 할 것 같다.

춘추전국시대의 노나라에서 태어난 공자가 학문을 터득하여 자신의 이상과 도덕정치를 실현하고자 천하를 두루두루 돌아다녔으나 어느 곳에서도 자신을 받아주질 않았다. 그러다가 설사 기용을 하려고 하는 곳도 있었으나, 儒學(유학)은 禮(예)가 번거롭고 현실에 맞지 않는다는 이유로 등용을 기피하여 하는 수없이 고향으로 돌아와 학문과 제자들의 교육에만 전념을 하였다.

주나라가 붕괴되어 여러 제후국으로 나뉜 추나라에서 태어난 맹자는 유학을 공부하여 공자의 사상을 확고히 하여 유교의 틀을 형성한 대유학자였다. 그러나 그도 이상과 도덕정치를 펴보려고 잠시 공직에는 있었으나 오래 머물 수가 없었으니, 그도 공자의 전철을 밟았다고 할 수가 있겠다.

예나, 지금에나 힘으로 밀어붙이고, 권모술수가 난무하고, 오늘의 야합이 내일엔 적이 되어 암투를 벌이는 비정한 싸움터인 정치세계에서 인의예지의 도덕을 논한다는 것은 현실을 뛰어넘는 이상이요, 꿈일 것이다.

지난 역사를 훑어보면 동서양의 어느 나라도, 심지어 공자가 태어난 중국에서조차도 유교의 도덕정치를 실행하려고도 하질 않았으니 유교의 도덕정치와 현실의 정치와의 차이가 크기 때문이었을 것이다.

이후로도 많은 유학자들이 유교를 발전시켜 나갔다. 현실정치에서는 가끔 유학의 인재는 등용을 하였으나, 유교를 국가통치의 이념으로 하는 나라는 지구상의 어디에서도 구경조차 할 수가 없었다.

헌데 공자 사후의 천팔백여 년이 지나서 유교를 국가의 근본으로 내세우고 창업을 한 세계사에 유일한 나라가 있었으니 이 땅의 나라인 조선이 아닌가!

조선의 건국이념을 요약하면 숭유억불정책, 사대교린정책, 농본민생정책이다.

태조 이성계는 나라를 세우고 나라를 이끌어가는 통치이념으로 유교를 택하여 숭유억불정책을 펴게 된다.

충, 효, 인, 의, 예, 지를 널리 알리고 도덕으로 통치하라고 유시를 내리니 후왕님들은 당연히 선왕의 뜻을 받들어 정치를 하였을 것이다.

시간이 가며 유교가 정착되어지면서는 동방예의지국이란 말을 듣기에 이른다.

공자는 최고의 덕을 仁(인)이라 하였고, 인은 克己復禮(극기복례, 자신을 삼가고 예의를 따르는 것)하였으니 예의가 있다는 소리를 듣는 것은 당연한 일이리라.

✦ 仁者가 없어서 못 보게 되면, 혹 忍者는 볼 수 있을까?

얼마 전에 북경에서 치러진 올림픽 개막식장의 행사를 보니 세계인들에게 공자를 알리기 위하여 예전에 입던 복장이나 악기, 책들을 자랑삼아 알리는 것을 보았다.

태어난 곳을 점유하고 있으니 당연히 제 나라의 사람이라고 자랑은 하겠지만 오랜 세월을 방치하듯 버리고 내팽개치고서는 제 나라 사람이라고 자랑을 하고 있으나, 부끄러운 줄도 알아야 할 텐데.

"여보시요! 중국 사람들, 당신들은 종이부스러기나, 악기나, 옷이나, 자랑하시요! 이 땅은 공자를 오백 년이나 모시고 있었던 도덕과 예의의 나라이기에 공자의 나라이며, 처처(處處)에 공자 머리의 골수가 모셔져 있다는 것을 알고는 있는 거요?"

개인과 개인이, 단체와 단체가, 나라와 나라가 공자의 인을 안다면 예와 도와 덕은 저절로 익을 텐데 아쉽다.

모든 것이 항상 할 수가 없어 변하고 변하며, 돌고 도는 것이 자연의 이치이니 공자를 모시고 살았던 나라의 땅이라 혹여 남아 있을지도 모를 仁者(인자)를 찾아나서 봐야겠다.

仁者(인자)가 없어서 못 보게 되면,

혹 忍者(인자)는 볼 수 있을까?

아니! 그게 그건가?

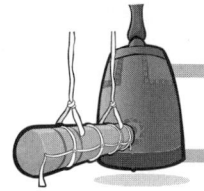

9. 목구멍이 포도청이라

 오늘의 일들이 백년 후에는 백년 전의 역사가 되고, 천년이 지난 후에는 천년 전의 역사라고 하리라.
 존재 자체가 역사를 담고 있으니 세상의 모든 만물은 존재하면서 각각의 역사를 지니고 있다고 하겠다.
 자연과 함께 인류의 역사도 유구한 세월의 일들을 기록으로 남겨 역사라는 이름으로 우리와 만나고는 있으나 시대와 문자의 특수성 때문이랄까? 진실성에 다소 의심이 남게 되는 것 또한 잘못은 아닐 것이다.
 기록은 시대의 산물임을 안다면 어느 시대고 주류를 형성한 승자의 말이나 행동을 당연히 기록했을 것이다. 그러니 힘이 없어 남기고 싶어도 남길 수 없는 소수의 행적이나 싸움에 져서 남길 것 없이 날아가 버린 패자가 훗날을 위해 기록을 남긴다는 것은 생각조차 할 수 없는 일이고, 어불성설이며, 웃기는 얘기가 아니겠는가.

지금은 과학문명이 발달되어 지구의 나라들이 서로서로가 긴밀히 연결되어 나라와 나라가 서로의 촌락이 되어 문화와 정보를 공유하며 지구가 촌이 되었다. 그러나 아직도 어디에선가는 자신의 덩치나 힘을 과시하며 자신의 배를 불리기 위한 야망의 전쟁이 끊이질 않아 욕심으로 해가 떠서 해가 지는 것을 듣고 볼 수가 있으니 과거 천년 전이나 그보다 더한 삼천년 전, 오천년 전에의 일이야 말할 필요도 없으리라.

우리의 배달민족이 나라를 세워 도와 덕과 예를 근본으로 통치하였기에 공자님도 자신의 큰 뜻을 안고 주유천하를 하시며, 자신의 뜻을 펼쳐 보이려하셨다. 하지만 어느 곳에서도 그의 뜻을 알아주는 이가 없어 쓸쓸히 고향으로 돌아오셔서 후학들을 지도하며 사시면서 중원은 자신의 도와 덕과 예를 알아보지를 못하는 것을 한탄하셨다. 그래서 자신은 동이(고조선)의 나라에 가서 살고 싶다고 하였다던가?

동이의 나라인 고조선은 도와 덕과 예를 통치이념의 바탕으로 나라를 운용하고, 주변국들을 지배하고 있었음을 알 수가 있는 대목이다.

이 땅의 역사이며 우리 조상들의 얘기이기에 조금만 들여다보면 실체를 알 수가 있는데, 아직껏 고조선이라는 이름표만 붙여놓고 내용물이 없는 빈껍데기의 신화로만 치장을 하여 우리의 역사라고 하고 있으니 안타깝다. 대한민국의 국호를 정할 때에도 우리들 스스로가 우리 조상들의 나라인 배달국과 고조선을 외면하였으니, 이 땅에는 눈 밝고, 귀 밝은 인사가 이리도 보기가 어려운가?

남의 나라를 치러가야겠으니 당신네 마당을 빌려달라고 하여 터진 전쟁이 임진왜란임을 익히 알고들 있겠지만, 그들이 이 땅을 짓밟고 쫓겨 가면서도 얼마나 많은 이 땅의 백성들을 해치고 갔는가.

기록을 보면 귀만 잘라서 가마니에 담아 배에 가득 실어 가져가서 귀 무덤을 만들어 놓았다는데, 얼마나 많은 조선의 백성이었던가!

어디 귀만 잘라갔나? 코도 잘라 갔다는데. 어른을 모시던 종놈이 잘못을 저질러 놓고 용서를 구하지도 않고 어른의 눈을 피하여 섬으로 도망쳐 가서 겨우 목숨 부지하여 살면서 못된 짓이나 일삼다가 가야와 백제의 은총을 입어 겨우 문화라는 것에 눈을 뜨게 되었던 왜국이 상전의 나라를 넘보고 쳐들어와 욕을 먹고 물러났으면 자중을 해야 하지 않겠는가.

그러나 생기면서부터 못된 짓을 일삼은 그들이기에 상국에 또다시 쳐들어와 식민지로 삼고, 성씨까지 파헤치며 유래를 찾아볼 수가 없는 짓들을 남겼으니 어찌 말이나 글로 그 만행을 모두 적겠는가.

교수 자리를 잃은 '고급 백수'

이삼 년 전인가, 예불을 드리고 서재에 자리 잡고 책을 뒤적이며 정리를 하고 있는데, 밖에서 찻소리가 나더니 누군가가 '스님'을 찾는다.

"누구신가?" 하며 문을 열어보니 오랜만에 절집을 찾은 상국이다.

방으로 들어와서 인사를 하고는 자리에 앉는다. 슬쩍 보니 심사가 편해보이지는 않아 보인다. 며칠 전에 귀한 차라며 누군가 들여 놓은 것이 있어서 차나 한잔하자고 하며 봉지를 뜯으면서 "구하기가 어렵다고 해서 들여 놓은 것이니 맛이 어떨지 모르겠어. 감정하듯 마셔보세" 하며 말을 건네니, "예!" 하고 대답을 하면서도 뭔가 다른 것에 정신을 쓰고 있는 표정이다.

물을 끓여 잔에 붓고 손으로 받쳐 마셔보면서 "아! 색다르네. 상큼한 것이 여느 차와는 다소 다른 맛이 담겨 있어?" 하며 앞에 앉아 있는 상국이를 보니 앞에 놓인 찻잔이 식어가고 있다. 그래서 "아니 이 사람아! 무슨 생각을 하기에 정신 줄을 놓고 계시나? 차가 식어" 하니 그제야 찻잔을 들어 차를 마시고는 말문을 연다.

상국이는 사학을 전공하여 대학에서 강의를 하고 있는 교수인데, 정교수가 아니고 '땜방 교수'이다.

별로 인기나 비전이 있는 과가 아니기에 배정된 밥그릇의 수가 적어서 교수 자리를 놓고 서로 치열하게 경쟁을 벌이는데, 근자의 얘기를 들어보면 상국이의 땜방 교수 자리도 점점 지키기가 어려워지고 있는 것 같았다.

未(미)생이 庚戌(경술) 월, 丁卯(정묘) 일 태어났으니 남들 보기에는 모양을 갖추었으나 외형만큼 실속이 없고 사람만 좋으면 뭐하나? 위로 올라가려면 누군가 위에서 끌어줘야 올라갈 수가 있을 것이며, 올라가려는 마음만으로 교수 자리가 만들어지는 것이 아니기에 주위에서도 안타까움만 더하는 것이 아닌가.

庚(경)은 금에 속하며 가공이 안 된 쇠라서 돌멩이로 보아도 좋을 것이다. 여름의 계절에는 남들처럼 더운 줄 모르고 바위 밑에서 시원하게 보냈으나, 나이 들어 계절이 바뀌는 가을에는 노루와 토끼가 어울려 노는 동네를 찾아가봐야 할 것 같다.

"스님, 이번 학기를 끝으로 학교 강의를 그만 두었어요. 땜질하는 강사 자리도 밑에서 후배들이 어찌나 치고 올라오는지 자리 지킨다는 게 힘이 들어서요"라고 말은 하는데, 치고 올라오는 후배에 대한 서운함이 아니라 자신을 잡아줄 줄 알았던 학과의 주임교수님이 자신을 내치는 것에 대한 서운함이었을 것이다.

직장을 잃은 사람의 마음을 어찌 말로 한들 위로가 되겠는가만, 세상살이가 제 밥통 지키고 살아가는 것이 우선이라 '목구멍이 포도청'이라 하지 않았나! 교수님에게도 서운한 마음을 갖지 말라고 얘기는 해주었으나 쉽게 지울 수는 없는 일이리라. 그래도 그동안은 대학에 나가 강의를 하며 밥상을 차려먹었으나 그마저도 놓게 되니 백수가 따로 있는가? 손 놓고 할 일이 없으면 백수라고들 하니 그동안 대학에서 강의까지 하며 지냈으니 백수로 치면 '고급 백수'가 아니던가.

허나 때의 하는 일이 있으니 丁(정)화의 불은 작은 불이지만 가을의 계절에 불을 가지고 있다는 것은 무언가 일을 할 수가 있다는 것을 의미하며, 卯(묘)는 목에 속하는데 나무는 불씨만 있으면 충분히 불을 피울 수가 있으니 추워지는 가을에 적은 나무라도 요긴하게 쓸 수가 있겠다고 말을 해주고, 세상의 모든 것은 변하는 것을 알아 이전과 이후의 변화에 씨가 들어 있음을 알라고 말을 해주었다.

힘없이 목을 빼고 왔었으나 돌아갈 때에는 그래도 제법 환한 얼굴이 되어 돌아갔다.

계절의 때에 이루어지는 일들은 하늘에서 정해진 것을 행하기에 하늘의 고유영역이며, 계절과 계절이 바뀌는 환절기의 짓거리가 계절을 이어나간다. 살아가면서 다소 엉뚱하거나 생각지도 않은 일들을 보거나 겪게 되는 것도 계절이 일을 하고, 환절기가 되어 바뀌어 가기 때문이다.

남들이 만들어준 역사에 앵무새 흉내는 금물

얼마 전에 상국이가 찾아왔었다. 대학의 강단에서 등 떠밀리듯

내몰릴 때에는 앞이 캄캄하고 막막했었는데, 그렇다고 다른 무엇을 잘할 수 있는 것도 없어서 자신이 배워서 아는 역사를, 그것도 우리의 역사를 더 알아보자는 생각으로 그동안 국내외의 이곳저곳을 여행하며 돌아다녔다고 한다.

듣고 있으면서도 웃음과 눈물이 나온다.
우리의 역사를 알고 보기 위해서 외국을 여행하였다니. 이 땅에는 우리의 역사를 고증할 자료가 그리도 빈약한가? 허긴 그럴 수밖에 없는 것이 옛 조상들의 영역이 들리는 말로는 동서로 오 만리, 남북으로 이 만리라고도 들었다. 그런데 지금 우리네들이 몸담고 있는 한반도는 삼 천리뿐이 안 되니 예전의 실제 역사를 알고 보기 위해서는 할 수 없이 외국이 되어버린 우리의 땅을 다녀올 수밖에 없었을 것이다.
그동안 외국을 돌아다니며 얻은 자료가 많은데 수확이라면 우리가 배워서 알고 있는 우리의 역사가 많은 부분이 그릇되고 왜곡된 것들을 알았고, 우리의 역사 이전의 역사인 상고사에 대한 상당한 부분의 자료를 모으게 되었단다.
그리고 일본만이 역사를 왜곡하는 것이 아니라 중국에서도 우리의 고대사나 상고사를 이름과 명칭, 지명을 바꾸어가며 긴 세월에 걸쳐 교묘하게 자신들의 역사로 포장을 해왔음을 알게 되었단다.

눈을 뜨고 있어도 정신이 없는 틈을 타서 코 베어 가는 세상이라고는 하지만, 가만히 듣고만 있어도 중국이 자신들의 역사서라고 하며 자신 있게 펼쳐 놓는 25사의 많은 부분도 그들이 첨삭을 가하고 곡필을 한 흔적들이 들어나고 있으니, 이제나 저제나 힘이 없기에 눈만 껌벅일 수밖에 더 할 일이 없으니 안타까울 뿐이다.

"새로울 것 없는 우리의 역사에 눈이 떠졌다"는 상국이는 그런 자료들을 모아 정리하여 세상에 내놓는 일을 하겠다고 하며 단순치 않는 일이라 많은 시간이 필요할 것 같단다.

우리의 역사를 중국이나 일본의 역사서에 담겨있는 그들이 써놓은 변방 역사의 한 귀퉁이에 남겨진 구절들로 풀어서 옹색하게 짜깁기하고 기워서 우리의 역사라고 꿰어 맞히는 실정은 앞으로도 크게 변할 것은 없겠지만, 남들이 만들어준 역사에 장단을 맞추고 앵무새가 흉내 내고 종달새가 노래하듯 그들과 함께 노래 부르는 일은 없어야 하겠다.

허나 세월이 가도 목구멍이 포도청이라 새들의 노랫소리는 쉬이 그치지 않을 것 같다.

일을 찾아서 제가 하고 싶은 일을 하고 있으니 백수를 면했으며, 자신이 하고자 하는 일을 열심히 하다 보면 결실이 있을 것이다. 그리고 결과에 따라서는 대학의 강단에서도 후학들에게 필요한 사람이라고 인정을 하면 다시 찾게 되어 있음은 자명한 일이 아닌가?

🌠 주인의 나라인 이 땅을 왜놈들은 언제까지고 넘본다

근세사에 일제가 우리나라를 침략하기 시작한 것은 1876년의 강화도 조약이 발판을 만들어주었다. 1904년의 러·일전쟁이 군사적으로 침탈을 당하고, 1905년에 화폐개혁으로 금융권을 잃고, 을사조약으로 외교권을 탈취당하여 1910년 8월 29일 일방적인 한일합방의 발표로 우리의 왕권을 철폐당하고 주권을 수탈당하였다. 1945 8월 15일 해방이 될 때까지 우리는 무자비하고 야만적이며 치욕적인 일제의 식민통치의 지배를 받기에 이른 것이다.

세월이 지난 지금에도 그때 행해졌던 만행을 얘기만 들어도 피가 끓어오르는데, 역사가 무엇이기에 듣고 배운 역사를 되돌아보면 그냥 눈도 막고 귀도 막고 싶어진다.

일제의 식민 시절이 36년(1910년 8월 29일 ~ 1945년 8월 15일)으로 듣고 배웠다. 정확히 34년 11개월 16일이니 식민지의 기간을 35년으로 보면 무난할 것이나, 이 땅의 역사책에는 36년으로 쓰여 있어서 그리들 가르치고, 배우고, 들어서 그리들 알고 있다.

35년과 36년의 차이가 뭐 그리 대단한 일이냐고 할 수도 있겠지만 자신의 손발이 묶여 끌려 다닌 것을 제정신이 아니고서야 어찌 일 년씩이나 더 묶여서 끌려 다녔다고 할 것인가?

추론을 하면 해방이 되어도 일제 하에서 배우고 가르치던 황국사관의 역사, 즉 일제가 만든 우리의 역사를 그대로 베껴서 우리의 역사책으로 만들어 가르치고 배운 꼴이니 누구를 탓해야 하나?

　주인의 나라인 이 땅을 왜놈들은 언제까지고 기웃대고 넘어다 볼 것은 자명한 일이다. 지금도 그들은 후손들에게 제대로 된 역사를 가르쳐야 함에도 왜곡 서술된 역사서를 만들어 가르치고 있는 것이나 명명백백한 대한의 영토인 독도를 자신들의 영토라고 주장하며 분쟁을 야기하고 있음은 그들의 술책임을 알아야 하겠다.

　독도는 우리 땅! 이 땅의 모든 이들은 그리 알고 있으나, 왜놈들도 자기네 땅이라고 우기며 다리 한 쪽을 독도에 걸치려드는데 해결방법이 있는 것인가? 없는 것인가?

　답답한 일이나 때를 알아서 세상엔 공짜가 없다는 걸 알아차린 놈이 있다면 해결되지 않을까 싶은데.

　어디에나 있을까?

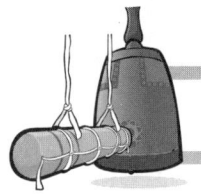

10. 끝나지 않은 삼국의 전쟁

　우리네 조상님들이 한반도에 자리를 잡고 자자손손 이어온지가 반만년이 넘었다고들 하고 있으니 얼마나 많은 세월인가! 지정학적으로 봐도 백두산 천지에서 발원한 백두대간이 힘차게 내리 뻗으며 자락을 이어 태백의 준령을 타고 지리산을 넘어 제주의 한라봉까지 터를 잡고 태평양의 넓은 바다를 디딤돌 삼아 발을 담그고, 오대양 육대주를 아우르는 힘을 담고 있는 웅대한 기상이 살아 있음을 알아야 할 것이다.

　무엇이든지 좋은 것이 옆에 있으면 욕심을 내는 자들이 생기는 것은 당연한 일이기에 이 땅의 긴 역사만큼이나 이 땅이 찢기고, 핥기고, 내쫓기는 고통과 아픔과 서러움이 있었다.

지난날들의 전쟁을 훑어보며 그들의 헛된 망상이 무엇인가를 알아야 침략을 막고, 이 땅에서 온전히 주인으로 부끄럽지 않게 살아가며 자손들에게 이 땅을 떳떳하게 물려 줄 수 있지 않겠는가?

농사를 짓는 일이나, 장사를 하거나, 사업을 하는 일이나, 학문을 익히는 일이나, 국가의 녹을 먹고 봉사하는 일이나 때에 열매가 맺듯 모든 일에는 때가 있음을 알아야 하지 않겠나!

천지의 조화를 바라는가?

(1) 본토를 사수하라! – 백강구 전투

서기 663년 8월 서해의 변산반도 자락의 동진강(백강)에서 동북아시아의 역사를 바꾼 최초이자 최대의 연합대해전의 막이 열린다.

신라와 당나라의 연합군에 맞서는 세력은 백제 부흥군과 그를 도우려고 파병된 왜인들의 부대였다.

백제는 이미 660년 나당연합군의 침공을 받아 계백 장군의 오천 결사대가 황산벌에서 항전하였으나 패배함으로써 나라가 망하였다. 그런데 망해버린 나라를 구한다는 백제의 부흥군은 무엇이며, 왜인들은 왜 백제를 도우려 파병을 했는가? 1,300여 년 전에 있었던 백강구 전투의 실체를 제대로 알아본다면 근대와 현대를 아우르고, 나아가서는 미래에 있을 동북아시아의 전쟁을 예측하여 알아 볼 수가 있으리라.

일본과 백제의 관계

의자왕과 태자의 투항으로 막을 내린 듯한 백제는 수도인 사비성은 함락되었으나 남잠성, 진현성, 임존성 등의 20여 개 성은 백제군에 의해 건재하였다. 왕족인 복신과 승려인 도침이 주류성을 거점으로 백제 광복을 위해서 항전을 하였다.

나당연합군의 공격을 받았을 때에 의자왕은 왜국에 사신을 급히 보내어 구원을 요청하는데, 급박한 백제의 소식을 접한 왜왕은 즉시 백제 부흥군을 준비하며 일부의 병사와 백제의 왕족인 풍을 백제에 먼저 파견을 하며 스스로 전쟁을 준비한다.

당시 倭(왜)왕은 37대인 濟明(제명) 천황이었으며, 661년에 齊明 천황이 직접 군사를 이끌고 바다를 건너 백제를 도우려 하였으나, 그해 7월 사망을 하였기에 38대인 天智(천지) 천황이 뒤를 이어 다음해 정월 군선 170척을 渡海(도해)시켰고, 663년에 2만 7천명의 원군을 파견시켰다고 한다. 왜 이리도 행보가 급했었는가?

예나 지금이나 자신과 관계가 없다면 무슨 일이 되었든 무관심할 것이지만, 자신의 일 또는 집안의 일이나 가문의 일이라면 결코 무관심할 수가 없었을 것이다. 왜의 황족들의 입장에서 백제의 멸망이 남의 일이 아니었고, 그들에게는 결코 남의 손에 넘어가서는 안 되는 일이기에 좌시할 수가 없었을 것이다.

현 일본의 천황이 자신과 관련해서 50대 桓武(환무) 천황의 생모가 백제의 무령왕의 자손이라는 기록에 한국과의 인연을 느끼고 있다는 말을 하였는데, 이 왕님 자신의 조상을 모르지는 않을 것이니 어찌 손바닥으로 하늘을 가리는 개똥 굴러가는 소리를 하셨나?

　37대, 38대의 왕님들이 국가의 명운을 걸고 백제 부흥군을 준비하여 백강의 전투를 벌였고, 백제의 무령왕이 일왕인 사마왕이라 불렸으며, 출생에 대하여서도 알고 있으련만 50대 왕의 외척이기에 막연히 지나가는 말로 인연을 느낀다고 하니 웃기는 일이 아닌가?

　백제가 일본에 문화를 전래했다는 역사적 사실이나, 503년 백제의 25대 무령왕이 왜왕에게 인물화상 청동거울을 희사한 것을 보면 백제와 일본의 관계를 미루어 짐작할 수가 있다. 그 거울에는 무령왕이 일본에 있는 개중비직의 관리에게 거울을 만들라고 지시했으며, 제작된 경위를 자세히 기록하고 있다. 그 거울에는 9명의 왜왕들의 이름이 새겨져 있으며, 현재에도 일본 왕족들의 신사에 모셔져 있음을 알 수가 있다. 아무 상관이 없다면 뭐 하러 모셔놓고 제사까지 올리나?

　505년에는 무령왕이 아들을 일본에 보냈는데, 섬나라이니 횟감이나 가져오라며 보냈겠나?

　무령왕 이전에 백제의 개로왕 때에도 왜왕의 혈통에 관한 기록이 있는데 무슨 얘기인지?

　고대 일본은 국가의 형성이 많은 소국 중심으로 난타전을 벌이다 도래한 백제인들에 의해서 고대국가가 탄생한다. 그들이 고대국가라고 인정하는 야마토 정권의 주류가 백제인이며, 백제의 왕실이었음을 알 수가 있다.

백제가 나당연합군에게 패하여 나라가 멸망을 당했다는 소식을 접하고 당시 37대 왜왕인 濟明(제명) 천황이 직접 군사를 이끌고 九州(큐슈)지역까지 내려왔으니, 백제와 일본과의 관계는 보통의 관계가 아닌 것은 명백한 사실이 아니겠는가.

왜왕은 총력을 기울여 2년 반 동안 준비를 하며, 삼차에 걸쳐서 전함 1,000여 척과 병력 3만여 명의 병력을 백제를 구하기 위해 파병한다. 당시 왜국의 인구를 500만 명으로 추정하고 있으니 국가의 존폐를 걸었음을 엿볼 수가 있다.

魂(혼)아! 백제의 魂(혼)아!

당시 백제 부흥군들은 왕족인 복신과 승려인 도침이 왕자인 풍을 백제왕으로 옹립하여 백제왕의 이름으로 결사항전을 벌여 사비성을 포위하고, 연합군에게 심한 타격을 주었다.

신라에서 상당 규모의 원군이 와서 반격을 시도하였으나 번번이 원군을 격파하고 사기가 충천하였다.

그러나 백제의 부흥군들은 도침과 복신을 중심으로 조직을 갖추었으나, 복신이 도침을 죽이는 內訌(내홍)이 일어나며 극심한 내분에 휩싸여 하나로 뭉치지 못하고 있었다. 그러던 차에 왜국에서 2만 7천여 명의 병력과 400여 척의 배를 이끌고 구원군이 오고 있다는 것을 안 풍왕은 주류성의 방위를 신하들에게 맡기고 성을 나와 왜국에서 오는 구원병들과 합세를 한다.

풍왕은 내분으로 인해 떨어진 사기와 흩어진 민심을 바로잡고 수습을 하려면 사비성을 탈환하는 방법뿐이라는 생각으로 백제의 기병부대와 함께 왜의 연합군과 합류를 했으리라.

나당의 연합군은 주류성을 목표로 하였고, 백제와 왜의 연합군은 사비성을 목표로 하여 서로가 물러설 수 없는 일전의 싸움이었다. 풍왕의 입장에서는 모든 힘을 한곳에 모았으니 한 판에 끝나는 도박 같은 전쟁이었다.

663년 8월 27일 결전의 날이 밝았다. 백제와 왜의 연합군은 전함이 1,000여 척이요, 군사의 병력이 10만이 넘었으나, 그날의 해전은 하늘에서도 왜군의 백제 부흥군을 도와주지 않았다. 바람의 방향이 문제였다. 백제의 연합군은 바람을 안고 싸우는 형국이었다. 바람이 조금만 불어도 적의 화공에 노출이 되어 위험한 상태의 날씨였다. 아니나 다를까, 네 차례의 접전이 있었다고 하는데 그때마다 화공을 받아 싸움다운 싸움도 해보지도 못하고 바다를 핏빛으로 물들이며 대패하였다. 그리고 육지에선 주류성이 함락되어버리니 백제의 부흥운동도 종말을 고하게 된다.

일본 황실에서 백제를 되찾겠다며 국가의 명운마저 걸었던 백강구 전투는 패배에 인색한 그들의 기록인 일본서기에서도 엄청난 패배라고 하였다.

천삼백여 년 전에 있었던 국제전인(신라, 당나라, 왜) 대규모 해전이라고 할 수가 있다.

백강의 전투에서 패배하여 백제가 망한 것에 대한 기록은 9월 7일 丁巳(정사)에 "백제의 성이 唐(당)에 항복하였다. 일을 어떻게 할 수가 없다. 백제의 이름은 오늘로 끊어졌다. 조상의 분묘가 있는 곳을 어찌 또 갈 수가 있겠는가. 가서 장군들을 만나 상의하자"라고 쓰여 있다.

백강구 전투가 있고 나서 열흘 후의 기록이다.

일본 황실이나 왕족들은 백제의 멸망을 받아들였다고들 생각하시나?

세월이 많이 지나간 일들이니 잊고 있다고들 생각하시나?

지나간 역사이니 그만 얘기들 하자며 웃을 수 있다고들 생각하시나?

웃지들 마시오. 그들에게 조상의 뼈가 묻혀있는 곳이라는 걸….

그들이 이 땅을 떠나 도망을 가면서도 목 놓아 절규하였을 것이며, 신라나 당의 군사들이 쳐들어올 것을 염려하며 성을 쌓고 내부의 결속을 다지면서도 몽매간에 절규하였다는 것을 알아야 할 것이오.

그러면서 그들은,

魂(혼)아!

魂(혼)아!

백제의 魂(혼)아!

살아 있기에….

(2) 천년을 준비한 전쟁 – 길 좀 빌립시다

1592년 4월 13일 일본의 해군이 전함을 끌고 부산 앞바다에 모습을 나타냈다. 명나라를 치러 가는데 길을 내달라며 신무기인 조총을 들이대며 선발대인 고니시 유키나가가 이끄는 전함 700척에 병사 18,000명이 부산을 떨어뜨리며 파죽지세로 이 땅에 발을 들여놓았다. 그리고 4월 18일에는 가토 기요마사가 이끄는 22,000의 병력과 전함이 부산에 들어오고, 3군인 구로다 나가마사의 11,000의 병력은 다대포를 거쳐 김해에 상륙을 하였다.

게다가 구키 요시다카와 도도 다카토라가 이끄는 9천의 수군이 상륙을 하였으니 정규군의 규모는 20만 명이었고, 쓰시마섬의 잔류 병력과 본토에 주둔하고 있는 15만 명의 예비 병력이 있었으니 이 전쟁에 동원된 인원은 35만 명이나 되었다.

일본은 당시 戰國時代(전국시대)의 내전을 거치며 새로운 해운기술과 병법, 축성술, 신무기인 화포, 조총을 개발하여 대량생산을 하기에 이른다.

도요토미 히데요시의 통일은 관동의 도쿠가와 이에야스와 연합을 하면서 戰國(전국)의 통일을 이룰 수가 있었는데, 도요토미 정권은 다이묘(지방호족)들의 절대적인 지지가 필요하였다. 하지만 토지분배의 과정에서 제외된 자들이나 하급관리들의 불만을 많이 사게 되어 통일은 이루었으나 정권이 다소 불안정했었다.

정권의 안정을 위해서는 불만을 품고 있는 세력들의 관심을 나라 밖으로 돌리게 하여 정권을 유지하고, 더욱이 삼포왜란이나 영파의 난으로 조선과 명나라와의 무역이 폐쇄되었기에 침략으로 경제적인 이익도 추구하고, 도요토미 자신의 정복 야욕을 실현하기 위하여 조선과 명을 침략하려는 전쟁을 구상하게 되어 대대적인 준비에 들어간다.

도요토미의 구상은 入明(입명)에 그치는 것이 아니라 인도까지 정벌하려했다고 한다. 명을 제압하고 인도까지 정벌하기로 하였다는 그의 배포를 칭찬해야 하나, 아니면 미친놈의 잠꼬대 같은 생각이라고 웃어야 하나.

일본(백제의 자손)이 실패한 백강구의 전투를 거울삼아 본토(신라) 정복을 위하여 철저하게 준비를 하여 벌인 전쟁을 이 땅에서는 壬辰倭亂(임진왜란)이라고 하는데, 어찌 조선과 왜만의 전쟁이었던가? 이는 애초부터 명나라를 치러가겠으니 길을 빌려달라고 하여 시작된 삼국의 전쟁이며, 국제전임을 알아야 할 것이다.

천년 전에 백제가 망할 때에 백제의 부흥을 위해서 일본 황실에서 취했던 백제 부흥군의 파병을 들여다보면 일본을 지배하고 있는 황실의 뿌리가 백제인이자 그들의 조상이며, 조선은 자신들의 조상의 땅을 점령하고 있는 신라인들이며, 명나라는 이름만 바뀐 당나라이기에 시공을 뛰어넘는 전쟁을 준비하여 벌이는 것이 아닌가!

왜인들이 천년을 준비하여 벌인 본토 수복 전쟁이니 어찌 가볍게 넘어갈 수가 있었겠는가.

조선은 물밀듯 북상하는 일본군에게 전투다운 전투를 해보지도 못하고 전라도와 경상도가 왜군의 수중에 들어가게 되어서야 조정에서는 이일과 신립을 각각 상주와 충주로 보내 일본군을 저지하려고 하였다. 그러나 조총과 화살의 싸움이었으니 결과를 기대한다는 것은 애초부터 계란으로 바위를 감당하라는 얘기가 아닌가.

임진년 4월 13일에 부산에 발을 디딘 일본군에게 4월 28일에 상대가 누구이든 장수된 자가 전장을 두려워하면 안 된다며 비장한 각오로 출정을 하여 배수의 진을 쳤던 신립 장군마저도 조정에 패전 소식을 안겼다. 그러니 조정에서는 도성조차도 위험에 처하게 된 것을 알게 되어 도성을 버려야 한다는 播遷論(파천론)이 등장을 한다.

그러더니 이틀 뒤 4월 30일 새벽(축시)에 宣祖(선조)왕은 도성을 버리고 기약 없는 蒙塵(몽진) 길에 오르셨는데, 수행하는 자들이나 신료들이 100명도 안 되었다. 그리고 그날따라 비가 왔다는데, 궁색하고 초라함을 어찌 말로 다 할 수가 있겠는가.

왕권 중심의 나라에서 왕이 도성을 버린다는 것은 종묘와 사직을 버리고 백성을 버리는 것이라는 것을 알기에 새벽 일찍 쫓기듯 길은 떠나왔다. 하지만 이 또한 종묘와 사직을 잇고 백성을 위하는 일이라 자위했겠지만 선조왕은 꼭두새벽에 한탄강을 건너면서 이율곡의 말을 귀에 담지 않은 것을 후회했으리라.

1580년 이율곡이 선조에게 "국력의 쇠약함이 심하여 이대로 10년을 간다면 반드시 나라가 무너지는 큰 화가 있을 것이니 10만 병졸을 미리 양성하여 도성에 2만, 각 도에 1만씩을 두어 그들의 조세를 덜어주고 병술이나 병법을 훈련시키고 익혀서 6개월로 나누어 교대로 도성을 지키게 했다가 변란이 있으면 10만 명을 합쳐서 국토를 지키게 하여 위급할 때를 방비하십시오"라고 했다. 그런데 율곡의 이 말에 반대의 파당에서는 "무사할 때에 군사를 양성하는 것은 사회적 혼란만을 양성하는 것입니다"라고 하며 10만 양병설을 지워버렸으니 얼마나 안타까운 일인가. 지금에 와서 돌이켜보아도 시기적절한 귀신과 같은 예언이었는데!

이제나 저제나 반대를 입으로만 떠드는 자들은 그럴듯한 명분을 내세워 시기를 흔들어서 때를 놓치게 하여, 결국에는 나라를 망치게 만들고 백성을 도탄에 빠지게 하는데, 그러한 일들이 그때만 그랬었나?

명나라를 치려고 하니 조선은 길을 빌려 달라

일본군의 조총 앞에 맞설 것이 없으니 거칠 것 없이 북상하고, 조선의 국왕은 북으로 쫓겨오고 있다는 소식을 접한 명나라도 걱정과 고민에 들어가는데, 임진왜란을 도발한 豊臣秀吉(도요토미 히데요시)가 '假道入明(가도입명)' 명나라를 치려고 하니 길을 빌려 달라며 조선을 치고 들어 온 것이다.

그러니 분명 일본군의 궁극적인 공격 목표가 명나라임을 암시하는 것이었기에 명나라도 바짝 긴장을 아니 할 수가 없었다.

당시 명나라는 정작 조선을 쳐들어오는 일본보다 북으로, 북으로 피난을 오는 조선왕을 더 의심하고 있었다는데, 정말 웃기는 일이 아닌가. 왕이 도성을 버리고 종묘와 사직을 버리고 피난길에 오른 절박한 상황마저도 의심을 하고 있었다니.

우리네들이 걱정을 안 해도 걱정을 하거나 의심을 하지 않아도 의심을 하는 사람들을 보고 '되놈 같다거나 되놈의 ○○를 입었냐?'는 말이 있는데, 실제 되놈 ○○같은 일이 벌어졌었다.

왜란이 발발한 직후에 요동을 비롯한 명나라의 내부에서는 희한한 유언비어가 돌았으니. '조선이 고의로 일본군을 끌어들여 요동을 차지하려 한다'는 내용이었다. 그래서 명나라의 조정에서는 조선에 원병 파견을 망설이고 있었다.

명나라에서는 임진왜란 무렵까지, 조선을 '강국 고구려의 후예'이기에 결코 만만한 나라로 생각하지 않았다.

당 태종이 왕을 시해했다는 이유를 들어 연개소문을 응징하려고 군사를 일으켜 고구려를 넘보다가 안시성 싸움에서 눈에 화살을 맞아 한쪽 눈을 잃고 물러갔으며, 죽으면서도 고구려를 넘보지 말라는 유언을 남긴 것을 명나라인들은 잘 아는 애기이리라.

그렇게 막강했던 고구려의 후예인 조선이 일본군이 침략하자마자 국왕이 도성을 버리는가 하면, 조선의 어디에서도 일본군에게 저항하고 있다는 소식을 전혀 들을 수가 없었으니 의심 많은 사람들이니 자연 의심을 할 수밖에.

명은 심지어 피란길에 오른 국왕 선조를 '가짜'라고 의심했다. 명 조정은 과거 사신을 따라 조선에 다녀온 경험이 있는 宋國臣(송국신)이란 인물을 불러들였다. 그가 선조의 얼굴을 기억하고 있기 때문에 그를 보내어 선조의 얼굴을 다시 확인한 이후에야 명은 조선에 품었던 의심을 풀고 군대를 파병하게 되었단다.

일본군이 평양에 입성한 7월. 명나라의 원군이 처음으로 조선에 들어왔는데, 遼東都司(요동도사) 소속의 부총병 祖承訓(조승훈)이 이끄는 3천명의 병력이었다. 그들은 소서행장이 지키던 평양성을 공격했다가 참패했다. 2만 명이 넘었던 소서행장의 병력에 비해 턱없이 모자란 전력으로 무모한 공격을 감행했던 것이 잘못이었는데, 그는 명 조정에 '조선이 명군에 아무런 정보도 주지 않고 무리하게 진격을 종용한 것이 패인'이라고 보고를 하였으며, 보고를 접한 명나라의 조정은 조승훈의 패전 소식에 경악했다. 일본군의 전력이 예상보다 훨씬 강하다는 사실을 절감하고, 그들이 압록강을 건너 요동으로 건너오는 상황을 우려하기 시작했다.

명나라의 입장에서는 요동과 조선은 이와 입술의 관계였다. 요동이 齒(이)라면 조선은 그것을 보호하는 입술脣(입술)이었으니 만약 조선이 무너지면 일본군은 요동으로 밀려들 것이고, 북경까지 위협에 노출되는 상황이었다.

다급해진 명나라 조정은 병부시랑 宋應昌(송응창)을 요동 방어를 위한 총사령관에 임명하고, 조선에 보낼 병력을 새로 충원하기 시작했으며, 명의 병부상서 石星(석성)은 심유경을 조선으로 보낸다. 일본군을 평양에 묶어놓기 위해서였다. 평양성으로 들어간 심유경은 능수능란하게 遊說(유세)하여 소서행장을 녹였는지, 구웠는지 9월 1일부터 50일을 기한으로 휴전이 이루어졌다. 당시 평양성을 차지하고 있던 일본군이 처한 상황도 열악했기 때문에 가능했던 일이었다.

일본군이 조선에 들어와 평양성에 이르기까지 작은 저항들은 있었지만 육지에서의 전투는 전승을 하며 왕의 뒤를 추격하여 의주에 머물고 있는 조선의 왕만 잡으면 이 전쟁을 승전으로 끝낼 수가 있을 것이란 생각에 전열을 재정비하고 보급을 기다리던 평양성의 소서행장에게 뜻밖의 패전 소식이 전해졌으니 그것은 바로 한산도 대첩이었다.

그동안 크고 작은 해전에서 수적으로는 우세하였으나 번번이 이순신 장군에게 패하였는데, 7월 8일에 있었던 한산도 해전에서는 일본군의 배가 47척이 침몰하고, 12척이 나포되어 거의 전멸을 하였다는 소식을 접하자 육지에서 싸우던 일본군들은 조선의 왕을 쫓아 북상하던 발길을 멈추게 된다.

'한산도 대첩.' 임진왜란의 7년 전쟁의 분수령을 이루는 전투였으니 거칠 것 없어 승승장구하며 조선의 구석구석을 유린하던 일본군들에게 해군의 의미는 그들에겐 생명이었을 것이다. 그러니 전투를 잘하여 조선의 왕을 잡은들 제 목숨과 바꿀 수는 없는 일이기에 일본군들은 자신들의 퇴로를 확보하는 일에 몰두하게 되었고, 조선에서는 한산도 대첩 이후에는 각지에서 의병들이 조직적으로 일어나 일본군에 대항을 하였으니, 즉 攻守(공수)가 바뀌는 계기가 되었다.

도성을 버리고 북으로, 북으로 도망을 가던 선조왕은 더는 갈 곳이 없어 의주에 머물렀는데, 왜란이 일어나고 최초의 승전보를 의주에서 듣는다. 僧(승) 靈圭(영규)의 청주성 탈환이었다.

서산대사의 제자로 임진왜란 당시 공주의 갑사에서 수행을 하고 있던 영규는 외적이 불법으로 침입하여 조선의 강토를 휩쓰는 것을 보고는 분연히 일어나 義僧(의승)을 모았다. 500~600명의 의승을 모아서 이끌고 청주성의 왜적들에게 쳐들어가서 용감하게 싸워서 승리를 거두며 청주성을 도로 찾았다. (승전의 이유를 알까?)

선조왕은 僧(승) 靈圭(영규)에게 堂上(당상)의 벼슬과 옷을 하사하였다. 청주성을 탈환한 영규는 왕이 벼슬과 하사품을 주셨다는 것도 모른 채 의병장 조헌과 함께 금산에 머물고 있는 왜병들과의 싸움을 벌이나 중과부적으로 조헌의 700의사와 800의 의승과 함께 작렬하게 전사한다. 이어 왜군도 금산성을 버리고 물러간다.

천년을 기다리며 준비하여 35만~40만 명의 군을 투입한 전쟁이 손아귀에 쉽게 들어올 것 같았으나, 해상의 퇴로가 막히며 조선을 놓고 명과의 지루한 협상을 벌이게 된다. 그리고 풍신수길이 죽자 길을 빌려 달라는 침략의 원흉이 갔으니 일본군은 목숨만 살려 달라며 겨우겨우 도망을 하듯 물러갔다. 그러면서 조선과 명나라를 치려던 일본의 침략전쟁이었던 동북아의 국제 전쟁인 임진왜란도 막을 내린다.

천년을 준비한 전쟁도 패하여 살아서 모가지를 붙이고 돌아갔던 왜인들은 조상의 분묘가 있는 땅이기에 언제고, 언제고 다시 올 것이라며 뱃전에서 목을 놓고 통곡을 하였을 것이다.

그리고 그들은,

魂(혼)아!

魂(혼)아!

백제의 魂(혼)아!

살아 있기에….

(3) 청일전쟁과 한일합방

조선을 차지하는 것은 옛 조상의 땅을 되찾는 본토 수복의 전쟁이기에 일본은 언제고 힘만을 비축하며 전쟁을 준비한다.

본토 수복을 위한 전쟁인 임진왜란이 끝난지 300년이 지난 1894년 6월에 동북아의 맹주의 자리를 놓고 일본은 청나라와 한판의 전쟁을 벌이는데, 이번에도 일본은 청국도 아닌 이 땅의 조선에서 판을 벌린다.

300년 전의 패전을 거울삼아 메이지 정권은 유신을 이룩하여 근대화되었으며, 군국주의로 철저하게 무장을 하였다. 그들은 조선은 말할 것도 없고 청나라나 러시아와도 일전을 불사하였다.

이 전쟁의 성패가 동북아시아의 맹주자리를 결정하였으니 힘없는 조선은 이 전쟁을 기화로 반세기동안 암울한 시대를 맞게 된다.

청일전쟁 하나만을 놓고 단순하게 규정지어 얘기할 수는 없으며, 19세기 말에서 20세기에 접어들면서 열강의 나라들은 격변의 시대를 맞아 서로의 이익과 이해타산에 얽히고 설켜 있기에 전후의 사건들을 잘 살펴야 복잡한 실타래를 풀어갈 수가 있을 것이다.

일본은 임진왜란을 치르면서 크나큰 교훈을 얻었으니 국제전쟁은 힘으로만 치르는 전쟁이 아니라 적당한 휴전이나 서로의 약점을 감추기 위해서는 이기면서도 대화나 조약을 적당히 이용해야 한다는 것을 배웠다.

일본의 明治(명치)가 정치나 군제를 혁파하고 제국주의 발판을 닦는 동안에 조선은 과거의 양반 사대부들이 신분주의를 떨치지도 못하였고, 신문물이 물밀듯 넘쳐나는데도 세계정세를 파악하기는커녕

쇄국정치를 감행하여 우물 안의 개구리 신세를 자처하였으니 어찌 신세대의 신문물과 신무기로 무장을 한 일본을 따라가기나 하였겠는가!

일본은 명치유신을 성공적으로 이끌어 근대화를 이루며, 제국주의적 대외진출을 도모하였다. 1871년에는 청과 수호조약을 체결하고 화친관계를 맺었다. 그러나 양국은 아시아의 패권이나 조선의 패권을 놓고 대립이 심화되었으며, 일본은 조선과도 1876년에 수호조약을 강제로 체결하였다.

청은 조선에서 1882년 임오군란이 일어나자 출병하여 조선에서 주도권을 잡았다. 그러나 1884년에 조선에서 일본의 지원을 받은 개화파가 갑신정변을 일으키자 청나라도 군사력으로 이를 3일만에 진압하였다.

두 사건에서 청나라가 우세하고 일본이 약세를 보이자 일본은 이를 만회하기 위한 전략을 추진하였다. 다음 해 청·일 양국은 천진(텐진)조약을 체결하여 양국 군대의 철수를 약속하고, 이후 한국에 출병할 때는 상호 통고하기로 약속하였다.

1894년 조선에서 동학농민운동이 발생하였다. 위기에 처한 조선정부는 청나라에 지원을 요청하였고, 6월에 청나라가 파병을 하자 일본도 텐진조약에 근거하여 동시에 조선에 파병함으로써 세력 만회의 기회를 놓치지 않았다. 동학농민운동이 진압된 이후에도 일본은 撤兵(철병)을 거부하고, 오히려 조선에 대한 침략 야욕을 드러내었다. 그들은 조선 내 개혁(갑오개혁)을 강요하고, 동시에 조·청간에 맺은 통상무역장정을 폐기하라고 요구하며, 내정을 간섭하는 등 지배권 확보를 도모하였다.

일본은 6월 21일에는 병력을 동원하여 왕궁과 사대문을 장악하는 한편, 조선 정부는 일본의 강요로 청나라와의 통상무역장정을 폐기한다고 발표함으로써 조·청간의 국교를 단절시키고, 일본군은 조선 정부의 요청을 받은 것처럼 위장하여 아산만에 주둔중인 청나라의 군대를 공격하기에 이르니, 이것이 청일전쟁의 발발이다.

아산만 앞바다에 있는 풍도에서는 청의 육군을 싣고 오는 청의 함정을 일본군이 습격하여 청나라 군사 1,200여 명이 익사하였다. 청·일 두 나라 군대가 조선 내에서 충돌한 것이다(1894. 7. 25. 새벽). 이어서 성환에서도 두 나라 군대가 충돌하여 일본군이 압승하였으며, 양국은 이때에 선전포고를 하고 전면전으로 돌입하게 되었다(1894. 8. 1.). 두 나라는 서해를 북상하며 전투를 벌였는데 평양에서의 전투도 일본군이 승리하였으며, 압록강 어귀에서 벌어진 해전에서도 청군이 패주, 일본은 여순을 함락하였다. 일본 해군은 우세한 전력으로 연승하며 산둥반도의 威海衛(엄해위)까지 점령한 후, 최후로 유공도의 함대를 격파하므로, 결국 청의 北洋艦隊(북양함대)는 전멸하고 말았다. 청나라 북양수사제독 정여창은 항복문서와 함께 모든 군사물자를 일본에 양도하고 자결하였다. 일본군은 랴오둥반도, 발해만, 산둥반도를 장악하고, 북경과 천진을 위협하였으며, 남쪽에서는 등호도 점령하고, 청국 전체를 정복하려는 야욕을 갖게 된다.

이후에 일본은 천하무적이라는 러시아의 발틱함대도 침몰시키고(러일전쟁), 1905년에 을사보호조약으로 조선의 외교권을 빼앗아가더니 1910년에 한일합방을 이루고, 만주에 청나라의 옛 황제를 내세운 만주괴뢰국(1932)을 세우며, 동남아의 여러 나라를 침략하여 정복하기에 이른다.

하늘이 열리고 땅이 굳어져 그 사이에서 자연과 함께 살아가는 것이 우리네들의 생이라면 지배하고 군림하는 것도 그 사람의 몫이고, 억압받고 지배당하는 것도 그 사람의 몫이라고 한다면 이제라도 우리는 우리의 몫을 해야 하지 않을까? 이 땅에 태어나 살고 있기에 한국 사람이 되고, 중국에서 태어났다면 중국인이 되듯이 일본인도 마찬가지일 것이다. 세월이 지나도 변하지 않는 것이 있다면 그것은 지나온 역사일 것이다.

히로시마에 원자폭탄이 떨어져서 많은 인명이 죽어나는 것으로 일본의 3차 본토 수복전쟁이 막을 내리지만, 그들이 살아 있는 한 삼국의 전쟁은 끝이 날 수가 없음을 알아야 할 것이다.

살아 있는 최후의 일인까지 옥쇄를 각오하였으며, 그들은 지금도 전열을 가다듬고 있을 것이다.

조상의 분묘가 있는 땅이기에 언제고, 언제고 다시 올 것이라며 준비를 하고 있음을 알아차려야 하지 않겠나.

그들은 지금도

魂(혼)아!

魂(혼)아!

백제의 魂(혼)아!

살아 있기에….

(4) 세 차례의 전쟁을 치르고

전쟁은 생명을 담보로 삼아 힘을 확인하기 위하여 벌인다. 누가 이기고 지는가는 서로가 이미 알고 있다.

그러나 고귀한 생명들이 전쟁의 소용돌이에 휘말려 산화되고 남은 인연들도 전쟁의 한을 안고 살아가는 것은 고통이기에 피할 수만 있다면 피해야 할 것이다.

아무리 필연적인 관계에서 피치 못하여 벌이는 전쟁이라도 생명은 하나하나가 그 존재 자체로 고귀하기 때문이다.

동북아에서 벌어졌던 천년도 훨씬 넘긴 백강의 전쟁이나 최근의 전쟁이라도 백년이 넘어서 글 속에서나 존재하는 묵은 역사 속의 전쟁이 되었으나, 분명 시대의 산물이며, 이 땅에 사는 우리네의 조상들이 이 땅에서 치른 전쟁이었음을 알아야 할 것이다.

이 땅의 우리나 그들에게 전쟁은 무언가는 남기고 갔을 것이기에 그 시대의 전쟁이 무엇을 남겼는지를 냉철이 살펴봐야 할 것이다.

　동북아 삼국(한국, 중국, 일본)의 전쟁은 끝나지 않았다. 침략이나 책동은 일본이 맡아서 전쟁(본토 수복전쟁)을 일으키게 되어 있다. 조선은 욕심이 없어서인지 영리하지도 못하고 잔꾀나 술수를 쓸 줄도 몰라서인지 제 땅에서 판을 벌리며 코피 터지고 대가리를 얻어맞아 터지면서도 어디에 내놓고 하소연조차도 못하는 역할을 해왔다. 그리고 중국은 곰처럼 재주를 잘 피워 때마다의 전쟁에서 실속을 챙긴 것을 알 수가 있으리라.

　나당연합군이 고구려를 함께 멸망시키고 만주의 드넓은 고구려와 옛 고조선의 疆域(강역)을 차지하며 신라의 강역을 한반도로 몰아넣었고, 이후에는 단 한 번도 고려나, 조선이나 근세에서 현세에 이르기까지 잃어버린 옛 땅에 대해서 입도 열지 못하고 역사의 얘기로만 남아 있는 것을 알 수가 있으리라.

　임진왜란을 치르면서 조선과의 경계를 백두산으로 하였다고 하는데, 만주의 드넓은 땅을 중국이 차지하게 되었다.

　근세에 일본의 식민통치가 많은 이들에게 고통을 안겨준 것은 이 땅의 누구라도 알고 있는 일이며, 해방이 되면서 한반도가 동강이 난 것 역시 일제 침략의 결과인 것도 이 땅의 누구라도 아는 일이 아닌가.

　일본은 물러갔으나 동강난 반쪽을 주무르며 반쪽의 세력마저도 중국이 차지하고 있으니 이 땅에서 삼국의 전쟁이 일어나면 중국의 영토만 늘려주는 꼴이 아닌가.

늘어나고 수가 불어나는 것을 좋아하겠지만, 꼭 좋아할 일만은 아닌 것은 감당할 만하고 어우를 줄 알아야 할 것이다. 늘어나고 덩치가 커지면 자랑을 하게 되는데, 허세와 허풍이 심해지고 종국에는 흩어지게 되어 있음이리라.

이 땅의 선조들은 위기 때마다 지혜와 슬기로 어려운 국란을 헤쳐 나오셨으며, 위기 때마다 위인들이 나오시어 어려운 난제들을 쉽게 풀어내심을 알 수가 있으리라.

일본의 간계에 말려 당쟁에 휘말린 어두운 조정에서는 이순신을 잡아들여 삭탈관직을 시키고 백의종군하게 하였다. 이순신이 제거되었으니 왜놈들은 살판 만났으며, 조선의 바다는 왜놈들의 독무대가 된다.

칠량해전에서 원균이 이끄는 조선의 수군은 일본군에게 몰살당하게 된다. 이순신이 생사를 넘나들며 조련한 모든 수군과 전함들을 말이다. 그리고 당시 바다나 육지를 지켜야 하는 장군님네들은 더러는 숨고 도망가며 제 몸뚱이 챙기기에 바빴을 것이다.

조정의 높은 자리를 차지하고 있는 양반님네들의 주둥이에 곡기가 남아 있어 당파싸움은 여전하였으나, 바닷길을 일본에게 내주고서는 어찌 자신들의 자리가 보장이 되겠는가. 앉아있는 도성의 안

위가 위태로워지니 조정의 양반네들도 어찌할 수가 없어서 이순신을 재활용하기로 하고 삼도수군통제사에 재임명한다.

어전에 올리는 장계에서 이순신은 "전하, 조선 수군이 몰살을 당하였다고는 하나 臣(신)에게는 아직도 12척의 배와 120인의 수군이 있습니다"라며 임지로 향하였으니 그 비통, 비장함을 어찌 말로 다 할 수나 있겠는가.

예나 지금이나 세상을 엮어가는 것은 사람의 짓거리임은 분명하다. 그러나 누가 그 자리에 있으며 어떻게 대처하는가가 역사를 만들어 가는 것일 게다. 이순신은 자신이 혼신의 힘을 기울여 잘 조련한 수천의 수군과 수백 척의 전함을 남이 없애버리고 꼴랑 배 12척과 120인의 수군만으로 밀려드는 일본 해군(전함 133척, 수군 2,000명)을 상대로 세계 해전사상 유례를 찾아 볼 수없는 鳴梁海戰(명량해전)의 신화를 이룩하며 조선의 바다를 지키고 풍전등화의 조국을 지켜낸 것이다.

삼국(한국, 중국, 일본)의 전쟁은 끝나지 않았다.

일제 식민통치의 결과로 한반도가 허리가 잘려 분단이 되고 힘이 없으니 잘라 주고서도 동족이 동족을 겨누며 많은 인명의 목숨을 앗아간 6·25사변을 치렀지만, 거기서 전쟁이 끝이 났나?

분명 終戰(종전)이 아니라 休戰(휴전)중임을 알아야 하겠다(지구촌에서도 보기 힘든 휴전국).

서로가 존재하는 한 끝을 낼 수도 끝이 날 수도 없는 것을 안다면 지난 전쟁들이 준 교훈을 제대로 알고, 알아 차려서 앞으로 있을 4차, 5차의 전쟁을 마땅히 대비해야 할 것이다. 누구랄 것도 없이 이 땅에서 태어나 살고 있으면 말이다.

어느 명목에서 치러지는 전쟁이라도 전쟁이란 피할 수만 있다면 피해야 할 것이다. 왜냐하면 귀한 목숨을 담보로 치러지기 때문이다.

들리는가? 옛 선조들의 영역에서 들려오는 소리를,

魂(혼)아!

魂(혼)아!

檀帝(단제)들의 魂(혼)아!

이 땅이 살아 있기에….

이거 괜한 글을 쓰고 있나?

율곡 선생이 얻어맞으신 것처럼 주둥이에 거품 물고 때리고 뜯으려 달려들면 어떻게 하지!

머리에 털도 없는데….

제3부
인생살이, 때를 기다려라

11. 물길이 힘이고 문화이다
12. 도장(印)을 쥐려면
13. 달은 밝은데
14. 시간은 신의 움직임
15. 화장(火葬)을 해주시오
16. 만 원뿐이라서
17. 안개속의 여인

11. 물길이 힘이고 문화이다

　계절이 제 할 일을 다 하여 낙엽이 부는 바람에 힘없이 이리저리 몰려다니는 것을 보고 있자니 겨울이 턱밑에 와 있음을 실감케 한다. 만물의 기운은 물이 있기에 때의 힘을 가늠할 수가 있으며, 물의 흐름이 길을 만들고 물의 힘에 의해서 산하대지는 모양이 바뀌며, 물이 머무는 곳에 생명들이 모이고 물에 의지하여 제 나름의 활동을 하고 있으니 생을 이어이어 가는 모든 것은 물과 함께하고 있음을 알 수가 있다.
　지나온 세월 속에 무심코 지나쳤을 많은 길들이 앞으로 살아가면서 지나쳐야 하는 것임을 안다면 물길을 알고 제대로 간다는 것 또한 어려운 것은 당연한 일이나, 그냥 얻어지고 알아지는 것은 아닐 것이니 지난 과거나, 근세나, 현세에 사람들은 어떻게 물길을 트고 다스려왔으며, 어떠한 미래를 만들어 가는지 그리고 이 땅에서는 어떤 물길의 흐름이 있었는지 궁금하다.

중세 유럽의 역사를 들여다보면 천년의 세월을 자신들도 암흑기라고들 기록하고 있으니 말의 의미에서 알 수가 있듯이 무엇인가 살아 있기에 움직임은 있었으나 서로가 소통이 제대로 이루어지지 않았던 때라고 얘기하는 것이리라.

암흑기를 지나면서 중세 유럽은 문화와 예술의 꽃을 피우는 르네상스시절을 만들어갔는데, 그것은 새로운 물길을 발견하여 새로운 물길이 터지고 새로운 물길을 만들어 소통을 이루었기 때문이다.

자연의 빗물이나 작은 샘물들이 모여 실개천을 이루고, 그 물이 내를 이루어 강으로 흘러들어가고, 크나 적으나 물줄기는 바다로 흘러들어가서 대양을 이루는데 그 바다에 모인 물들은 어디로 가는지?

그곳에 모인 물들은 그냥 그렇게 모여만 있는 것인가?

아니지. 제 길을 찾아 갈 것이 아닌가?

20세기 초에 벌어진 1차 세계대전을 치르고 세계는 대공황을 맞게 되는데 전쟁의 특성으로 보면 당연한 결과이다. 이때부터 세계는 동서양이 수천 년의 벽을 허물었고, 지구는 촌락이 되어 어느 나라라도 촌락의 구성원이 되는 시대를 맞이하게 된다.

　전쟁을 벌이거나 전쟁을 치르려면 군대가 소모하는 막대한 군수물자를 만들어서 군인들에게 보급을 했을 것이다. 그러나 전쟁이 끝나거나 군대가 소용이 없어진다면 그 많은 군수품을 조달하던 일손들이 할 일이 없어지는 것이니 당연히 전쟁을 치르거나 관련된 많은 나라들은 하던 일들이 없어졌을 것이다. 그러니 자연히 경제공황이 올 수밖에.

　일찍이 해상을 이용하여 여기저기에 힘을 과시하여 얻은 식민지가 너무 넓어서 '해가 지지 않는다'는 영국은 넓은 식민지를 이용한 무역보호주의장벽을 만들어 자국의 이익을 꾀하였다.

　미국은 할 일이 없어져서 노는 일손으로 서부의 버려진 황무지를 개발하고 강에 둑을 막아 물길을 다스렸다. 그 댐(후버댐의 규모가 밑변이 200m이고, 높이가 221m)의 건설이나 물길을 막는 것이 뭐가 그리 대단한 일이냐고 할 수도 있을 것이나, 지난 역사를 살펴보면 국가의 부흥기를 맞는 나라는 자연과 조화를 이루어 산을 다스리고 물길을 잘 다스렸음을 보아왔기 때문이다.

　새로운 황무지를 개발하여 옥토를 만들고, 물길을 막고 돌리고, 다스려 가며 자연의 산야와 물을 잘 다스리는 일은 어느 시대이든 국가의 흥망과 깊은 연관이 있기에 매우 중요한 일이라 하지 않을 수가 없겠다.

로마가 망하고 중세의 유럽은 자고나면 땅의 주인이 바뀌며 깃발이 바뀌는 일로 천년의 세월을 보냈다. 그것은 나라가 형성되고 나라가 이루어지는 근본은 族(족)을 중심으로 이루어지기 때문에 쉼 없는 전쟁이 있었다는 얘기일 것이다.

이태리의 변방에서 로물루스(Romulus)와 레무스(Remus) 형제가 이룬 조그마한 도시 국가가 힘으로 주위를 아우르며 점차 큰 영역의 땅을 지배하면서 로마라는 나라가 생성되었다. 그들은 큰 땅을 이루고 오랜 세월 유럽을 통치하였으나, 로마는 여러 민족의 공동 집단체제였다. 국가의 중심을 이루는 족(로마족)이 없었기에 모여있는 서로의 족들은 서로의 이해타산에 의해서 첨예하게 대립을 하였을 것은 불을 보듯 뻔한 일이다.

로마가 망하고 나서도 그 땅을 차지하게 된 아리아인들이 중심인 게르만족들도 족을 중심으로 나라가 형성되었다. 게르만족은 크게 반달족, 고트족, 훈족, 센족, 프리시족, 프랑크족, 앵글로족, 섹슨족 등으로 나뉘는데 근세 유럽의 국가들을 보면 각 족들이 각각의 나라를 이루고 있음을 알 수가 있다.

몽고인들이 치고 사는 천막을 게르나 겔이라고 하며, 아리아 인종의 '아리' 라는 말은 우리네들도 흔히 쓰고 듣는 말인데, 유럽 인종의 씨는 혹 아시아인이며 몽고족은 아닐런지?

언젠가 방송을 보니 유전자와 염색체의 염기서열을 알아내면 모계의 혈통을 알 수가 있어서 유럽 인종의 수억 명의 혈통을 조사, 연구하여 알아보았더니 7명의 여인이라는 것을 알아냈다고 한다. 유럽인들의 어머니는 7명이며 그들의 자손이라는 것을 알아내었지만, 그 이상의 연구는 하지 않겠다는 내용이었다. 유럽인들의 조상인 최초의 어머니가 궁금해진다.

과학이 발달하면서 나온 흥밋거리의 얘기라 해도 씨가 있기에 족이 형성이 되고, 부족으로 발전하며, 부족들이 모여서 국가를 이루는 것을 안다면 언젠가는 인류 최초의 어머니나 씨에 대하여서도 과학자들은 연구를 할 것이다.

그때쯤에는 무슨 얘기가 있지 않겠는가?

귀한 놈의 씨가 따로 있나?

한 2년 됐나. 날씨가 제법 찬데 마당으로 차가 들어서며 이 박사가 손님인 듯한 사람과 함께 차에서 내린다.

찻소리에 일어나 밖을 내다보며 절집 안으로 들어오라고 손짓을 하니 안에서 손짓을 하는 나를 보고는 합장을 하며 실내로 들어선다.

찾아오는 내방객들마다 갖가지의 사연을 담아가지고 와서 풀어놓고 가기에 '오늘은 어떤 보따리인가?' 하는 생각을 하며 따끈하게 데운 물에 차 세 잔을 떠서 앞에 내놓고 마시는데, 이 박사가 함께 온 사람을 소개한다.

어릴 적에 한동네에서 자란 친구로 배의 항해기술을 배워서 해군의 장교로 복무를 했으며, 이후 군복무를 마치고 나서도 외항선을 타고 세계의 이곳저곳을 돌아다니다가 3년 전에 배에서 내려왔단다.

그런데 딱히 할 일이 없던 차에 주위사람의 소개로 부동산과 관련된 사업을 벌였는데, 앞으로 어떻게 해야 하는지 궁금해서 찾아왔다고 한다.

신상을 물어보며 '배를 타던 사람이 부동산업을 한다면?' 하며 정리를 해보니 지수의 수와 이름의 수가 딱 맞아 떨어지는데, 태세의 운으로 수를 계산해보아도 과히 나쁘지가 않다.

성씨가 용씨라 하니 바다를 누비며 다니던 해룡이 육지로 올라와서 토룡이 되어 몸이 움직이는 운신의 폭은 줄어들었으나, 용은 물길을 만들고 물길이 터지면 바다나 육지나 상관없이 기운이 펄펄 살아날 것이라 일러주니 그는 무슨 말인지 잘 못 알아듣겠다고 한다.

여러 사람이 덩치가 큰 부동산을 경락받아서 함께 개발하기로 하였는데, 막상 사업을 추진하려고 하니 서로가 이해타산을 내세워서 개발이 늦어지고 건축을 못하고 있는 실정이라 답답하다고 한다.

그래서 "남들은 어찌하든 자신의 땅에 건축허가를 받아 놨다고 하기에 건축을 하라"고 일러주니, 그는 의아해했다.

그러나 때의 인연들이 제 터를 찾을 것이라 때가 익으면 재미있는 일이 있을 거라고 일러주었다.

모든 사람들은 내일을 알 수가 없기에 걱정들을 하며 고생을 하고 있는데, 그 모든 것의 끝을 알 수가 없기에 헤매고 있음이 아닌가. 이해타산이란 것도 결국은 무엇인가? 남들보다 비용은 적게 들이고 어떤 이유를 들어 이익은 많이 보자는 심산에서 생겨난 것이 아니던가.

모든 움직임이 물길인데 물길을 만들어서 자신만이 그 물길을 사용하려고 했다면 그 길을 남들이 사용하려고 하겠는가. 함께 사용하지 않는다면 그것은 길이 아닐 것이다.

세상을 살다보면 더러는 훌륭한 사람들을 만나기도 하는데 훌륭하다는 것도 알고 보면 대단한 것이 아니라 때에 처한 일을 잘하거나 남들이 하기 어려운 힘든 일을 잘 해쳐나갔기에 훌륭하다는 말을 하는 것이며, 훌륭한 사람은 조급하지 않고 때를 알아 처신을 잘하며, 남을 힘들게 하지 않는 사람이니 손님과 함께 온 이 박사도 때를 아는 사람이라고 할 수가 있겠다.

이 박사는 시골의 가난한 부모 밑에서 태어나 부모님께서 중학교를 보내려고 유일한 재산인 소를 장에다 내다 팔았는데, 형님이 장가를 가야겠다며 돈을 움켜쥐는 바람에 중학교에도 갈 수가 없었다.

마침 잘사는 외갓집에서 병든 외할머니의 수발을 들어주는 사람이 없어서 사람을 구한다기에 병든 외할머니의 수발을 들어주러 갔다는데, 어린 나이에 얼마나 고생을 했었겠는가.

몸도 가누지 못하는 노인의 대소변을 받아냈다니. 어린 나이에! 그것도 德(덕)이었음인지 틈틈이 시간이 나면 공부를 하여 검정고시로 중학교육을 마치고 외할머니가 돌아가시면서 학교의 문을 들어서게 되었으며, 이후에 학업을 마칠 때까지의 고생은 얘기를 한들 무슨 소용이 있겠는가. 고등학교를 가려고 집에서 준비를 하고 있는데 외삼촌이 오셔서 조카가 이제는 커서 힘도 쓰고 제 밥벌이는 할 만하니 농사가 많은 우리 집으로 보내라고 하셨단다.

왜, 조카는 공부를 하면 안 되는 일이라도 있었나? 참고 때를 기다릴 줄 아는 것은 때가 되어야 길이 만들어지고 형성되는 것을 안다는 것인데, 어려운 처지를 잘 극복하고 한 분야에서 열심히 공부하여 그는 인정받는 사람이 되었다.

남들 앞에 나서지 않으나 함께하는 이들의 고통을 알면 함께 고통을 나누고 드러내지 않고 묵묵히 살아가는 게 말이 쉽지 행하기는 어려운 일이 아니었겠는가.

몇 해 전에 그동안 모은 돈으로 땅을 사서 집을 짓고 일가친척들을 모셨는데, 외숙모가 집에 들어서서 둘러보시고는 "이 집은 너희들한테는 어울리지가 않는 집이구나?" 하시며 내 자식들이 이런 집에서 살면 더 어울릴 것 같다는 얘기를 하셨단다. 왜, 터 넓어 정원에 잔디 깔고 분수대로 예쁘게 꾸민 좋은 집에서 조카가 살면 안 되나? 그런 말을 듣고도 누구에게도 털어 놓을 수가 없었다면서 세상에 왜? 외가의 식구들은 아직까지도 자신의 집을 천대하는지 모르겠다는 말을 털어 놓았다.

　속 깊은 사람이 털어놓은 얘기이기에 몇 마디의 말만으로도 가난했기 때문에 얼마나 천대받고 무시를 당하며 살아왔는지 조금은 알 것 같았다.

　우리들의 주변에는 훌륭한 사람들이 너무너무 많은데 대다수의 사람들은 대수롭지 않은 눈으로 보기 때문에 그들을 알아보지도 못한다.

　대다수의 사람들은 겉모양만 보고 판단하거나, ○○대학 출신이라거나, 부모나 집안이 어찌어찌 하다는 등 실속 없는 껍데기만을 보고 판단하는 것 같아 매우 안타까운 생각이 든다.

　귀한 놈의 씨가 따로 없으며 하찮은 것 역시 따로 없음이니 모든 이들은 존재 자체가 귀함을 알아야 하겠다.

집 나갔던 말이 암놈과 새끼를 데리고 왔다

　유구한 역사를 지닌 땅의 뿌리에 '민족'이라는 기둥을 세워서 거기에 '나라'라는 이름을 달고 '강산'의 줄기와 '평야'의 줄기 여기저기에 터 잡고 사는 백성들이 나뭇잎이 아닌가?

　나무의 생명은 잎에 달려있으니 나뭇잎의 하나하나가 튼튼하게 자라며, 제 일을 할 때에 줄기나 기둥이 튼튼해지는 것이며, 뿌리 또한 뻗어나가게 되는 것이다.

　망하고 싶어서 망한 나라가 어디에 있으며, 망하고 싶은 사람 또한 어디에 있겠는가.

　나뭇잎은 계절이 있기에 계절에 따라 옷을 갈아입을 것이고, 나무도 시간이 흘러 때가 되면 고목이 되어 꽃을 피울 수가 없을 것이다.

　고목나무가 없어졌다고 씨가 없어지는 것은 아니다. 그동안 때에 꽃을 피워 주위에 씨가 떨어졌을 것이니 나무가 없어져도 이미 땅에 떨어진 씨들이 싹을 틔워 자연의 나무는 이어이어서 자랄 것이다.

　나라의 번성은 국민들의 의지에 달려있으나 나무뿌리가 튼튼하고 기둥이 튼튼해야 뻗어나가듯이 훌륭한 지도자의 중추적인 역할이 수반된다면 그 시대나 그 나라는 흥할 것이며, 문화의 꽃도 피울 것이다.

　문화의 발전은 힘과 재원이 확보되어야 가능하다. 여기서 문화가 축적된 힘의 산물임은 지난 역사를 들여다보면 침략이나 정복에 의해서 힘 있는 정복자들이 창과 칼을 놓고 즐기게 되면서 생겨난 것임을 알 수가 있다.

　중세 유럽의 국가들이 새 대륙인 아메리카의 발견과 아세아나 아프리카에 눈길을 돌리고 새로운 물길을 찾아 만들어 가면서 암흑기를 벗어나 서서히 문화의 꽃을 피워가며 중세의 르네상스시대의 문화를 꽃피우게 됐는데, 새 대륙이라고 하여 아메리카의 대륙에 기존의 사람들이 살지 않고 있었는가? 아프리카나 아시아도 그들의 힘에 밀려서 점령을 당하여 식민지가 되고 속국이 된 것이 아닌가.

움직임이 길을 만들고 만들어진 길은 서로를 이어주며, 그 길로 인해서 새로운 문화가 이어지며 만들어지고, 길에 의하여 움직이는 힘이 세상을 만들어 감을 알아야 하겠다.

'바다를 주름잡던 해룡이 육지에 올라왔기에 힘을 쓸 수가 있을까?' 하는 우려는 기우가 되고 열심히 터를 닦고 집을 지었는데 어느 날, 늦은 시간인데도 불구하고 이 박사와 토룡이 절집을 찾아왔다.

"아니, 야심한 시각인데 무슨 일이냐?"고 하였더니, "스님, 조금 전 뉴스에 지금 집을 짓고 있는 곳이 정부의 정책에 의해 수용이 확정이 됐다는 소식을 들어서 이렇게 찾아왔다"고 말한다. 그러면서 이 땅이 "앞으로 어떻게 되는지 궁금해서 찾아왔다"고 한다.

"뭐, 산속에까지 찾아와서 물어 볼 필요가 있나요? 집 나갔던 새옹의 말이 암말과 새끼를 데리고 들어온 것을!"이라고 말해 주었다.

그리고 "그 지역의 지명을 살펴보면 주위의 산은 ○용과 백마와 장군의 산이고, 동리나 골짜기의 지명은 예전에 이미 軍(군)이 주둔하였다는 것을 알 수가 있으니 나라에서 그곳의 큰 기운을 알아서 군대를 주둔시켜서 물길을 만들고 힘을 기르려고 수용을 한 것 같다"고 덧붙여 주었다.

그러나 대답이 신통치가 않은 걸 보면 아무래도 집 나갔던 말이 암놈과 새끼를 데리고 왔다는 말이 듣기에는 더 좋게 들리는 것 같아 보였다.

사람 하나하나의 움직임이 물길이다

나라의 이름이 바뀌었다고 땅을 들고 다닐 수는 없는 일이며, 나뭇잎이나 줄기가 마음에 안 든다고 잘라 낼 수도 없는 일이니 뿌리나 나무는 열심히 잎을 위하여 일을 하면 줄기나 잎들은 제 계절에 일을 충실히 할 것이다.

어느 시대나 어느 나라도 지도자의 지도력에 의해서 부침과 흥망성쇠의 국력을 보아왔으며, 그러기에 지도자는 하늘에서 점지를 해준다는 말이 있지 않은가.

사람 하나하나의 움직임이 물길이다. 그 물길이 내를 이루고 강을 만들며, 대양을 채우며, 문화를 만들어가는 것을 안다면 흐르는 물이 사심을 내고, 이유를 대고, 끼리끼리 욕심을 내겠는가?

"언제고 시간이 나면 낚시나 하러 갈까 보다." "어디로요?" "여의도 밤섬으로!" "스님, 거긴 가봐야 강태공 짝이 날 텐데?" "왜?" "깨끗한 물에는 고기가 없으니까요." "그럼 어디로 가나? ○○동으로 가볼까?" "스님, 거기도 헛수고하지 마세요?"

"그나저나 낚시도 갈 수가 없겠어?" "왜요?" "실은 멀리 갈 힘이 없고 미끼를 장만하기도 어렵거든? 그냥 앞의 냇가에서 밤에 멱이나 감아야겠어!"

12. 도장(印)을 쥐려면

날씨가 제법 추워지면서 바람이 차갑고 바람소리 또한 기세가 대단하여 밖의 풍경을 내다보고 있는데, 마당으로 차가 들어와 멎으면서 용모가 단정한 오십대의 사내 둘이 집안으로 들어선다.

방으로 들여 따뜻한 차를 권하며 "어떻게 찾아오셨냐?"고 물으니, 한 사람이 잠시 망설이는 듯하더니 "내년에 있을 지방선거에 출마를 염두에 두고 있는데 어떨지 몰라 찾아왔다"고 한다.

얘기를 듣고 웃으며 "옆에 함께 오신 분은 어떤 일로 여기까지 오셨나? 그냥 들러리로 오셨나?" 하고 물으니, "아닙니다. 저도 스님을 뵙고 자문을 얻어 볼까 해서 찾아 왔습니다"라고 한다. 자신은 현역 군인인데 내년에 진급을 할 수 있을지 궁금해서 왔단다.

"때가 되어 진급에 결격사유가 없으면 자연히 진급은 될 텐데 무슨 걱정이냐?"고 하였더니, "스님의 말씀처럼 순서가 정해져 있다면 별문제가 없지만 실제의 진급심사는 그렇지가 않아서 이렇게 찾아왔다"고 한다.

"계급이 뭐냐?"고 물으니, 대령이라고 한다.

"아아! 별을 달 수 있는지, 없는지 궁금하여 오신 거구만!"

"별일도 아니고 자신들이 더 잘 아는 일들을 가지고 이렇게들 오셨으니 차나 드시고 머리나 식히고들 가시요!" 하며 차를 마시며 얘기를 나누었다.

차를 데워 마시며 "다소 엉뚱하게 생각할 수도 있는 질문이오만 부인들과는 사이좋게 잘 지내시고, 가정은 편안하고 화목하냐?"고 물어보았더니, 두 사람은 눈만 껌벅이며 뭔가 벙벙한 눈치들이다.

권력의 힘은 印(인)을 쥐고 행세하는 위정자들이 갖는다

사람으로 태어나 성장하면서 누구나 5개의 욕심은 지니고 살아가게 마련이니 식욕, 수면욕, 재물욕, 성욕, 명예욕이 그것이다.

먹지 않고 살 수가 없고, 안 먹고 일을 할 수가 없고, 안 먹고 클 수가 없으니 어린아이가 태어나서 제일 먼저 하는 행동이 우는 것과 젖꼭지 빠는 일이 아닌가.

운다는 것은 불편하고 불만이 있다는 것이라 우는 이이에게 젖꼭지를 물려주면 배를 채운 아이는 잠을 자고, 배고프면 일어나서 먹고 잠을 자면서 크는 것을 볼 수가 있으리라.

 아이가 성장하면서 스스로의 자각에 의해 사물을 알아가며 좋다, 나쁘다, 편하다, 힘이 든다, 고생스럽다 등을 알아간다.

 재물이 있으면 활용을 할 수가 있음을 알게 되면서 재물에 대한 욕심이 생겨나게 되는 것이고, 성장을 하면 씨의 종족번성의 본능이 자리를 잡고 있기에 암놈이든 수놈이든 성욕이 생기고, 끝으로 '이름표'를 앞세운 명예욕이 생겨 자리를 잡고 있음을 알 수가 있다.

 욕심은 누가 가르쳐 주지 않아도 누구나 지니며, 살아가는 본능이며, 제 스스로 자신의 역량만큼 자신이 품고 살아가는 것이기에 어느 누구도 타인이 지니고 있는 욕심의 크기나 깊이를 알 수가 없는 것이다.

 세습의 왕이 다스리는 왕정은 다르겠지만 민주주의의 모든 권력의 힘은 국민으로부터 위임받은 위정자가 쥐게 되며, 위정자는 印(인)을 쥐고 행세를 한다.

 아래 부서나 아래 기관에 인의 힘을 나누어 갖게 되는 것이기에 어느 곳이나, 어느 소속이나 印(인)을 쥐어야 행세를 할 수가 있음이다. 그러기에 자신과 조상의 이름표를 붙이고 명예를 향한, 말이 필요 없는 힘의 전쟁이 어제 오늘의 일이였던가!

 예전에는 고을 수령인 사또집의 잔치보다 고을 이방 나리의 잔칫상이 더 걸판지고, 정승의 부고보다 정승집의 개가 죽었다면 더 난리법석이었다고 한다.

위에 계신 분들이야 분수를 알고 정도를 알았을 테지만 어찌 이 방이 분수와 체통을 지켜주기를 바랄 것이며, 정승을 만나서 부탁을 하려는 사람들에게 정승집의 개가 죽었다는 것은 명분을 찾던 이들에게는 기회를 주고 가는 꼴이니 어찌 개의 장례를 소홀히 했겠는가! 성대할 수밖에.

아니, 얘기가 지금 어디로 흘러가고 있나? 쓸데없는 얘기는 아닌 것도 같은데!

아! 예전에 인을 받을 수가 없는 사람들은 그렇게, 저렇게라도 인을 훔쳐 쥐었다는 얘기지만, 지금 세상에는 말도 안 되는 소리지. 안 그런가? 글쎄?

여자는 財(재), 姬(희)가 아닌 반려자이며 동반자라

서양 사람들이 모임이나, 행사나, 파티를 하는 것을 보면 그들은 부부가 동반되어 행사를 치르고 여흥을 즐기는 것을 보게 된다.

국가의 행사 때에도 그들은 영부인이나 정경부인들을 대동하여 외국의 국빈들을 맞이하는 것을 볼 수가 있다. 동양적 사상인 가부장적이며 남존여비의 토양에서 자란 눈으로 그들이 여인들을 대동하고 행사를 하거나 파티를 즐기는 것이 가벼워보였고 천박하다는 생각을 갖게 하는 것은 문화의 차이이며, 지나온 동서양의 역사가 차이가 있기 때문이리라.

허나, 이제라도 미몽을 버리고 여자는 財(재)이며 姬(희)라는 생각을 떨쳐내고, 반려자이며 동반자라는 것을 알아야 할 것이다.

밭이 아무리 기름져도 씨가 없으면 생산을 할 수가 없고, 씨가 아무리 좋아도 밭이 없으면 싹을 틔울 수가 없음을 안다면 함께 존중하며 공존의 길을 찾는 것이 바람직하리라.

서양인들이 배우자와 가정의 화목을 우선으로 하고 어느 지위에 있든 배우자가 배우자 서로를 의지하는 것을 보여줌으로 해서 도덕을 행하는 기본인 가정이 평안하다는 것을 증명해 보인다. 그것은 그런 사람이 어느 지위의 인(직책)이라도 잘 수행할 것이라 믿기 때문일 것이다.

🌙 가정을 잘 추스르면 사회생활도 원만히 잘한다

자연에서 태어나 자연으로 돌아가는 것이 생의 법칙이며, 자연의 계절은 제 할 일들을 알아서 한다.

봄은 봄의 짓거리를 하고, 여름은 여름의 짓거리를 하며, 가을은 가을의 짓거리를 하는 것이며, 겨울 또한 제 계절을 알아 겨울의 짓거리를 하고 있다.

인생을 계절에 대입해 보면 봄은 조상의 자리이며, 여름은 나를 낳아준 부모의 자리이며, 가을은 자신과 배우자의 자리가 되는 것이며, 겨울은 자식들의 자리가 될 것이다.

사람으로 태어나 진정한 수확은 자신의 계절에 자신이 꽃피운 만큼 거두어들일 수 있는 계절인 가을이며, 나이로는 42~63세의 때이다. 그 이후는 겨울이다.

누구나 남들보다 일찍 출세하고 이름표 걸기를 원하나, 출사하고 이름표를 건다는 것은 간단한 일이 아니다.

자신과 조상과의 관계, 자신과 부모와의 관계, 자신과 배우자와의 관계, 인연 닿는 모든 사람과의 관계에서 결정되는 일이기에 이름을 내걸고 출사하였다고 해서 최고의 이름인 장인이나 최고의 지위에 올라 袈裟(가사)를 걸치는 것이 아닌 것 또한 알아야 할 것이다.

늦봄이나 여름의 어린나이에 세상을 놀라게 하는 이들도 더러는 있으나 그 생이 제대로 익지 않아 오래 가질 못하는 경우를 볼 수가 있어 안타깝다. 그것은 계절이 하는 짓은 분명하기 때문이다.

가정이 화목해야 함은 모든 사회생활의 힘이 가정에서 나오기 때문이며, 가정이 화목하자면 주위의 사람들과도 돈독한 친목을 도모해야 할 것이기에 가정을 잘 추스른다면 사회생활도 원만히 잘할 것이기 때문이다.

기도하는 여인이나 바람을 갖고 기도하며 자신을 헌신하는 여인, 한 남자의 여인이며 자식들의 어머니인 여인들의 기도가 우리네들에겐 낯설지가 않을 것이다.

누구나 어렵고 가난하고 험난한 때에 우리의 어머니들은 오매불

망 집안의 안녕과 자식의 안녕과 출세를 빌고 기도하고, 기도하며 또 기도를 하였으니 가장 숭고한 여인(䫂)의 모습이라 할 것이다. (䫂, 기도할 람)

집안이 잘 되려면 여자(며느리)가 잘 들어와야 한다고들 하는 것은 집안이 평안하고 번영을 이루는 힘의 원천은 자신의 씨에서 나오는 것이 아니라, 다른 가정의 여인이 들어와서 새 싹을 키워가면서 자신의 집안에 없는 기운이나 가풍에 여인의 가풍과 생활에 묻어 있는 문화를 접목을 시키는 것이니 씨의 원천인 여인의 행동이나 친정의 가풍이 자식들에게는 중요하다고 하겠다.

🔥 리더들에게 높은 도덕적 잣대를 들이대는 것은 당연한 일

사람들이 갖는 욕심 중에서 성장을 하고서 스스로 늦게 갖게 되는 욕심이 명예욕이다. 명예욕의 성취는 자신만의 성공이 아니라, 후대의 자손들에게도 조상의 이름표를 넘겨주려는 욕심도 한몫 들어 있음을 안다면 그것은 결코 만만한 것은 아니다.

그러나 의외의 곳에 답이 숨겨져 있으니 가정이 원만하고 부부가 화목하다면 이름표를 내고 도장을 받기가 훨씬 수월하다는 것을 알 수가 있다.

화목하고 원만한 가정을 누구나 이루어 살기를 원한다. 하지만 이 땅에 사는 많은 이들의 살아가는 모습들을 보면 너무나 오랜 세월을 가부장적인 사고에서 살아왔기 때문인지 어려서 듣고 자라면서 어른들이 하는 행실대로 배우고 익혀서 남자가 여자보다는 우월하고, 여자는 하찮다는 생각이 행동의 저변에 깔려있음을 볼 수가 있다.

명패나 지위를 붙잡고 있는 이들도 더러 보면 남들이 보는 앞에서는 애처가요, 경처가인 것처럼 행세를 하면서도 정작 집안에서의 꼴을 보면 혼자보기가 아까울 만큼의 짓거리들을 하는 것을 볼 수가 있다.

함께 사는 집이며 함께 어른이 된 줄 알면 이제라도 가꾸듯이 집안의 화목을 가꾸어가야 할 것이다.

(일부, 쪼끔, 몇 명이 그랬는데 돌아가셨음.)

세상이 급변하는 난세일수록 앞에서 일을 하는 이들에게 대중들은 강도 높은 도덕적 잣대를 들이대는 것은 당연한 일이다. 그것은 아무나 도덕을 알고 행하기가 어렵기 때문일 것이고, 누구나 꿈이며 이상이기 때문이기도 할 것이다.

절집에 찾아온 두 사람의 얘기를 듣고 자신들은 알 수가 없는 일이라고는 하나, 두 사람과 얘기를 나누다 보니 둘 중에 한 사람은 印(인)을 쥘 수가 있음을 알게 되었다.

앞에 서고 싶은 사람들은 '초딩' 때에 배웠던 도덕공부를 다시 시작하면 그래도 나을까?

그래 부탁이 있어서 오셨나?

골라 잡으셔!

골라잡으셔! 이름만 대면 도장이야 언제고 파드릴 테니.

금배지를 드릴까?

별을 따 드릴까?

13. 달은 밝은데

    가정생활에서 부모의 말이나 행동에 의해서 자식들은 본 대로, 들은 대로, 말하는 대로 행하고 본받게 되어 있으니 아버지나 어머니의 노릇도 쉬운 일은 아닌 것 같다.
    작물을 키움에 있어서도 노력이나 정성을 안 들이고 크면 크는 대로 놔두거나 방치하듯 키우는 것과 물이나 거름을 제때에 주고 알뜰살뜰 보살피며 정성을 들여서 키운 것이라면 크고 나서 수확을 함에 있어서도 전자와 후자는 확연히 다를 것이다.
    허니 부모의 일거수일투족이 자식들에게는 해와 같고 달 같음을 알아야 하겠다.
    해의 양기와 달의 음기를 먹고 자라는 모든 작물이나 생물, 동물,

사람들까지도 귀함을 모르고 마시는 공기와 같이 음양도 항상 함께 함을 알아야 하겠다.

산속에 자리 잡고 수행생활을 한답시고 앉아는 있으나 항상 그리 할 수는 없음이라 바깥세상의 돌아가는 일들을 물고 산속까지 들어 와 가끔씩 환담을 나누며 돌아가곤 하는 벗들이 있음이니 그들이 있기에 단조롭고, 한가하고, 팍팍한 생활을 녹일 수도 있으니 그러 한 것들도 수행자의 생활에 없어서는 안 될 별미의 맛이 아닌가 여겨진다.

집 나간 아들, 그리고 아버지

얼마 전에 전화가 와서 받아보니 가끔씩 들리는 ○ 사장이다.
"웬일이냐?"고 하니, 저, 저 하며 머뭇거리기만 한다. 그러다가 아들 녀석이 집을 나간건지, 누구에게 잡혀갔는지 중학교 3학년인 놈이 집에를 삼 일 째나 안 들어와서 학교에서도 찾느라 난리를 치 며 찾고 있고, 경찰서에도 신고를 해놓았는데도 마음이 안 놓인다 며 언뜻 스님이 생각나서 전화를 건 거란다. 그러면서 스님들은 도 인들이시니까 뭔가를 알 수가 있지 않으냐며 말을 맺지도 못하고 울음을 터뜨린다. 운다고 해결될 일은 아니나, '왜 이런 일을 자신 만이 당했나' 하는 설움과 자식의 불행 앞에 어느 부모인들 무너지 지 않을 수가 있단 말인가.

한참을 기다리다 "이런저런 생각하지 마시고 평상시에 오시던 것처럼 시간이 나면 차나 한잔하게 오시오" 하며 전화를 끊었다.

살면서 이런 일들은 결코 없어야 하는 건데, 어린 것이 호기심에 집을 나간 건지, 아니면 누가 데리고 나간 건지. 허나 '배우는 학생이니 속히 들어와야 하는 건데' 하는 생각이 떠나질 않는다.

O 사장은 십여 년 전에는 청계천의 전자상가 일대에서 사업이 번창하여 꽤나 알아주고 잘나가던 사람이었다. 그런데 사업상 어음을 주고받게 되었는데, 잘 아시는 분의 사업이 잘못되는 바람에 그분으로부터 사업 자금이 타격을 입으면서부터 O 사장의 사업도 자금의 회전이 안 되는 바람에 부도를 낼 수밖에 없었고, 결국엔 자신도 사업체 문을 닫으면서 망하게 되었단다.

사업이 잘나가던 사람이 망해버리니 어떤 일이 손에 잡히겠나. 이런저런 생각을 하며 세월을 보내다가 문득 군대생활을 하며 한때나마 바닷가에 살았던 기억이 떠올랐다. 바닷가에 사는 사람들의 강인하고 서로 뭉쳐서 협동하며 살아가는 것을 보았기에 스스로 약함을 버리고 강해져야 한다는 생각에 어딘가 바닷가의 마을을 찾아가서 일을 하며 지난 것들은 털어버리고 새롭게 시작을 해야겠다는 각오를 다졌다. 부인은 다니던 직장이 있으니 딸을 곁에 두고, 자신은 아들을 데리고 서해의 어느 섬에 가서 어부생활을 시작하였단다.

별로 수입이 신통치가 않아도 아들이 어렸기 때문에 살아 갈 수는 있었다. 어부의 생활이란 것이 철에 따라서 어종이 다르기 때문에 어종마다 조업하는 기간이 달라지고, 날씨에 의해서 어획 일 수도 달라지니 기상이 안 좋거나 태풍이라도 불어 닥치는 때에는 돈을 보고도 못 버는 꼴이 되기도 하였다. 하지만 열심히 살아 온 덕에 그럭저럭 생활은 할 수가 있었다고 한다.

물론 돈을 많이 벌면 좋겠지만 돈을 벌려고 어부생활을 시작한 것이 아니기에 섬에서의 생활은 그래도 즐겁고 만족스러웠단다. 그곳에서 칠팔 년을 살다가 아들이 중학교를 다니게 되어서 섬에서의 생활을 접고 뭍으로 나와 생활을 하게 되었다. 그런데 그동안은 일 년에 한두 번 정도로 부인을 만나고 다녀가곤 했는데, 부인과 생활을 합치려고 하니 어딘가 모르게 부부가 떨어져서 살아온 세월의 탓인지 함께 생활하기에는 서로가 달라져 있는 모습이 보여서 서로 편하게 살자 하고는 부인과 따로 생활을 하게 되었단다. 그리고 이따금 아들이 물어보면 엄마와 아주 안 사는 건 아니고 엄마도, 아빠도 따로따로 사는 게 좋아서 이렇게 살기로 했다고 말을 해주었단다. 부인도 직장을 다니며 딸을 데리고 잘살고 있다고 한다.

요즘 들어서는 옛날만큼은 아니지만 서서히 사업을 벌려 기반을 다져가고 있고, 수입도 조금씩 나아지고 있던 차에 이런 일을 만나게 된 것이란다.

오후 늦은 시간에 풀이 죽어서 축 늘어진 모습의 O 사장이 힘없이 찾아왔다. 상처 안고 있는 사람에게 무슨 말을 하며, 무슨 말을 한들 들리기나 하겠는가.

"저녁공양 시간이니 공양이나 하자"며 함께 상을 받아서 공양을 하고 상을 물리고 나서 차를 마시며 이런저런 얘기를 섞어서 나누었다. 그간의 근황을 들어보니 "그래도 이놈이 공부를 안 하려고 나간 것 같지는 않습니다. 그리고 방학이 얼마 안 남았는데…" 하는 것이다.

"아들의 실종에 대해서 부인도 알고 있냐?"고 물었더니, 알고 있고 나보다도 더 속을 태우고 있다고 대답을 한다. 그러면 언제고 부인과 함께 시간을 내어 함께 와보라고 하고 돌려보냈다.

익은 것과 덜 익은 사람의 차이

모든 만물은 익어야 제 맛이 나는데 제대로 익는다는 것은 해의 양기와 달의 음기를 제때에 제대로 받아 익었음을 말함이니 익은 것만이 저장할 수 있고, 종자로 사용할 수 있음을 알아야 할 것이다.

과학이 발달하여 컴퓨터라는 놈이 생겨나오니 이놈도 나날이 눈부시게 발전하여 사람의 두뇌가 미치지 못하는 어느 부분의 계산도 손쉽게 하여 사람들을 도와주고 있다.

어느 과학자가 연구, 발표한 것을 보면 여성들이 태아를 임신을 하여 체내에 갖고 있는 시간을 계산을 해보니 땅을 딛고 사는 사람의 조건으로 입력하였는데, 컴퓨터가 계산을 한 것을 보면 5억하고도 2천만 년이 된다고 발표한 것을 보았다.

그렇다면 우리네 여성들의 임신기간이 평균 280일에서 284일이라고 하니 정리하여 나누어보면 태아가 모체의 양수 속에 쌓여서 지내는 하루는 인간 세상의 약 180만 년이 된다는 계산이 나오게 됨을 알 수가 있다. 이름이야 있든, 없든 어느 과학자가 유명세를 얻고자 하여 허무맹랑하게 연구한 것처럼 발표했다고 가볍게 넘길 수도 있겠지만 학자들이란 어느 누구이든 글자 한 자, 숫자 하나 하나의 첨삭에 자신의 名(명)과 命(명)을 앞에 걸어두고 자신이 연구한 것이나 학설들을 발표하는 것을 보면 결코 근거가 없거나 가치가 없는 것은 아닐 것이다.

발표한 내용을 들여다보면 더욱 분명한 것은 숫자가 아니라 태아가 모체의 양수 속에 쌓여 지내는 하루하루는 그날그날을 익어간다는 것이니 태아를 모태에서 제대로 익혀서 자연분만을 하는 것이 태아나 모체에 더욱 이로울 것임을 밝히는 발표가 아니겠는가.

그러면 어떤 이유나 사정으로 제 날을 못 채우고 인공중절수술로 나온 태아는 이유야 어찌되었든 세상에 나올 때에 덜 익어서 나오게 된다는 것인데 익은 것과 덜 익은 것은 어떤 차이가 있을까?

분명한 것은 덜 익은 만큼 짓거리가 다를 것이며, 세상엔 공짜가 없음을 알아야 할 것이란 사실이다.

며칠이 지나지 않았는데 O 사장이 부인과 함께 찾아왔다.

방으로 들여 모시니 그냥 앉으셔도 된다고 하여도 극구 삼배를 올려야 한다며 절을 하신다. 감사한 일이다. 삼세의 부처님의 밝음과 항상 함께하심이 가벼운 목례와 회향의 축원을 해주고 몽중의 일처럼 실감이 안 날 텐데 어떤 생각이냐고 부인께 물으니, 자업자득이란다. 그러니 아들의 생사라도 알고 싶고, 앞으로 아들이 돌아오면 지금껏 부모로서 못해 주고 잘못한 것에 대해 용서를 빌고 용서받는 마음으로 잘해주겠단다. "허니, 스님께서 생사만이라도…" 하며 말을 잇지를 못한다.

어찌 생사만을 얘기할 수가 있겠는가. 어찌 二邊(이변)을 세운단 말인가. 허나 들어갔다면 나올 것이요, 나갔다면 들어올 것이고, 시작이 있다면 끝도 있을 터이고, 끝이 났나 싶으면 무언가 새로 시작됨을 안다면 자연이 그리될 것이니 나갔다면 들어오는 것은 자명한 일이 아니겠는가. O 사장과 부인에게 글을 써서 일을 시키면 될 것이라고 일러주며, 언제든 달이 밝은 날에 들어올 것이니 너무 상심만 마시고 조금 기다려보라고 일러주며 보냈다.

환절기에 속하는 사춘기, 엉뚱한 짓 할 수도

어느 생명이든지 태어날 때에 각각의 씨를 짊어지고 태어나는데, 그 씨 주머니를 풀어보면 ① 어떤 인연의 부모에게서 태어났느냐, ② 어떤 직업의 보따리를 걸치고 나왔느냐, ③ 얼마만큼의 나이로 익어서 나왔느냐 등등의 씨를 짊어지고 태어난다.

성장기의 아이들을 보면 영아에서 네 살 미만에는 인격이나 성격, 앞으로 살아가는데 필요한 모든 정보를 입력하여 결정하는 때이다. 그리고 십오에서 십육 세까지는 외형 중심으로 자라는데, 이 기간에 습득되고 입력되는 모든 정보는 평생을 지배하게 된다. 십육에서 십칠 세가 되면 자신이 가지고 나온 씨를 발아시켜서 꽃 몽우리를 만드는 시기인데, 이 시기부터는 자신의 씨 주머니가 일을 한다. 이때 암놈은 암컷의 특성이나 행동을 그동안 자라고 크면서 보아온 것을 행하고 싶은 시기이며, 수놈도 수컷의 짓거리를 듣고 보고 배운 대로 행해보고자 하는 시기이다. 계절로 본다면 환절기에 속하므로 엉뚱한 짓거리도 서슴지 않는 시기이다.

부인은 물음의 첫마디에 자업자득이라고 했으니 '자업'이란 무엇인가? 스스로의 행위를 말함이니 부인이 자식을 낳아서 키우다가 사정에 의해서 떨어져 살게는 되었지만, 그 자식을 자신의 편함만을 염두에 두고 어찌 보면 아버지와 살고 있으니 '나와는 상관이 없겠지' 하며 방관하고 방치한 것에 대한 반성의 답이 아니었나 싶다. 세상을 살아가면서 행한 모든 일들은 득이 되어 돌아오든, 손실이 되어 돌아오든 다시 되돌아오게 되어 있으니 어느 것 하나 소홀히 생각하고 어느 것 하나를 소홀히 행동할 수가 있겠는가.

해가 일을 하여 양기를 만들어 내고 달이 일을 하여 음기를 만들어 내는 우주라는 공기주머니 속에서 사는 우리네 모두는 봄의 계절이 있고, 여름의 계절이 있고, 가을의 계절이 있고, 겨울이라는 사계절이 있다.

 각 계절마다 일하는 짓거리와 맡은 소임이 각각 다르니 우선 봄이 하는 짓거리를 들여다보면 태어나서 스무 살까지의 시기를 말하는데, 인연의 씨와 나의 씨를 싹틔워서 키우는 시기이다. 봄은 혹독한 겨울의 추위를 이기고 땅에 뿌리를 내리는 시기인 만큼 어느 땅의 어느 토질에, 어느 종자가 떨어져서 싹을 틔워 자라는가 하는 사계절의 근간을 정하는 시기이다. 이 시기는 싹이 자라고 줄기와 가지를 키워 꽃을 맺기까지로, 태어난 해의 태세로 암수를 구별하고 천간과 지지가 하는 일과 나의 씨가 함께 일하는 때이다. 천수의 나이를 보면 짓거리의 크고 작음을 알 수 있는 시기이다.

 중학교를 다닐 때까지는 학업이나 학업 일에 있어 잘하고 우수하던 아이도 고 1, 고 2의 학년으로 올라가면서 학업 성적이 떨어져서 속을 태우는 아이가 있는가 하면, 중학교의 시기나 고 1학년까지도 별로 두각을 나타내거나 관심 밖의 행동을 하던 아이도 고 2, 고 3의 시기에 익은 짓거리를 하며 열심히 공부하여 우수한 대학에 들어가는 아이들을 보게 되는데, 봄의 시기인 십육에서 십칠 세에는 자기가 짊어지고 나온 씨가 자라는 시기이기 때문이리라.

 누구나 태어나면서 사계절의 농사를 지어 가는데 각각의 계절마다 다른 세 개의 밥그릇이 있으니 봄의 농사를 지을 때의 밥그릇과 여름농사 짓기에 맞는 밥그릇, 가을철에 수확하기에 좋은 가을의 밥

그릇이다. 따라서 각기 계절의 밥그릇을 알고, 크기와 모양과 색깔을 알고서 농사를 지었다면 겨울이라는 추운 계절에 농사를 지을 수 없는 때이지만, 집에서도 잘 지낼 수가 있을 것이다.

수놈들끼리니 무슨 맛대가리가 있겠는가

○ 사장 내외가 조바심과 근심에 차서 두어 번 다녀가고 난 후, 무심한 것은 내 일이 아닌 남의 일이기에 세월은 그냥 가는가.

어느 날인가, 잠자리에 들만큼 늦은 시간에 전화가 걸려와 받아보니 부인이었다.

"스님, 달은 밝은데…" 하며 돌아오지 않고 소식 없는 아들 생각이 나는지 한참을 머뭇거린다.

"걱정하지 마시고 이놈이 살아 있기에 소식이 없는 것이니 조금만 기다려봅시다. 기다림이야 있지만 달은 어김없이 떠서 비취고 있고, 아들놈도 달을 보고 있을 것이니 참고 기다리시면 꼭 아들을 볼 것이니 너무 상심하지 말라"고 하며 통화를 끊었다.

허긴 아들이 집을 나가 달이 한 번 지고 다시 달이 찼으니 저 달이 지면 또 한 달을 기다려야 하고, 학교도 개학을 하게 되니 부모로서야 당연히 걱정되고 마음이 쓰일 것은 당연한 일이리라.

이튿 날 아침공양을 마치고 사랑채에 손님이 들어서 손님과 얘기를 나누고 있는데 전화가 와서 받아보니 ○ 사장이었다. 인사고 뭐고 뭐가 급한지 "스님, 왔어요! 우리 아들을 오늘 새벽에 데려왔어요" 한다. "오늘 새벽에 서울과 인접한 작은 도시의 파출소에서 전화가 와서 이곳에 몇 명의 아이들을 보호하고 있는데 연고를 물으니 집 전화라고 하여서 전화를 해주는 것입니다. 아들인지 아닌지 확인을 하시고 데려가시오. 오늘을 넘기면 경찰서나 보호소로 이송을 하게 되니 너무 늦게 오시면 안 됩니다"라고 하더란다.

부인과 차를 타고 가려고 운전석에 앉으니 눈앞에 무엇이 어른거리는 것 같고, 아무것도 보이지가 않고, 술이 취한 것처럼 숨이 가쁘고, 아무튼 정신이 없어서 운전을 할 수가 없더란다. 할 수 없어서 큰길로 나와 택시를 잡아타고 그곳에 도착하여보니 아들이 있더라는 것이다.

경찰 아저씨에게 고맙다고 먼저 인사를 하고, 아들의 보호자임을 밝히면서 아이들이 이곳에 와 있는 연유를 물어보았다고 한다.

그랬더니 경찰이 "이 아이들은 현행범은 아니고 오늘 새벽 한 시쯤 관내순찰을 돌던 대원들이 주택가의 인적이 드문 곳인데 학생들로 보이는 애들 칠, 팔 명이 모여 있는 것이 보여 우리 대원이 가까이 가며 '이놈들! 이 시간에 집에 안 들어가고 여기서 뭘 하고 있냐?'고 하며 다가갔더니 일행 중 세 놈은 뛰어 도망을 가고, 네 놈만이 남아 있어서 보호 차원에서 데리고 온 것"이란다. 경찰관은 "다른 아이들도 보호자들에게 연락을 해서 데리러 올 것이니 선생님은 아드님과 귀가하셔도 된다"고 하였다고 한다.

그래서 ○ 사장은 밖으로 나와 편의점에서 빵과 음료수를 사서 드리며 정말이지 고맙고, 고맙다고 수차례 인사를 하고 아들과 함께 집으로 돌아왔단다.

그리고 "그곳의 경찰관님들만이 아닌 이 땅의 모든 경찰관님들의 크고 작은 노고를 새삼 느끼고 감사하다"고 말을 하고는 "말이 너무 길어졌지만 스님께 고맙고 감사하다는 말을 먼저 해야 했는데 경황이 없어서 말이 두서가 없었으며, 가까운 시일 내에 찾아뵙겠다"고 하면서 통화를 놓는다.

허긴 ○ 사장 부부가 얼마나 좋았겠나. 죽었는지, 살았는지도 모르는 아들을 경찰관 아저씨들이 찾아주었으니. 그동안 어디에도, 누구에게도 말을 한들 도움 받을 길이 없던 그들이 아니었던가. 찾았다니 정말이지 다행한 일이 아닌가. 그러나 나간 놈이 들어온 것은 당연한 일이니 그놈이 왜 나간 것인가를 잘 헤아려야 하질 않겠나.

수놈은 수컷의 짓거리를 하고, 암놈이면 암컷의 짓거리를 한다. 십육, 십칠 세가 되면 자기가 짊어지고 나온 씨의 짓거리를 하게 되는데, 집을 나갔다가 돌아온 아들놈은 수놈이 수놈을 짊어지고 나왔으니 그동안 어릴 때에 잠깐만 엄마하고 지냈고, 십여 년을 아버지하고만 지냈으니 수놈들끼리니 무슨 맛대가리가 있었겠는가. 그리고 학교에서도 중학교 1학년 때에는 담임선생이 여자 분이셨으나, 2학년과 지금의 3학년의 담임선생은 남자 분이시라는데 아이의 입장에서 보면 학교생활인들 무슨 맛이 있었겠는가. 양이 양으로만 존재하지 않으며, 음이 음으로만 존재하지 않으니 양 속에서 음을 찾고, 음 속에서 양을 찾는다면 해와 달이 언제부터 지금까지 싸움이 없음을 알 수가 있으리라.

오고가는 것에서 '것' 자를 빼고 살아가라(?)

얼마를 지나서 O 사장 부부가 아이들을 앞세우고 찾아와서는 공손히 예를 갖추며 인사를 올린다. 삼보에 올리는 인사이니 삼보에 회향을 하고 가는 것이 오는 것이고, 오는 것이 가는 것이니 앞으로 살면서 '것' 자를 빼고 살아가라고 일러주니 아리송한 눈치이다. 허긴.

그동안 아들이 나갔다가 들어옴으로 해서 집안의 살림에 많은 변화가 있었단다. 크고 작은 일들이 많았지만 그동안 두 내외가 서로 편리한 대로 살자 싶어 따로따로 살았는데 이번의 일을 계기로 그동안 자식의 소중함을 너무 몰랐다며 이제부터라도 자식들을 위해서 부부가 함께 살기로 하고 새로 집도 마련하여 이사를 하고, 아들이 원해서 학교도 다른 곳으로 옮겨주었단다. 야! 그놈 효자네. 값싼 '따로국밥'을 비싼 한정식으로 바뀌게 했으니 값이 비싸진 만큼 맛도 있어야 할 텐데.

"O 사장, 앞으로 아까 말한 대로 자식을 위하는 마음은 변하면 안 되겠지만, 자식을 위해서 부부가 살아가기로 했다는 말은 하질 마러. 무엇을 위한다든가, 무엇 때문이라든가 하는 말은 남을 속이는 말이니, 앞으로는 부부가 부부를 동등 자유의 원칙으로 서로가 함께 위하며 지내다보면 자식들은 그냥 따라오고 자연히 배우게 되어 있는 것이니 무얼 위한다는 말은 하질 마러. 그리고 부인은 언젠가 말한 대로 용서를 빌고 받는 마음으로 애들에게 잘해주면 집안이 편안할 것"이라고 말을 해주니, 대답 대신 아무 말 없이 고개만 깊이 숙인다.

이번 일을 풀게 되고, 잘 풀린 것은 부인이 잘못을 인정하고 솔직히 말을 했기 때문에 가능했다고 말을 해주니 부부의 얼굴은 아리송한 표정이 된다. 허긴.

○ 사장이 "스님이 하신 말씀은 알듯 모를 듯한 얘기라서 설명이 필요하다"고 하기에, "이 사람아, 이미 다한 얘기를 또 다시 하라고 하면 어떻게 하나. 지난 얘기는 그만하고 앞으로 살아 갈 것에 대한 얘기라면 몰라도…"라고 말했다. 그러니 ○ 사장이 궁금한 것이 또 있는지 쭈뼛쭈뼛하다가 조용히 입을 열면서 "스님, 정말로 궁금한 것이 있는데 이건 꼭 답을 주셨으면 하는데요?" 하며 눈치를 살핀다. "무엇이 궁금한지는 모르나 내가 해줘야 할 말이라면 응당 해줘야겠지" 하니 숨고를 시간도 없이 속사포가 날아온다.

"스님, 우리 아들이 집을 나갔을 때에 달이 밝으면 들어 올 거라 하셨는데, 그건 어떻게 아시고 내리신 말씀이었나요?"

'아하! 이놈. 아들도 들어 왔으니 그걸로 한 수 배우겠다는 건데,' 허나 내가 한 말이니 응당 답을 줘야 하지 않은가.

"그 답은 내가 먼저 낸 것의 답을 찾아오면 답을 주겠노라"고 하니, "스님이 언제 문제를 주셨냐?"며 고개를 젓는다.

그래서 "이 방에 들어서서 절을 하고 자리에 앉을 때에 가는 것이 오는 것이고, 오는 것이 가는 것이니 '것'을 빼고 살아가도록 하라고 일러 준 것이 문제였다"고 말을 하니 표정이 묘해진다.

"언제든지 가는 것, 오는 것에서 것을 빼가지고 오면 왜 달이 밝으면 온다고 했는지 확실히 일러 줄 테니 숙제를 잃어버리지 말고 살면서 부부가 함께 어른이 된 것을 알고 서로를 위하며 지내라"고 일러주고 그들을 보냈다.

각각의 씨는 해와 달이 만들어 내는데 같은 종자라도 크기나 모양, 색깔, 무게가 각각 다르고 같은 것이 없음이니 아침이슬을 머금고 피는 호박꽃은 황색으로 해의 색깔과 같으며, 양기의 색이다. 크기도 여타의 꽃들보다도 크고 해가 떠올라 대지에 해의 양기가 충만해지면 양기를 머금은 꽃은 입을 다물어 먹은 양기를 씨방에 저축하여 갈무리를 하면서 열매를 맺게 준비를 하며, 여러 날을 수고하여 해의 양기로 열매가 맺어지면 꽃 자신은 할 일을 다 했기에 열매 끝에서 떨어지게 되는 것이다.

그리고 호박과는 반대로 저녁 이슬이 내릴 때부터 피기 시작하는 박은 꽃의 색깔이 달의 색깔과 같은 백색이며, 백색은 음의 색깔이 아니겠는가. 박꽃도 저녁의 이슬을 맞고 피어나서 밤이 익어 온 대지에 음기가 가득해지고 달이 밝으면 음기를 한껏 머금은 꽃은 입을 다물어서 달의 음기를 씨방에다 쌓으니 여러 날을 수고하고 씨방을 관리하다가 열매가 맺히면 꽃잎 자신은 낙화가 되어 자연으로 돌아가질 아니하던가.

속을 들여다보면 호박은 연한 황색이니 양기가 익어 있음이요, 박은 겉 표면의 색깔은 연한초록의 색깔이지만 속은 음기의 색인 하얀 백색이 아니던가.

밝음이 있어야 양의 기운도 익을 것이고 음의 기운도 익을 것이 아니겠는가. 해는 떠오르면서 열기를 쏟아 내니 대지는 익으면서 밝아지고 날의 대지가 익으면 할 일을 마친 해는 서서히 석양의 어둠에 몸을 맡기며, 해가 지면 달이 뜨니 달 또한 제가 할 일을 하고 새벽의 밝음 속으로 잠을 청하는 것이 아니겠는가.

해가 떠서 일을 마치니 달이 떠오른다. 오늘도 달빛에 하얀 박꽃이 이슬을 머금고 피어 있다. 아리한 박꽃 속에 먼 옛날 어머니의 고운 자태가 아리아리 피어오르고, 시집 갈 적의 누이의 얼굴도 아스라이 피어오르고, 어릴 적에 이웃하며 담 너머에 살던 동무의 얼굴도 아스라이 피어오르니 달이 훤한 밤이면 누구나 감상에 젖고 시정에 젖어 시인이 되는가 보다.

허긴 어디에선가는 달밤에 물놀이를 갔었나본데, 물속에 비친 달이 너무도 고와 그 아름다움에 취하여 달을 따라 물에 들어갔다는데. 그 뒤의 소식을 아직껏 들어 본 사람이 없다니. 혹시 모르니 내일 아침에 일찍 배달되는 신문이나 뒤적여 봐야겠다.

14. 시간은 신의 움직임

　자연은 신기하다. 하늘에 해가 뜨고 지는 것이나, 밤이 되면 밤하늘에 별들이 떠있는 것이나, 때가 되면 달이 떴다 지는 것들이나, 너무너무도 신기한 것들이 많다. 물론 중력과 인력에 의해서 공간에 떠있으면서도 제 일을 하고 있음은 알게 되었다지만 자연을 이루는 모든 것들은 신기하기가 그지없다.

　해가 동쪽에 떠올라 아침을 열면 하루의 일들을 시작하고 낮을 지나 해가 서산으로 기울면 모든 이들이 하루의 일을 접고 집으로 찾아들어 휴식을 취하고 내일을 준비하는 것이, 자연이 정해준 시간을 따르며 자연과 더불어 살아가는 것이리라.

　해가 움직이는(지구가 자전을 하기에 그렇게 보이지만) 것이나 달의 움직임을 알아 시간을 만들어 사용을 하고 있는 것도 그 옛날에 어떻게 천체의 움직임을 알아내어 정하여 사용을 하고 있는지 자못 신기하기만 하다.

때마다 사람의 행위가 다르듯, 몸에 미치는 영향도 다르다

누구나 세상을 살아가면서 어려움이 없기를 바라고 잘 먹고 잘살기를 바라며 하루하루를 기도하듯이 살아가고 있다. 그리고 조금 더 편하고 조금 더 넉넉해지기를 바라며, 기도하면서 살아가는 것이 누구나의 생이지만, 신을 얘기하면 자신과는 상관이 없다는 생각들을 하고 있으니 어느 신이 도와줄 것인가?

일 년을 12달로 하여 12 동물을 배속하였듯이 하루의 시간도 12시간으로(예전에) 하여 12 동물을 배속하여 생활에 이용을 하고 있다. 요즘에 사용하는 24시간의 체제로 보면 2시간이 예전의 1시간이 되겠다.

자연의 사계절이 12달을 이루어 봄에는 木(목)의 기운이 충만하여 나무를 키우고, 여름에는 더운 계절이기에 火(화)의 기운으로 만물을 익히고, 가을에는 만물이 익어 결실의 계절이기에 단단한 金(금)의 계절이라 하고, 겨울은 춥고 찬 기운이며 다음 해를 준비하고 계획을 세워서 부지런히 만나고 돌아다녀야 하기에 水(수)의 계절이라 했으리라.

하루를 만들어가는 시간도 자연의 행위이기에 시간마다 하는 일이 다르고, 때마다 사람의 행위가 다르듯이 시간마다 사람의 몸에 미치는 영향이 다르다(책 속의 책 참조).

자연의 산하대지가 인간들의 탐욕스런 손길에 의해서 잘리고 파헤쳐져서 물길이 바뀌고, 끊어지고, 인간들의 발길이 닿으면 자연이 오염이 되어 몸살을 앓은지 어제 오늘인가?

자연에서 자라서 열매 맺은 것들을 여러 사람의 수고에 의해서 우리네들의 목구멍으로 넘어가는 먹거리들이 자연이 오염되어 가기에 함께 오염되어 간다니 정말이지 걱정이 앞선다.

건강하다는 것은 몸의 장기들이 제 일을 꾸준히 잘한다는 것이니 봄의 푸른 기운은 간과 담을 치료할 수가 있고, 여름의 더운 화기는 심장과 소장을 담당하며, 가을에 맺는 열매는 폐와 대장을 다스릴 수가 있으며, 겨울의 찬 기운은 신장과 방광에 배속되어 있다. 그리고 각 계절의 끝에는 중앙의 장기인 위장과 비장이 배속되어 있다.

병은 자신이 많은 세월 스스로의 습관에 의해 만들어가서 얻게 되지만, 부모로부터 받은 병의 인자가 있을 수도 있고, 살고 있는 지역에서 얻어지는 특수한 경우도 있다.

꼭이라고 할 수는 없지만 병의 원인은 남을 무시하고 깔보는 마음에서 싹이 터서 자라며, 자신을 알아주지 않는다고 스트레스가 쌓이거나 매사에 긍정적이지 못하여 부정적인 태도나 생각도 병을 키우는 것이 되며, 화를 잘 내거나 잘 참는 것도 병의 원인이 된다.

인체의 병과 시간의 흐름이 신의 흐름

얼마 전인가. 전화가 걸려 와서 받아보니 산의 입구에서 헤매다가 전화를 하는 것이라기에 위치를 일러주었는데, 누구인지 만나보면 알거라는 말을 남기는데 도무지 감을 잡을 수가 없었다.

얼마 뒤 차가 마당으로 들어와 멎고, 두 사람이 차에서 내려 스님을 찾으며 안으로 들어온다.

"누구신가?" 하며 그들을 보니 한 사람은 머리에 솔잎이 드물게 보였고, 한 사람은 장대한 체구이나 말라 있었으며 병색이 짙어있었다.

앞에 들어서 있는 사람이 "스님을 뵈니 예전의 모습이 변하질 않아 그대로"라는 말과 함께 자신은 O영주이고, 옆의 친구는 O명수라고 말을 해주며 "기억에 있는지?" 하고 묻는다.

이름을 듣고 나니 그제야 그들이 클 때에 서로 어울려 함께 지내던 이웃동네의 친구들임을 알아보았다.

아련한 기억 속에 40년을 훌쩍 뛰어넘어 만나는 벗들이었으나 알아 볼 수가 있었다.

몰라볼 만큼 세월이 지났고 세월이 흐르면서 서로 변한 모습이니 누구를 탓할 수도 없는 노릇이 아닌가?

"그래, 그동안 어떻게나들 지내셨나?" 하니 영주가 자신은 회사에 몸을 담고 생활을 하였으며, 주로 해외지사에서 오랜 세월을 근무하였다고 했다. 그러면서 "이 친구(명수)는 ○○대학교의 살림을 맡아하는 일을 하였는데 요즈음에는 건강이 허락치를 않아서 쉬고 있다"고 얘기를 하며 "벌써부터 스님이 되어 수행을 하고 있다고는 들었는데 막상 만나보려고 하니 알고 있는 사람이 없어서 이곳을 찾아오기까지 무척이나 고생을 많이 하였다"고 한다.

"세속을 떠나 산속에 묻혀 생활을 하는 수행자가 친구들에게 무엇을 해줄 수도 없는데 괜한 고생들을 하셨네" 하니, 그냥 오고 싶어서 찾아온 것이란다.

일 년 전에 ○명수가 속이 가끔씩 거북하다는 생각이 들어 병원을 찾았는데 의사가 진찰 결과 대장암이라고 하여 얼마 전에 수술을 받았고, 다행히 암세포가 전이되지 않은 초기 상태에서 수술을 했기 때문에 큰 걱정은 하지 않아도 된다고 한다. 그러나 앞으로 식생활에 신경을 써서 초식을 많이 하라고 하였단다.

수술을 하고 나서 병세는 좋아졌으나 이것저것을 가리고 먹어야 하는 식생활이 항상 허전한 마음이 들게 되었다고 말한다. 그러던 어느 날인가는 문득 호박죽이 먹고 싶다는 생각이 들었단다.

어릴 때 친구들과 어울려 노는 데 정신이 팔려 밤이 늦은 줄도 모르고 놀러 다니다가 밤이 늦되도록 때도 못 찾아 먹었을 때에 우리 집의 부엌을 뒤져서 꺼내다 먹은 호박죽이 떠올랐고, 이어 나를 떠올리게 되면서 '퇴원하면 꼭 찾아 만나 봐야지' 하는 생각을 하게 되어 퇴원 후에 이리저리 수소문을 하여 찾아오게 되었다고 한다.

그들과 산에서 나는 산나물로 공양을 하고 또 다시 찾아오겠다는 그들을 보내고 나서 생각을 내어보니 인체의 병과 시간의 흐름이 신의 흐름임을 새삼 느끼게 한다.

인체는 시간의 흐름 속에 그때그때에 자율적으로 적응을 하여 각기 배속되어 있는 장기들이 스스로 일을 하여 쌓인 피로를 회복해 나가는데, 해시와 자시는 물의 시간이기에 인체의 신장과 비뇨기와 방광을 치료하는 시간이다. 그리고 인시와 묘시는 나무의 시간이며 간장과 근육과 담낭을 치료하는 시간이다. 사시와 오시는 불의 시간이며 심장과 얼굴과 소장을 치료하는 시간이고, 신시와 유시는 쇠의 시간이며 폐와 대장과 근골이 치료되고 회복되는 시간이 된다. 진, 술, 축, 미시는 중앙인 토의 시간이며, 위장과 비장이 치료 회복되는 시간이 되겠다.

안다고 시간을 멈추게 할 수가 없을 것이고, 모른다고 하여 시간이 건너뛰는 것도 아닐 것이니 시간, 시간은 제 할 일이 정해져 있음을 알기에 제 일을 하고 있는 것을 누가 어찌할 수가 없음이 아닌가!

시간은 정해진 시간에 장기의 치료나 병을 막는 일을 하고 있으나, 알지 못하여 때를 넘기는 경우도 있을 것이다. 그리고 시간의 치료에 대하여 간과하거나 무시하는 경우도 있을 것이고, 살아가기에 바빠서 때를 놓치고 병을 얻는 경우도 있을 것이다.

짧은 시간에 얻어지는 병이 있겠고 긴 시간의 습관이 만들어내는 병이 있을 것이나, 병은 자신에게서 끝나는 것이 아니라 자손에게까지도 병의 인자를 남기는 것을 안다면 결코 시간을 헛되이 사용하면 안 될 것이다.

세속의 생활이 변하여 넉넉해지고 풍요로워지기에 너나 할 것 없이 편함을 쫓고 편함을 추구하다보니 예전처럼 집안이나 일가 등의 공동체에 대한 생각들이 엷어지고, 후사에 대해서도 별로 염두에 두지 않아 자식들을 적게 낳거나 아예 안 낳으려 한다. 그나마 적게 낳은 자식에게 부모의 병이 유전되는 것을 안다면 시간의 짓거리와 치료에 대하여 알아두어야 하겠다.

12간지, 11마리의 실존 동물과 상상 속의 동물 '용'

얼마 전에 비가 제법 많이 내리는 날인데 뜻밖에 명수가 찾아드는데 얼굴색이 많이 좋아 보였다.

건강이 좋아 보인다며 말을 건네니 요즘의 생활은 건강을 위해서 눈을 뜨고 건강을 위해서 잠에 든다고 한다. 그리고 도회지를 벗어나서 살면 건강에 좋을 것 같아 이곳저곳을 둘러보러 다닌다고 하며, 건강하기 위해서는 어떻게 생활을 해야 하는지 내게 물어온다.

절박한 질문이 아닌가!

허나, 낸들 꼭 찍어 '이거다!' 라고 얘기해 줄 수 있겠는가만, "전혀 방법이 없는 것도 아닌 것 같은데…"하며 웃으니, 명수의 눈이 확 커지며 얘기를 재촉한다.

"어려운 것은 아니고 貪(탐), 瞋(진), 癡(치) 세 가지만 없애면 되는데" 하니 의아한 표정을 짓는다.

그래서 "모든 고통과 번뇌와 병의 근본 원인은 욕심과 성냄과 어리석음으로 인하여 생겨나 자라는 것이니 누구나 고통을 멸하고 병 없기를 바란다면 탐심, 진심, 치심을 내지 않으면 건강하리라"고 얘기를 해주니 고개를 끄덕인다.

한동안 얘기를 나누다 명수는 "좋은 치료법을 알려주어 고맙다"는 말을 하며 돌아갔어도, 비는 그치질 않는다.

정자에 앉아 밖을 내다보니 개구리와 미꾸라지가 보인다. 비오는 날이면 내리는 빗줄기를 타고 미꾸라지가 승천을 한다는데, '승천을 하려다 땅에 떨어진 것인가?' 잠시 보고 있자니 '어라, 커지네! 물뱀인가? 잘못 봤나? 어라, 커지네. 이무긴가? 내리는 빗줄기를 안고 내에다 몸을 두고 머리는 점점 커지며 산으로 오르는 기세가 제법 힘이 실려 있어 보이고, 언뜻 등을 보니 누런 황금빛이 감도는 것이 용인가?' 하는 생각이 드는데, 이내 몸통도 힘차게 산을 오르고 꼬리가 남실대고 있다.

순간 '비가 오는 날이라 헛것을 보았나' 하며 눈을 비비고 나서 고개를 들어보니 산과 맞닿은 허공 끝에 꼬리가 보이는데, 그나마 '반짝' 하며 산 위의 허공으로 사라진다.

멍한 정신을 추스르고 밖을 내다보니 개구리도 미꾸라지도 간 곳이 없어 보이지 않고 빗발이 약해진 하늘엔 구름이 자리를 잡고 내려다보는 듯한데, 용을 보긴 본 건지? 헛것을 본 건지?

황룡이었는데 아쉽다. 그냥 등에 올라탔으면 용궁에 갔을 것을 생각하니 못내 아쉽다.

비가 그치고 정자에서 내려오자니 다리가 허공을 밟은 듯하며 후들후들 거린다.

허긴, 백주 대낮에 헛것을 보았으니 다리도 정상이길 바라면 안 되겠지!

일 년은 12달이며 각 달마다 소, 돼지, 닭, 말, 염소, 호랑이, 토끼 등 동물들이 차지하고 있으며 실존의 동물이 11마리이다. 그리고 그 중 딱 한 마리가 상상 속의 동물인 용이며, 3월 달을 차지하고 있다.

3월이면 어느 곳이나 농사를 짓기 시작하는 달인데 왜 하필 3월에 존재하지 않는 동물을 배속하여 농사일을 시작하며, 地支(지지)를 이루었는지 자못 궁금해진다.

뭐라고? 용이 승천하면서 물을 주기 때문에 농사를 시작하는 달에 넣었다고!

있는 것이 없는 것이요, 없는 것이 있는 것이니 실제 용이 있는 거라고!

뭐야! 유무가 쌍쌍이라고! 하하. 하하하하하.

15. 화장(火葬)을 해주시오

해가 떠서 지면 하루의 날이 가고, 뜨고 지는 많은 날들이 계절을 만들고, 계절들은 해를 만들어 모든 생명들은 생을 만들어 엮어 간다. 그냥 무심코 만들어가고 엮어가는 것 같지만 자연의 해와 달과 오행의 별들이 엮어 감을 알아야 할 것이다.

이름 지어진 것은 그 짓거리를 하는 것이니 물이면 물의 짓거리를 할 것이고, 불이면 불의 짓거리를, 쇠면 쇠의 짓거리를, 나무면 나무의 짓과 흙이면 흙의 짓거리를 하고 있음을 안다면 이름 지어진 목, 화, 토, 금, 수의 별들도 각각 자신의 짓거리를 하고 있음을 알아야겠다.

하늘에 떠있는 뭇별들도 제 일을 하고 있으며, 태양계의 수성, 금성, 화성, 목성, 토성, 천왕성, 해왕성, 명왕성도 지구와 함께 제 일을 하고 있음을 알아야 하겠다.

어찌 수고 없이 농사를 잘 지을 생각을 할 수 있나

마당가의 쌍둥이 목련나무가 제철을 만나 흐드러지게 꽃을 피우니 보기에 너무도 좋아 밤이면 홀로 마당에 불을 밝히고 하얀 꽃잎을 이불 삼아 잠을 청하기도 했었는데, 계절이 오고감을 누가 막을 수가 있는가. 이제는 제 할 일을 마치고 마당가에 떨어져 제멋대로 뒹굴고 있으니 지난날 예쁜 꽃잎을 생각해서라도 깨끗하게 치워줘야 할 것 같다.

마침 시간이 나서 빗자루를 들고 한참을 쓸고 모으며 '내년이나 되어야 이놈들을 다시 볼 수가 있겠구나' 하는 생각을 하는데, 마당으로 차가 들어와 멎어서 보니 평시에도 절집을 자주 찾아오던 장 사장이 손님과 함께 차에서 내리며 나를 보고는 합장을 하며 인사를 한다.

"바쁘실 텐데, 어인 발걸음이냐?"고 하니, 장 사장이 손님을 가리키며 친구와 얘기를 나누다가 스님의 도움이 필요할 것 같아서 열일을 제쳐 놓고 찾아왔단다.

친구와는 오랜 벗이기에 서로의 사정은 얘기를 안 해도 미루어 알고 있지만 어떻게 해야 할지 궁금해서 왔단다.

이왕에 걸음은 하였으니 당장에 급한 일은 아닐 것이다. 궁금해 봐야 작대기들의 얘기이니 직장이나, 금전문제나, 오줌작대기 얘기일 것이니 하던 일이나 마치고 얘기를 나누자고 하였더니 둘이서 팔을 걷어붙이고 모아 놓은 꽃잎들을 손수레에 퍼 담아 밖으로 나른다.

도와주는 손이 있어서 쉽게 마당청소를 마치고 방으로 들어와 물을 끓여 차를 마시며 얘기를 나누었다. 장 사장과 함께 오신 분의 신상을 물어보니 이름은 한순우이고, 생일은 丙申(병신) 생에, 甲午(갑오) 월, 乙亥(을해) 일 생이며, 6살이다. 부인의 생일도 물어보니 己亥(기해) 생에, 丁卯(정묘) 월, 戊戌(무술) 일 생이며, 15살이었다.

정리를 마치고나서도 묘한 생각이 자리를 잡는다. 짊어지고 나온 나이도 부인이 많고, 계절의 나이도 부인이 많다.

암수도 뒤바뀌어 있으니 수놈이 수놈이 아니고, 암놈이 암놈이 아니니 그동안 살아오면서 껍데기와는 상관없이 서로의 역할이 달랐음을 알 수가 있었다.

건축 분야의 일을 하며 바쁘게 지내 왔고, 부인도 어린이 유치원을 운영하며 생활을 해오고 있단다.

나이가 들었는지 요즘 '결혼을 하고 지금껏 부인과 자식 낳고 살면서 남들처럼 아기자기하고 재미있는 시간을 가져본 적이 있나?' 하고 기억을 더듬어 보았으나, 기억의 자리엔 부인과 함께 재미있었던 기억은 떠올릴 수가 없었단다.

집 밖에서의 사회생활이나 직장의 생활은 모가 나지 않는 성격이라 남들과도 잘 지내기에 별로 문제가 생기거나 어려움은 없이 잘 지내온 편인데 묘하게도 부인 앞에서는 주눅이 들고, 어린 사람이 어른을 대하는 것 같고, 아랫사람이 마님을 모시듯 생활을 해왔다고 한다.

그러면서 왜 이렇게 지냈는지 알 수가 없으며 요즘 들어서 가끔 부부의 지난날을 생각하면 억울하기도 하고, 스스로 자신에게 화가 날 때도 더러 있다고 말을 한다.

허긴. 해가 뜨니 날이 가고 달이 떠서 지니 달을 보내며 나이만 먹었지, 때에 익은 건지 덜 익은 건지를 알기나 하고, 익은 것인지 덜 익은 것인지 자신이 가늠이나 해보았겠는가?

쟁기를 들고 있다고 해서 다들 농사를 잘 지을 거라고 생각들을 하겠지만 쟁기도 쟁기 나름일 것이다. 밭이 있어야 농사를 지을 수가 있을 것이고, 새로 일군 밭이나, 묵은 밭이나, 자갈밭을 쟁기가 일을 한다면 남들의 일구어놓은 밭에 비하면 몇 배의 수고를 해야 할 것은 자명한 일이다.

그런데 어찌 수고 없이 농사를 잘 지을 생각을 할 수 있단 말인가. 담금질이 잘된 쟁기와 형태만 갖춘 쟁기가 일을 한다면 결과는 많이 차이가 날 것임은 누구나 아는 일이 아닌가.

언젠가, 부인과 조용한 시간을 갖게 되어서 은근히 마음이 동하여 오랜만에 부인에게 春心(춘심)을 내비쳤더니 부인은 손사래를 치며 "먹고살기 어려운 때에 영양가 없는 엉뚱한 생각을 하냐?"고 하며 벼락을 내리치더란다.

그런 후로는 부인에게 어떤 생각이나 내색을 할 수가 없었고, 부부는 '따로 국밥'이 되어 살아오고 있단다.

수행자가 아니면서 금욕생활을 하는 꼴이니 금욕생활을 훌륭히 하신 수행자들의 몸에서나 나온다는 사리*가 자신도 금욕생활을 하고 있기에 몸에서 사리가 자라고 있다는 생각을 갖게 되어 언젠가, 부인에게 나 죽으면 화장을 해달라고 부탁을 해놓았단다.

부인이 "웬 뜬금없는 소리를 하냐?"고 하기에 금욕생활을 하고 있으니 몸에서 사리가 나오리라는 생각에서 한 말이라고 하였단다.

*舍利(사리) : 부처나 성인들의 유골. 수행자의 유골을 화장하고 나서 수습하는 결정체

부부는 어린 2살의 암퇘지와 5살 먹은 수놈의 개가 암수가 바뀌어 살아가고 있으며, 계절과 나이, 암수도 모르니 그들이 어찌 무엇인들 알겠는가.

해와 달이 익어서 한 해, 한 해를 쌓아가며 자연을 이루어 놓는 것인데 어느 것 하나 자연에서 익지 않으면 먹을 수가 있으며, 사용할 수가 있겠는가.

얘기를 듣고 나누다보니 저녁공양도 함께하고, 걱정해 하는 순우

씨에겐 글을 써주며 "늦었다는 생각을 말고 어린 암퇘지라도 계절을 알고 계절을 익힌다면 잘 지낼 수 있을 것"이라고 격려해주며 그들을 보냈다.

세월이 익고 계절이 익으면 못 녹이는 것이 없다

그들을 보내고 한가한 마음으로 밤하늘을 보니 언제나처럼 별들이 반짝이며 제자리를 지키고 제 일을 하고 있음이 보인다. 허긴, 어제 오늘의 일인가.

하늘에 떠 있으니 경이롭고 항상 변함이 없음을 알기에 많은 이들이 별을 보고 기도도 하고, 맹세도 하며, 때론 자식이 귀한 집에서는 아들을 점지해달라고 복을 비는 것이 아닌가.

태양은 자신의 식구 별들을 품고 자전을 하고 있다. 태양의 자전의 주기는 약 120년, 자전의 축은 저 멀리 떠 있는 북극성이라니 우리네 조상님들이 북두칠성에 기도를 드리며 자손의 점지나 가정의 안녕을 빌며 칠성기도를 올렸던 것도 다 이유가 있었음을 알 수가 있겠다.

태양계에 지구와 형제 별들인 세성(목성), 형혹성(화성), 진성(토성), 태백성(금성), 신성(수성)이 오행을 이루고 하늘의 10천간과 땅의 12지지를 정하였다. 천간은 오행성의 음과 양으로 10천간을 정하고, 지지는 歲星(세성)의 공전 주기가 지구의 약 12년임을 알아

12지지를 정하여 12마리의 동물에게 일 년씩의 자리를 주었고, 일 년을 12달로 하는 기초가 되었다.

목성인 세성은 해歲(세)를 정하는 일을 하고 있고, 오행성 중에서 덩치가 가장 크며 나무를 키우고 자라게 하는 일을 하므로 木星(목성)이라 했으리라.

수천 년 전에 어떻게 하늘의 움직임이나 별들의 움직임을 알아 오행을 정하였는지는 헤아릴 수조차도 없으나, 과학이 발달되어 과학문명을 누리고 산다는 현대의 삶 속에서도 오행의 형성이나 결정을 보면 놀라고 경이로운 일임에는 틀림이 없으리라.

모르기에 오행을 얘기할라치면 황당하다거나 미신으로 치부해버리는 이들도 있으나, 그것도 모르는 소치이기에 부끄러운 일이리라. 공기주머니 속에 살면서 공기의 중요함과 필요성을 모르는 것과 같은 일이니 오행이라는 이름으로 우리네들의 삶을 얘기하고, 자연을 얘기하고, 자연의 현상을 말하는 것이며, 그 속에서 살아가고 있음을 알아야겠다.

가을의 계절이 두 살이라 어리고, 처녀 돼지라서인지 소심하고, 숫기나 박력이 없어서 어디를 잘 나다니지도 않는다는 순우 씨. 그도 친구 따라 절집을 오르내리며 자연과 계절을 새롭게 알아가서인지 마음의 안정도 찾은 듯하고, 여유도 있어 보이고, 표정도 무척 밝아졌다.

쟁기가 밭을 제대로 가는지, 밭이 쟁기를 보호하고 관리하듯 농사를 잘 짓고 있는지는 모르겠지만, 부인에 대한 불평의 얘기는 들리지 않으니 여간 다행이 아닐 수가 없다.

세월이 익고 계절이 익으면 못 녹이는 것이 없음이니 단단한 돌은 쇠로 다루어 쪼개고, 쇠는 金剛石(금강석)으로 자르고 다루며, 단단한 금강석은 자연의 풀을 먹고 자란 짐승의 가죽으로 연마함을 알아야 할 것이다.

강하다고 강한 것이 아니고, 약하다고 약한 것이 아니라는 말이다.

밤하늘을 보니 하늘이 너무 고와 뭇별들과 강을 이루고 있는 은하수가 비단결처럼 포근히 느껴지는데, 별을 품으면 임도 보고 뽕도 딴다는데, 이 밤엔 별을 품고 잠을 청할까 보다.

별 밭인가?

뽕밭인가?

16. 만 원뿐이라서

많은 이들이 바삐 움직이며 나름대로의 생활을 영위하고 살아가고 있음은 오늘보다는 내일이 있고, 내일은 나아지리라는 희망이 있기에 희망을 품고 살아가는 것이 아닌가 싶다.

희망을 품는 것은 믿음을 품는 것이며, 희망은 크든 작든 모든 이들이 나름대로의 믿음을 지니고 살아가는 것이라 할 수 있겠다.

지나온 세기를 더듬어 이 땅에 왕조의 역사를 살펴보면 충과 효를 강조하였으며, 충과 효를 국가의 근본으로 중요시하던 때가 있었다. 충이나 효도 신의에 바탕을 두었으며 나라와 나라가, 지역과 지역이, 개인과 개인의 관계도 역시 서로의 신의에 의해서 유지가 되고 신의에 의해서 관계가 발전됨은 두 말할 여지가 없으리라.

허나, 신의나 믿음이 있으면 불신도 함께 공존하고 있는 것을 알아서 모든 이들도 항상 불신과 배반을 염두에 두고 살아가고 있다고 하겠다.

이승에서 진 빚, 저승에 간다고 없어지는 것 아니다

언젠가 가을의 단풍이 지나는 바람에 낙엽이 되어 떨어지고, 산속에 묻힌 동네에도 가을걷이가 끝난 늦가을의 늦은 오후에 젊은 처자가 절집의 문을 들어서며 가벼운 목례와 합장으로 인사를 한다. 방으로 안내를 하며 "더러 있는 내방객들이 전화로 미리 연락을 하고 찾아오는 것이 통상의 일인데, 어찌 이리 잘 찾아오셨냐?"고 하니, 그녀는 "오래전에 친구와 함께 이곳을 지난 적이 있어서 쉽게 찾아왔어요. 어떻게 해야 하는 지…"하며 한숨을 내쉰다.

생일과 성명을 물어보니 미혼이며, 계묘 생 2월 1일, 송주영이라 한다. 그래서 정리를 해보면 癸卯(계묘) 생, 乙卯(을묘) 월, 戊辰(무진) 일의 생으로 나이는 17세가 된다.

어린 암놈의 토끼가 환절기를 넘기고 가을의 계절에 들어섰으나, 지난여름의 짓거리를 하다 쇠망치에 얻어맞은 꼴이라 금전의 손실이나 사업의 실패라는 얘기를 하니 눈물을 글썽이며 자신의 얘기를 털어놓는다.

형제들 중에서 맏이로 태어나 넉넉한 살림이 아니기에 일찍부터 미용기술을 익혀서 생활을 하였으며, 부모님과 동생들을 도우며 살다 보니 혼기도 놓치게 되었단다.

 꿈이라면 읍내에다 번듯하게 미용실이나 크게 했으면 하던 차였는데, 2년 전에 같은 업종에서 일하는 친구와 후배가 찾아와서 가게자리가 좋은 곳이 있다고 소개하여 가서보니 실내는 넓어서 좋았다. 그러나 입구가 좁은 것이나 건물의 주변에 이런저런 것들이 썩 마음이 내키질 않아서 머뭇거리고 있었는데, 소개하는 친구가 머뭇거림을 보고 이런 일은 터를 보는 사람에게 물어보고 결정을 하자고 하기에 친구와 함께 어느 곳을 찾아 가서 물어보았단다.

 그 당시에는 꽤나 유명하다는 집이라 하여 찾아 갔더니 그곳에서 하는 말이 "2층의 계단이 조금 잘못되었지만 터가 너를 도와주는 터이며, 복 두꺼비가 조리로 돈을 만들어주는 자리이기 때문에 그 자리에서 장사를 하면 큰돈을 벌수가 있으니 다른 사람에게 넘어가기 전에 망설이지 말고 무조건 그 가게자리를 잡으라"고 하더란다.
 그 집을 나오면서 터가 도움을 주며 복 두꺼비가 도와준다는 말에 '잘 되겠지' 하는 마음을 갖게 되었으나 가지고 있던 돈이 적어서 망설였다. 그러던 차에 친구와 후배가 도와주겠다고 하여 그들에게 돈을 빌려서 가게를 얻게 되었으며, 내부도 새로 단장을 하여 영업을 시작하였단다.
 그러나 장사가 잘 될 거라는 점쟁이의 말과는 달리 장사가 잘 되지 않았고, 남에게 빌린 돈의 이자를 갚으려 빚을 내게 되니 날이

가면서 원금과 이자가 함께 늘어나는 꼴이 되어 지금에 이르러서는 빚만 수천만 원이나 짊어지게 되었단다.

더구나 얼마 전에 미용실의 장사 터를 얻기 전에 찾아갔던 점집도 돈을 빌려준 친구의 사정으로 미리 입을 맞춘 사실을 우연히 알게 되어 속이 상한데, 돈을 빌려준 친구나 후배는 아랑곳없이 이자에 이자까지 계산을 하며 빚 독촉이 심하다는 것이었다.

그녀는 "빌린 돈을 갚지 못하고 헤쳐 나갈 방법도 보이지가 않아서 어떻게 해야 살 수가 있나 고민을 하다가 찾아왔으며, 가게가 빠져야 급한 돈을 갚을 수가 있기에 가게의 세가 나갔으면 좋겠다"고 하며 울먹인다.

그래서 "어찌할 수가 없기에 죽는다는 생각들을 가져보겠지만 죽는다고 해결이 되는 일은 없을 것이며, 이승에서 진 빚이 죽어서 저승에 간다고 없어지는 것은 아니며, 빚은 저승에 가서도 이승의 빚을 갚아야 된다"고 얘기를 해주고, "누가 시킨 것도 아니고 스스로 자초한 일임을 알아서 잘못을 다시는 되풀이하지 않으면 될 것"이라고 얘기를 해주었다.

"세상의 모든 일들은 글이 있어 글이 일을 하는 것이기에 오래전의 역사나, 인물이나 글이 있어 알 수가 있고 현재의 모든 일들도 글이라는 문서로 소통을 하고 있으니 글은 살아서 일을 하고 있다"고 말을 해주며 글을 써서 건네주었다. 그러면서 "조급하게는 생각하지 말고 이삼 주 편히 기다려보라"고 덧붙였다.

사정 얘기를 듣다보니 늦은 듯하여, 밝은 날 다시 오라고 하였더니 머뭇거리며 주머니에서 뭔가를 꺼내면서 "가지고 있는 재산의 전부"라며 만 원짜리 하나를 내놓는다.

흔한 일은 아니나 꾸밈이나 가식이 없고 당당함을 보았기에 그날 웃으며 주영이를 보냈었다.

얼마나 지났을까 싶은데, 주영이에게서 전화가 걸려 와서 받아보았다. 다짜고짜 오늘이 삼칠일인데 가게엔 아무 소식이 없고 가게를 보러오는 사람도 없어서 조급하고 급한 마음에 전화를 했단다. 누가 戊辰(무진)의 수놈이 아니랄까 봐서인지 급하다. 자신이 급하다고 세상이 함께 급할 수는 없는 일이 아닌가.

축구선수가 자신의 동료선수를 믿고 공을 연결해 주듯 서로 믿음으로 연결을 하면 상대의 골키퍼가 문을 지키고 있어도 때가 이르면 골이 들어가듯 믿음을 갖고 기다리다 보면 익어서 떨어지듯 결과가 있을 텐데, 그새를 못 참고 전화를 하였으니 본인은 얼마나 힘이 들고 괴로운 날일까 싶다. "믿음만큼 익을 것이며, 익으면 저절로 떨어질 것이니 기다려 보라"며 통화를 맺었다.

한 일주일이 지난 어느 날인가, 주영이가 다시 전화를 했다. 그동안 가게를 찾는 사람이 있어서 손해를 보았지만 가게의 세를 뺄 수가 있었고, 이것저것 정리를 하느라 바빴단다.

급한 것만을 정리하였고, 남는 돈이 적어서 변두리에 외지고 작은 가게자리로 옮기게 되었다고 하며, 장사가 잘되게 하는 글이 있을 것이니 써달라고 한다.

망하여 작은 곳으로 옮긴 이후로는 남의 것이 무섭고, 약속이 무섭고, 믿는 것이 무서우며, 세상에 공짜가 없다는 공부를 몸으로 부딪치며 배웠다고 한다. 어려운 처지의 환경을 밝은 마음으로 웃으며 열심히 사는 모습이 안타까웠으나 보기에는 좋았다.

'그래! 그렇게 살면 세상이 두렵지가 않을 것이고, 작은 일에 당당하면 큰일을 당해도 당당할 것이다. 그러다 보면 스스로 잘 살아가는 것을 찾게 되어 있으니까.'

그동안 좋은 인연을 만나서 가정도 갖게 되었고, 얼마 전에는 급하게 스님이 오셔야 할 일이 있다기에 '무슨 일인가' 하며 길을 빌려 한달음에 가보았다. 읍내의 중심가에 있는 상가를 여러 곳을 보여주며 "어느 곳이 좋겠느냐?"며 물어오는 것이다.

몇 군데 둘러본 곳 중에서 자리를 정해주고, "아무리 자리가 좋아도 돈이 없으면 그림인데 무슨 복안이 있느냐?"고 하니, 생각지도 않았는데 친정의 도움을 조금 받게 되었단다.

얘기를 듣고 보니 자연이 익어가는 것이 인생사에 묘함을 더하게 해줌을 새삼 알게 한다. 요즘도 수놈이라서인지 가끔은 귀찮게도 하지만 열심히 살아가는 품새가 여간 예쁘지 않을 수가 없다.

항상함이 없고, 모든 것은 변한다

　누구를 만나서 무슨 짓거리를 하느냐에 따라서 생이 바뀌고 삶이 달라진다는 것은 누구나 알고 있는 일이겠지만, 세월을 녹이고 어려움을 만났을 때에 대처하는 방법은 다들 다를 것이다. 그 방법에 따라 움직이는 것이 자신을 어떤 사람으로 만들어 가며 어떤 행위를 하느냐에 따라 익은 짓인지, 덜 익은 짓인지가 자신들의 행복과 불행을 결정짓는다는 것도 알아둬야 할 것이다.

　노자의 도덕경에 있는 첫 장의 글을 보면 道可道(도가도) 非常道(비상도) 名可名(명가명) 非常名(비상명)이라는 말이 있으니 길이 길이라 함은 항상 그 길이 아니요, 이름이 이름이라고 하는 것도 항상 그 이름이 아니다.

　불경의 말씀 중에도 諸行無常(제행무상) 諸法無我(제법무아)라고 하셨으니 모든 것은 항상함이 없다고 하심은 일체 모든 것은 변한다는 것이고, 모든 것에 내가 없다고 하시는 것은 변하는 것은 씨가 없다는 것이리라.

　계절이 바뀌고 변하는 것이 봄의 씨나, 여름의 씨나, 가을의 씨나, 겨울의 씨가 있나? 따로 씨가 없으며 쉼 없음이 자연을 만들어 가는 것이 아닌가.

　항상함이 없이 변하는 것이 자연이며, 자연과 함께 살아가는 것이 우리네들의 인생살이일진데, 어디에서 씨를 찾고 어디에 말뚝을

박을 것인가. 박은들 박은 것인가?
 어디 쓸 만한 말뚝을 찾아 박고, 말뚝에 보초나 세워볼까?
 누굴 세울까? 보초를?

17. 안개속의 여인

　아무나 수행자가 되어 수행을 하는 것이 아닐 것임을 알면서도 한때는 무작정 수행자가 되어 보겠다며 도인이 있다는 곳이나 선지식이 있다는 곳이면 찾아다녀도 보고, 이곳저곳을 발품도 많이 팔아보았다.

　그러나 때가 익어 내가 서 있는 자리가 내 자리요, 내가 앉아있는 자리가 내 자리이며, 내 발 닿는 곳이 道(도)임을 알아차리니 팔베고 누워 창공을 찾는 夢想(몽상)임도 알아차리고, 부딪치고 부딪침이 수행의 길이요, 가도 가도 가는 길이 道(도)임을 알게 되니 누가 길이요, 도라고 일러주기를 바랄 것도 없는 일이 아닌가.

　글은 거짓이 없으며 글 속에는 씨가 있음이니 道(도)자를 파자해

보면 쉬엄쉬엄 갈 辶(착)자와 머리 首(수)자로 이루어진 회의문자임을 알 수가 있다. 무엇이 쉬엄쉬엄 가며 누구의 대가리인가를 안다면 도에 접근하기가 쉬울 것이고, 도의 맛을 조금이라도 볼 수 있을 것이다.

길이란 삶이다. 길은 누구에게나 닿아 있고 누구에게나 열려있건만 많은 이들은 지금도 길에서 길을 묻고 있으니 누가 길을 알아 답을 하겠는가.

한문의 글자 하나하나는 육서, 육체의 원칙이 있다.

생긴 모양을 보고 만들었으니 象形(상형)문자이고, 위치나 수량 따위를 가리키니 指事(지사)문자이고, 서로 같은 글에서도 딴 뜻으로 바꾸어 쓰니 轉注(전주)문자이고, 음은 같아도 뜻이 다른 자를 빌려 쓰니 假借(가차)문자이고, 문자를 결합하여 일부는 뜻을, 일부는 음을 나타내는 글이니 形聲(형성)문자이고, 둘 이상의 글을 합하여 글을 만드니 會議(회의)문자라 하니 사용하고 있는 대부분의 글자는 이것저것 섞어서 맛을 내는 비빔밥 같은 회의문자임도 알아야겠다.

"스님은 정말이지 귀신이여?"

언젠가 새해를 맞아서 남쪽에 모셔놓은 부모님을 뵈러 내려갔다. 산중턱에 자리한 부모님을 뵙고 자리하여 탁 트인 사방을 둘러보니 바닷물 출렁이던 갯벌은 옥토로 변해 있고, 바람이 심하게 불라치면 갯가의 대나무가 물결쳐 흐르며 장관을 이루는 곳엔 큰 정미소가 자리를 잡고 있다.

諸行無常(제행무상)이라고 하지 않았던가. 씨 없이 움직이며 변하는 자연이 때의 일을 하며, 계절이 일을 하고 있으니 어찌 항상함을 바랄 수가 있겠는가.

언젠가, 어린 동생이 놀다가 갑자기 아버님의 배 위에다가 실례를 하는데도 끝까지 안아주시며 아이가 놀래면 안 된다고 하시면서 웃으시던 모습이나 어려운 살림에 마련한 등록금을 멋대로 써버리고 들어온 자식을 아무 말 없이 보듬어 용서해 주시던 아버지.

"그냥 도회지에 살았더라면 사는 집값이 뛰어 넉넉한 생활을 할 수가 있었는데 뭐 하러 촌구석으로 이사를 하였냐?"고 어렵게 물어보았는데, 답은 간단했다. "너희들 배 안 굶게 하려고" 하시던 부모님을 떠올려보며 '언제 이 자리에 또 올수나 있겠나?' 생각하며 자리를 털고 일어서려했다.

그런데 아랫마을에 사는 정수가 "언제 왔냐?"고 하며 손을 들어 외치며 올라오는데, 정수의 손에는 막걸리가 들려 있었다. 정수는 올라와서 부모님께 잔을 붓고 인사를 드리고, 이런저런 얘기를 더 나누다 산을 내려왔다.

산을 내려오면서 "살아가는 것이 서로가 바쁜 줄은 알지만 오늘 동네에서 결혼잔치가 있는데 기왕에 내려 왔으니 잠시 들렸다 가면 어떻겠냐?"고 하기에, 나는 "누가 결혼을 하냐?"고 물으니 만나보면 알 거라며 대답을 안 해준다.

마을에 당도를 하니 많은 하객들이 자리하고 잔칫집 분위기가 무르익어 있었다. 나는 언제나 이방인이요, 타향사람이건만 알아보고는 정겹게 맞아주며 자리를 내어준다.

오랜만에 시골의 정취에 빠져 이런저런 얘기가 무르익어 가면서 오늘 결혼식을 올리는 재준이를 생각에서 더듬어 보았다.

어디에 내놓아도 흠이 없고, 멋을 알고, 예의와 의리를 아는 친군데 사십이 넘도록 쟁기만 들고 살다가 이제야 일을 할 수 있는 밭을 찾았다니 정말이지 축하할 일이 아닐 수가 없다.

오나가나 사람들의 관심은 어떻게 하면 잘 벌어서 잘 먹고 지내는 것인가에 대한 이야기로 꽃을 피우며, 농촌에서나 들을 수 있는 풋풋한 이야기들이 여기저기서 오고가며 제법 분위기가 들떠있다.

그날의 주인공인 신랑과 신부도 방으로 들어와서 자리를 잡고 앉으며, 신부가 내게 넌지시 쪽지를 건네주었다.

이는 분명 무슨 얘기라도 듣고 싶다는 것이겠지만, 경사스런 자리에서 무슨 얘기를 하겠냐며 손을 저어도 막무가내로 쪽지를 들이대었다. 나는 하는 수 없이 쪽지를 받아보고서는 더욱 아무 말도 해줄 수가 없었다.

신랑은 癸巳(계사) 생에 丙辰(병진) 월, 丙午(병오) 일 생이었고(16세), 신부는 乙未(을미) 생에 癸巳(계사) 월, 癸未(계미)였다(22세).

당사자나 주위에서는 무슨 말이라도 해주기를 바라는데, 아무런 말도 해줄 수가 없었다.

그러면서 앉아있자니 왠지 모르게 진땀이 나서 결혼을 하는 이들에게 누구나 해주는 평범한 말로 신랑과 신부에게 격려를 해주었다. 그리고는 먼 길을 가야 하니 이해하라며 작별을 하고 일어서는데, 옆 자리에 앉아있던 정수가 일어나서며 밖으로 따라나선다.

밖으로 나와 차나 한잔하자며 옆의 빈방으로 가서 자리를 잡고 앉으니 정수가 "조금 전에 신랑과 신부가 궁금해 하는데, 왜 아무 말도 안 해주었냐?"고 묻는다.

이런 좋은 날에 어찌 운세를 말할 수가 있겠는가만, 굳이 말을 하자면 "내가 보기엔 재준이가 총각이라고 하지만 그동안 주위에 여자가 있었고, 신랑과 신부가 암수가 바뀌어 있고, 천수의 나이도 뒤바뀌어 있어 둘의 관계가 평탄치 않을 것이다"라고 말했다.

그러자 정수가 "다른 건 몰라도 재준이에게 여자가 있다는 것은 뭔가를 잘못 알고 말하는 것이 아니냐?"고 하기에, "지금 입씨름하자는 것도 아니니 앞으로 두고 보면 알게 되겠지만 멀지 않은 곳, 가까운 어딘가에 안개 속의 여인이 있다는 걸 아는 날이 있을 것이다"라고 말을 해주었다.

못 믿어 하는 정수를 뒤로 하고 집으로 향해 올라오면서도 신랑과 신부를 생각하니 마음이 편치가 않았다.

道(도)의 부수인 쉬엄쉬엄 갈 辶(착)은 달팽이가 제 집을 짊어지고 있어 빨리 못가고 천천히 쉬엄쉬엄 가는 모양을 나타내는 상형 문자이고, 머리 首(수)자는 뿔 달린 소의 頭狀(두상)을 형상화한 글이다. 그런데 우리들 주변에 많고 많은 동물들이 있는데 다른 동물들의 대가리는 다 놔두고 왜 소대가리를 짊어지고 가는 듯, 안 가는 듯 가는 것이 도인가를 의심해 봐야 하겠다.

우리의 주변에 있는 사찰의 벽화에 흔히 소를 주제로 한 그림들을 만나볼 수가 있는데, 그 그림은 수행자가 수행을 하는 것을 소에 견주어 소를 찾아 나선다는 뜻을 지닌 尋牛圖(심우도)가 아닌가. 수행하시는 분들이 왜 소를 찾아 나서게 되고, 소를 길들이고, 소와 함께 돌아오는 것인지 깊은 생각을 끄집어내어보면 도의 맛을 조금은 보게 될 것이리라.

낮의 뜨거운 햇살만 피하면 아침저녁으론 제법 선선한 어느 날, 전화가 와서 받아보니 정수에게서 걸려온 전화였다. 인사를 나눌 시간도 주질 않고 말을 쏟아놓는다.

"스님은 정말이지 귀신이여? 어떻게 알았는지는 몰라도…."

그의 말에 따르면 지금 재준이의 부인이 만나자고 하여 만나서 얘기를 나누고 나서 전화를 하는 것이란다.

처음에는 자신도 본인의 일을 본인에게 직접 들으면서도 믿기지가 않는데, 정말 스님이 말한 대로 멀지 않은 가까운 곳에 여인이 있어서 놀랬다고 한다.

재준이 부인과 이야기를 나누면서 "결혼식 하는 날 밖에 나와서 서울 친구가 이러이러한 말을 하고 갔는데 누구에게도 옮길 말이 아니어서 그동안 혼자만 알고 있었으며, 설마 친구가 잘못 알고 말 했으려니 하는 생각으로 지냈다"고 부인에게 말을 하였더니, 부인이 "그런 일이 있었냐? 그러면 그 분에게 말씀을 드리고 이후의 일들을 어떻게 하는 것이 좋겠는지를 물어보았으면 좋을 것 같다"고 하여 전화를 하는 거란다.

앞뒤의 내용을 정리해 보면 시골에 사는 총각들이 장가간다는 것이 보통 어려운 일이 되어버린 세상이라 혼기를 놓친 재준이도 시골의 집에서 농사를 짓고 가축을 키우며 생활을 하다가 총각 몽달귀신은 면해야 하겠기에 농사일을 버리고 도시로 나가게 되었고, 직장도 잡을 수가 있었단다.

사람들이 많이 모여 사는 도시의 생활을 하면서 많은 사람들과 친분을 쌓아가게 되었고, 그러면서 홀로 지내는 총각이기에 여기저기에서 자연스레 소개가 이루어져서 결혼도 하게 되었단다.

나이가 들어 이룬 가정이라 문제가 전혀 없을 수는 없었으나 서로 이해하고 양보하며 나이 든 만큼 대화로 풀어 나가니 가정생활에서의 문제는 별로 신경 쓸 일은 없었다. 그러나 부인이 생각하기엔 신랑이 본댁에 자주 가는 것이 이상하다는 생각이 들었지만, 오랜 시간을 살아온 집이기에 들리는 것이라 생각하였단다. 그리고 시간이 지나면 본댁을 찾아가는 횟수도 줄어들겠지 하는 마음으로 지냈단다.

어느 날인가, 밤이 늦어도 신랑이 들어오질 않아 전화로 직장이나 여러 지인들에게도 물어봐도 알 수가 없어서 걱정 속에서 잠을 설치며 밤을 보내고, 이튿날이 되어도 소식이 없어 걱정을 하면서도 평소에 친구나 술을 좋아하였기에 '친한 친구를 만나서 술을 먹었나?' 하며 혹시나 하는 생각이 들어 시골 본가에 전화를 하였다. 조카가 전화를 받으며 삼촌이 어제 저녁때쯤에 오셔서 친구분들과 약주하시고 건넌방에서 주무신다는 말을 하기에 부인은 온갖 걱정을 하다가 본댁에 가 있다고 하니 안심이 되었다. 그래서 조카에게 그냥 "큰아빠는 계시냐?"고 물으니, "저희 아빠는 어제 동네의 모임에서 이박삼일의 관광을 가셨다"고 말을 하기에 잘 알았다고 하며 전화를 끊었다. 그런데 여자로서 묘한 어떤 직감을 느끼게 하더란다.

시골의 큰댁에 내려가서 있는 곳을 알았기에 '친구들과 어울리며 놀다가 들어오시겠지' 하는 생각을 하고 시장에 가서 이것저것을 사가지고 늦게라도 오면 같이 식사를 하려고 준비를 하였다.

그런데 밤이 되어도 들어오질 않고 연락도 없어서 부인의 기분은 점점 묘해지더란다.

더욱 속을 뒤집히게 만든 건 다음날 남편이 직장에서 전화를 한다며 "어제와 그제 딱한 친구가 모친상을 당하여 일을 봐주다보니 집에 연락도 못해서 미안하다. 용서하라"고 전화를 하였단다.

수화기를 놓으며 부인이 '아니, 이 양반이 왜 거짓말을 하나?' 하며 혹시나 하여 시골의 본댁에 전화를 걸었더니 큰엄마가 받기에 "형님, 어제와 그제 삼촌이 혹시 집에 가지 않았나요?" 하니, "몰라. 집에는 안 왔는데. 동네에 와서 친구들하고 놀다 갔는지, 나는 못 봤는데. 마누라 단속을 못할 거면 뭐 땜에 장가는 갔나?"라며 투덜대시더란다. '아니 내가 무슨 잘못을 했나? 왜 저러시나?' 하는 생각과 '형님도 왜 거짓말을 하시지?' 하는 생각이 들었다.

그러한 일이 있고 나서부터는 사는 것이 온통 의심이고, 들리는 것조차도 거짓말로 들리고, 잠을 청해도 단잠을 이룰 수가 없었고, 머리는 뒤통수를 얻어맞은 것같이 무겁고 뒤죽박죽이 되어, 속된 말로 맛대가리 없는 세상이 되어버렸단다.

그렇다고 '신랑이 형수하고 바람났다네?' 라고 누구에게 말을 할 수도 없고, 그렇다고 확증도 없으니 어설피 말을 꺼낼 수도 없는 일이었다. 그래서 어떻게 하든 두 사람이 거짓말을 하고 있으니 거짓말을 한 연유나 알고 나서 수습을 해보자는 생각이 들었단다.

곰곰이 생각을 해보다가 부인은 처음 두 사람을 맺어준 본댁의 가까운 곳에 사는 집안의 오라버니를 모셔서 자신의 처지를 얘기하고 도움을 청하였다. 너무도 뜻밖의 얘기라며 내가 집안사람이 되어 사람 선하고 성실 한 것만 보고 동생에게 소개를 해주었는데, 지금 동생이 겪고 있는 처지를 듣고 보니 미안한 마음이 앞선다며 오라버니는 "내가 묶은 매듭이라 내가 풀 테니 동생은 참고 기다려 보라"며 가시더란다.

道(도)자의 부수인 머리 首(수)자는 소의 머리이다. 수행하시는 분들은 소를 찾아가는 심우도의 소를 어떻게 찾아서 길을 들이며 수행을 하시나 살펴보면 방황하는 자신의 본심을 발견하고 깨달음에 이르기까지의 과정을 야생의 소를 길들이는 데 수행의 단계를 10단계로 비유하였다.

① 尋牛(심우) : 자신의 본심인 소를 찾아 나선다.

② 見跡(견적) : 소는 못 보고 소의 발자취만 발견한다.

③ 見牛(견우) : 소를 발견한다.

④ 得牛(득우) : 야생의 소를 잡는다.

⑤ 牧牛(목우) : 소를 길들이다.

⑥ 騎牛歸家(기우귀가) : 소를 타고 無爲(무위)의 깨달음의 세계인 집으로 돌아온다.

⑦ 忘牛存人(망우존인) : 길들여진 소는 달아날 염려가 없으니 소 같은 것은 모두 잊어버리고 안심한다.

⑧ 人牛俱忘(인우구망) : 사람도, 소도 모두 본래 空(공)임을 깨닫는다.

⑨ 返本還源(반본환원) : 꽃은 붉고 버들은 푸른 것처럼, 있는 그

대로의 세계를 깨닫는다.

⑩ 入鄽垂手(입전수수) : 중생을 구제하기 위해 거리로 나선다.

道(도)의 길이나 수행의 길이 따로따로 있는 것이 아니라, 수행자가 따로 있고 중생이 따로 있는 것도 아니다.

道(도)란 우리네들의 일상이자 삶이며, 생활이다. 그래서 이어이어 가는 길을 말하는 것이니 어느 누구 도인 아닌 사람이 없음도 알아야 하리라.

남편과 형수와의 관계가 어제오늘의 일이 아니었다

한동안 집안의 오라버니와 몇 번의 통화만 하고 기다렸는데 한 계절이 지났을 즈음에 오라버니가 오셔서 봉투를 건네주시며 동생의 말만 듣고 들은 말들이 사실이 아니기를 바라는 마음도 없진 않았다. 그러나 동네에 가서 알아보니 재준이와 형수와의 관계가 어제오늘의 일이 아닌 오래된 걸 알게 되었고, 그렇게 된 데에는 그럴만한 집안의 사정이 있는 것도 알게 되었단다.

그러나 자신이 확인을 하였고, 이 물증이면 동생이 어떤 결정을 내리는 데에도 도움이 될 것이며, 그동안 중매를 잘못하면 서로가 고통이란 것도 알게 되었다고 한다.

오라버니는 또 "농사철에 내 농사 밀쳐놓고 엉뚱하게 남의 뒷일이나 알아보고 다닌다는 것이 결코 녹녹치 않은 일이었으나, 동생에게 미안한 마음이 더 앞선다"며 "동생이 잘 판단하여 결정하고,

용기 잃지 말고 살라"고 하시며 가셨단다.

봉투에 든 것을 건네받아서 보고 부인은 '어떻게 해야 하나? 살림을 차린 것이 엊그제 같은데. 남들은 그것도 모르면서 깨가 쏟아지냐며 인사를 하는데 어떻게 할까?' 여러 가지의 생각들이 정리가 되지 않고, 머리만 점점 더 복잡해지고, 어찌 할 바를 모르던 차에 누군가에게라도 속 시원히 얘기를 털어놔야겠다는 생각을 하게 되었단다.

그러던 차에 남편의 오랜 친구이자 자신들의 속내를 잘 알고 있는 정수를 만나서 상의를 하게 된 거란다.

정수는 부인이 찾아와 그동안 가정사의 얘기를 하는데 본인들의 얘기를 본인이 하는데도 믿기지가 않았고, 더욱 놀라운 것은 스님이 결혼식 날 말해준 엉뚱한 얘기였던 '안개 속의 여인'이 가까운 곳에 있을 거란 말이 생각이 나서 더 놀라웠단다.

결혼을 하면 행복이 그냥 만들어질 것 같고, 다른 사람은 몰라도 나는 행복할 걸로 알고 결혼을 쉽게 결정한다면 덜 익은 과일을 보고도 맛있을 거란 착각을 하는 것과 무엇이 다르랴. 맛이 있어야 먹을 수 있고 또 찾고 찾아서 먹을 텐데. 목구멍에 넘어가는 먹을거리 하나라도 익어서 맛이 나려면 여러 가지의 요소가 있는 것이다. 그 중 중요한 것이 시간이요, 세월이 아닌가. 시간이나 세월은 해가 뜨고, 달이 지며 만들어 내는 것이니 해의 양기와 달의 음기가 조화를 이루어 맛을 만들어 내는 것임을 알아야 하겠다.

말자 상속 형사취수제

형이 살면서 어떤 병을 얻어 쟁기를 쓸 수가 없게 되어서 형수의 밭이 묵어나게 생겼으니 가정을 지키고 집안을 생각해야 했기에 동생이 형을 대신하여 형수의 밭을 대신 갈아 그동안 농사를 지어왔던 것이다.

나는 "결혼을 하였으면 밭의 소유나 경계가 구분이 되어 이제는 제 밭에만 농사를 지어야 하는 것인데도 오랜 시간의 習(습)이 남아서 일어난 일이니 시간이 지나면 자연히 모든 것들이 제자리로 돌아 갈 것이다. 그러니 괴롭겠지만 부인도 이 일을 밖으로 내놓고 해결하려 하지 말고 조용히 기다리며 시간을 보내다보면 머지않아 조용하게 수습이 될 것이다"라고 전해주었다.

고구려나 부여의 혼인 풍습에는 형이 죽으면 형수를 친정으로 보내지 않고 동생이 형수를 취하는 제도가 있었으니 말자 상속 형사취수제라고 한다. 이는 집안의 재산을 보호하고 집안의 안정을 위한 제도였으며, 동북방민족의 독특한 혼인 풍습이다. 고대사회에서는 여인을 재산으로 인식하여 어릴 때에는 아버지의 재산으로 간주하였고, 혼인을 하면 남편의 재산으로 간주하였고, 남편이 죽으면 자식의 재산으로 간주하였던 것이다.

우리네들에게 유전자라는 것이 있어서인지 지난날 이 땅의 조상들이 해오던 옛 관습이 기억되어져 있다가 돌출이 된 것이라는 생각이 든다.

부인의 계절은 癸未(계미)이니 늙은 수놈의 염소라 수놈의 짓거리로 살아갈 것이고, 재준이는 계절이 丙午(병오)이니 몸은 수놈이나 암내 난 처녀 사슴의 시기를 지나게 되어 있다.

처녀의 특징은 호기심이 많은 시기를 말함이 아니던가. 행하는 짓거리가 다소 엉뚱하며, 丙(병)화는 태양의 뜨거운 열기를 나타내며, 그 속에는 허풍이나 허세, 속임수, 뒷거래가 있음도 알아야 할 것이다.

매듭은 묶은 자가 풀어야 할 것이고, 한쪽 다리가 진흙에 빠졌다면 빠진 자가 다리를 들어 올려야 나올 수가 있는 것이 이치가 아닌가?

세상을 살다보면 '어?' 하며 상식 밖의 일들을 만나게 된다.

無極(무극)의 混沌(혼돈)이 세상의 질서를 만들고, 질서가 혼돈이요, 무극임을 알아야 하겠다.

제4부
龍(용)들의 세상

18. 물의 맛
19. 제자리 저승치기
20. 나 귀신에 씌었나요?
21. 산신들의 회의 터
22. 어느 도인과의 이야기

18. 물의 맛

'오늘이 무슨 요일인가?' 하며 달력을 본다. '으음, 금요일이구나!' 누구나에게 있는 일상의 행위이지만 말을 조금만 바꿔 일월요일은 해와 달의 날이며 양과 음이고, 화수목금토요일은 오행의 날이라고 하면 무슨 점사나 보는 것이냐며 외면들을 한다. 아니 지금 없는 것을 만들어 설명하는 것도 아닌 있는 것이고, 사용하는 달력의 요일을 설명하는 것이건만, 많은 이들은 점사의 일로 치부하고 부정하는 것이 현실의 일이다. 그러나 모르고 부정을 한다고 하여 음양이 없어지고 오행이 달라지는 것은 아닐 것임은 그 속에 우리네들의 생활이 녹아져있기 때문이리라.

공기주머니 속에 살면서 혹시라도 동양이기에 日(일), 月(월)의 음양을 떠나고자 하여 서양엘 가더라도 Sunday, Monday를 피할 수가 없음을 알아야 할 것이니 모르고 미신이며 점사의 일로 치부하지 말고, 알고 있다면 아는 만큼, 모르고 있다면 모르는 만큼 그대로 보고 생각하고 받아들이는 것이 현명하리라 생각한다.

공기주머니에서 살면서 당연히 있는 것이기에 공기의 중요함을 잊고 살듯 누구라도 음양과 오행을 떠나서는 한시라도 살 수가 없는 존재라는 것을 알아야 하겠다.

생명의 원천이 물이며, 모든 생명의 씨가 물

자연의 공기주머니에 의지하여 들숨과 날숨으로 호흡하며 살고 있으면서도 공기의 소중함을 잊고 살듯이 음양과 오행의 변화와 흐름 속에서 살면서도 망각 속에서 살고 있음을 안다면 부끄러워해야 할 일이 아닌가?

일주일의 시작은 달력에 표기되어 있는 대로 음양에서 시작하며, 화수목금토의 날들은 하늘이 열리는 開判(개판)의 오행을 열거한 것이며, 이는 순서대로 수를 정하여 생수의 근본이 되는 천수라는 것도 알아야 하겠다.

사람이 움직이며 활동하는 근본의 길을 물길이라고 할 수가 있으며, 사람의 움직임을 물의 움직임이라 할 수가 있으니 이것 또한 잘못된 말이 아닌 것은 생명의 원천이 물이며, 모든 생명의 씨가 물이기 때문이다.

언젠가 우연히 들리게 됐다면서 초로의 신사가 합장을 하며 산속의 암자를 찾아 왔다.

그분을 알고 보니 茶(차) 업계에선 친환경농법으로 차를 재배하여 알아보는 이들이 꽤나 있어 이름이 알려진 유 사장이었다. 그를 만나면서 그가 가지고 온 차의 떫은 맛에 맛을 느꼈는지 아니면 그의 차 사랑에 대하여 얘기를 듣고 매료되어서인지 차에 대해서는 무지하고 관심을 갖지 않았었는데, 그 이후로는 차를 마시고 맛을 음미하게 되면서 즐겨 찾게 되었다. 이상한 짓거리인가?

대학을 나오면 대부분의 사람들이 직장을 구하여 나서 자란 시골이나 고향을 떠나 대도시로 향할 때에 그는 황무지인 산비탈의 밭을 일구어 차나무를 심으며 냄새나는 거름을 만져가며 차밭 일구는 일에만 정신을 쏟으니 자신이야 좋아서 일을 한다지만, 시골이기에 어른들이나 주위 사람들의 눈빛은 그리 곱지가 않았단다.

남들의 눈치가 어찌하든 자신은 별을 보고 일어나 나가서 일을 하고, 별을 보고 집으로 들어올 정도로 열심히 일만 하였다. 그리고 땅은 땀과 정성을 들이고 가꾼 만큼 거짓이 없다는 것을 알기에 열심히 차나무를 심고 가꾸는 일만 하여 그동안 심은 나무들도 잘 자라 주어, 나무가 잘 자라는 재미로 많은 세월의 어려움을 극복할 수가 있었단다.

자신의 농장에서 생산되는 제품이 다른 곳에서 생산되는 제품보다

우수하다는 평가를 여러 기관의 검사결과가 있어서 세상에 알려지기 시작했는데, 그것은 친환경적으로 재배, 관리하였기 때문이란다.

차밭을 일구던 초창기에는 차에 대한 가치 인식이 잘 알려지지 않았던 때라 차를 관리하며 평가를 하는 기관에서 나온 검사관조차도 차밭을 둘러보고는 "어찌 차밭을 이렇게 지저분하게 방치하듯이 관리를 하였나? 병충해에도 노출이 되어 있으니 위생적으로 깨끗하게 관리를 하라"며 지적을 하였다고 한다.

그러기에 그는 "친환경농법은 차나무가 자라는 동안 사람의 손을 덜 타게 하고 노지의 자연환경을 만들어주어 자연과 함께 자라게 하는 것이기에 잡초나 벌레를 차나무와 함께 키우는 것"이라고 설명을 해도, 검사관은 너무 비위생적이고 지저분하다며 잡초나 키우는 차밭의 상태를 보고는 어떤 평가를 해줄 수가 없다"고 하며 그냥 돌아 간 적도 있었단다.

검사기관에서 검사를 해야 차밭의 등급이 결정되어 그 등급으로 영농자재를 구입할 수가 있는데, 검사를 못해주겠다며 검사관들이 돌아가는 일이 생겼으니 은근히 부아가 치밀러 오르더란다.

언젠가 검사를 할 수가 없다고 돌아서는 검사관에게 "당신이 차를 알어? 알면 얼마나 알어? 차에 나만큼 미친놈 소리 들어가며 키워 봤어? 차 맛이나 알기나 해? 물맛이나 제대로 알고 있어?" 하며 돌아가는 검사관의 뒤통수에다 자신의 설움을 담아 쏴 부쳤다고 한다. 그러나 친환경이라는 단어가 생소하던 시절인지라 그런 무시를 당하는 일은 다반사였단다.

그런 일이 있은 후로도 남들이 알아주든 알아주지 않든 친환경적으로 잡초도 제거하지 않고 화학비료는 전혀 사용하지 않았고, 물론 농약이나 살충제를 전혀 사용하지 않으면서 차 농사를 지어 왔던 것이다.

허나 세월은 변하고 변하는 만큼 세상이 오염되어가고 안전하고 맛있는 물을 찾게 되고, 그러면서 많은 사람들이 차를 찾게 되어 차의 맛을 알게 되면서 노력한 만큼의 결실을 맺게 되었단다.

친환경농법을 몰라 깨끗하게 정돈된 차밭이 아니기에 평가조차도 할 수가 없다던 검사관들도 언제부터인지 친환경농법을 공부하고 이해해서인지 자주 찾아오고, 많은 이들에게 알려주며 홍보를 해주고 있다고 한다.

인체가 우주를 닮은 것은 우주의 생성과도 관계가 있는 듯

세상을 살아가는 것이 끊임 없는 투쟁이요, 전쟁이라면 전쟁의 성질은 당연히 맛의 전쟁과 멋의 전쟁으로 구분을 할 수가 있다.

맛의 전쟁이란 목구멍으로 넘어가는 것에 대한 전쟁이기에 물의 전쟁이라 하고, 멋의 전쟁은 눈에 보이는 것을 위하여 벌이는 전쟁이라 터를 얻기 위한 전쟁이며 산의 전쟁이라고 하겠다.

개인과 개인의 작은 전쟁에서부터 가정이나, 단체, 직장, 사회,

국가 등 어떤 형태이든 끓임 없는 전쟁을 치르고 있으며, 개인이거나, 단체의 모임이거나, 크거나, 작거나, 사회이든, 나라이든 자신들의 영역이나 영향력을 넓혀서 이익을 취하여 맛도 보고 멋을 내며, 지배하고 군림하며 폼을 잡고 살아 보려는 노력이 어제와 오늘의 얘기이겠는가?

지난 세기에 왕조들의 기록을 들여다보면 치세에 治山(치산)과 治水(치수)를 잘하는 것을 으뜸으로 하였다는 기록을 볼 수가 있는 것도 영역의 백성들에게 넓은 국토를 안겨주어 그곳의 산과 평야의 영토에서 풍부하고 넉넉한 먹을거리를 만들어 먹고 즐기며, 누구나 풍요로운 생활을 할 수 있는 치세를 말하는 것이리라.

뭐니 뭐니 해도 세상에서 제일 무서운 새는 '먹새' 라는 말이 있으니 생명이 있는 곳에는 어느 곳이나 먹어야 생명을 유지하며 살 수가 있기에 먹새가 우선이 되는데, 먹는 것의 원천은 물이기에 세상의 모든 싸움은 물의 싸움이라 하여도 과언은 아닐 것이다.

높은 지역이며 척박한 땅으로 이루어진 고산지대의 나라인 티베트가 작은 나라이기에 항상 주변국들의 시달림을 받았다. 그러나 정작 자신들의 왕권을 잃어버리게 되는 중요한 원인을 들어다 보면 중국에서 생산되어 귀하고 비싸게 유통되는 차 맛에 길들여져 차의 맛에 빠져들어서 경제력을 잃게 된 것이 주요 원인이라고들 하고 있으니, 이 또한 맛의 전쟁이며 물의 전쟁이라 할 수 있을 것이다.

물의 전쟁이라 하여 물을 이용하여 치고받는 전쟁이 아니라 흐름의 전쟁을 말하는 것인데, 꼭 물만 흐르나? 존재하는 모든 것들은 흘러 흘러가는 것을 누구라도 잘 알고 있으리라.

사람들이 입으로 음식물을 취하여 흘려 넣으면 몸에서는 음식물을 흐르게 하여 소화를 시킨다. 물은 사람이 살아가기 위하여 우선적으로 취해야 하는 먹을거리이며, 목으로 넘긴다는 것은 익은 맛이어야 좋아할 것이며, 모든 이들의 생명을 이어주는 것이 물이라는 것도 알아야 하겠다.

목구멍을 넘어가는 음식 또한 생명이며 음식의 생존가치는 맛이 결정을 할 것이니 세상의 모든 음식은 또한 맛의 전쟁터에서 맛을 위하여 치열한 전투를 벌이고 있다고 하겠다.

맛을 결정하고 맛이 있느냐, 없느냐는 물이 결정을 하는 것을 알아 맛을 알고 맛을 내는 고수들은 어느 먹을거리에는 어떠한 물을 사용하여야 최선의 맛이 나는가를 오랜 세월 연구하여 알기에, 계절에 따라서 변하는 물맛을 알아내어 자신만의 개성이 담긴 음식을 만들어 선을 보이기에 아무나 흉내를 낼 수가 없으리라.

자연의 바위틈에서 샘 솟는 물을 쓸까? 아니면 흐르는 자연 수를 쓸까? 아침의 물이나, 오후의 물이나, 해가 진 후인 밤에 뜨는 물이나 각각의 물맛이 차이가 있음을 알아내어 정성을 들여서 먹을 것들을 만들어내고 있음을 보면, 익은 맛과 덜 익은 맛은 누구나 기가 막히게 잘 알고 있음이 아닌가 여겨진다.

　우리네들이 둥지 틀고 살고 있는 지구의 70%가 물로 이루어져 있고 인체의 70%가 물로 이루어져 있기에 인간의 몸을 소우주라고 하는 말이 있음은 우연한 표현이 아닌 것이며, 인체가 우주와 자연을 닮은 것은 우주의 생성과도 어떤 관계나 비밀이 있을 것이라 생각된다.

　우리네들이 알고 있는 물은 수소분자 2개와 산소분자 하나의 결합체이나 분명 물에는 숨겨져 있는 비밀이 있을 것 같은데, 있다면 어찌해야 물의 비밀을 알 수가 있을까?

　혹여 용궁에라도 다녀오면 알 수가 있을까?

　그럼 용궁에라도 가봐야 하나?

19. 제자리 저승치기

　겨울 산에 눈이 내린다. 온 천지에 눈꽃이 피어나는데 그 포근함이나 아름다움은 눈을 즐겁게 하는 것에 그치지 않고 봄에 싹을 틔울 생명들에게 생명수를 나눠주는 것이기에 설화는 더욱 아름답다.
　자연의 모든 생명체들은 더함도 덜함도 없이 함께 공존하며 살아가는 법을 알아 어느 것도 서로에게 괴롭힘을 주거나 지배하려 들지를 않고 종을 이어간다. 그런데 유독 사람들만이 고등동물이자 지배자라는 어리석은 인식으로 욕심을 내어 자연을 훼손하거나, 모양을 바꾸거나, 종을 멸절시키는데 한때야 이익도 있고 성취욕도 충족시키겠지만, 자연을 파헤치거나 손상시킨다면 결국 인간도 자연에서 멀어지는 것을 스스로 자초한 꼴이 되어 살아남을 수가 없을 것이다. 그러니 자연을 보호하며 함께 살아나가는 것을 배우고 익혀야 하겠다.

누구나 세상을 살다보면 어떤 일에 영향을 받아서 실제 그 일과는 관계가 없으면서도 한때의 관념이 지배를 하여 연속적으로 연관지어 생각이 나는 때가 있을 것이다.

"스님, 살려주세요"

흔하게 들을 수 있는 얘기는 아니지만 가끔 생각에 떠오르는 "살려주세요!"라는 말을 떠올리는 어느 여인의 절박한 삶이 떠오른다.

한 오 년쯤 됐나. 봄이 익어 한낮의 나른함이 몸을 누르는 듯하여 찬물에 세수를 하고 양동이에 물을 담아가지고 메마른 감자밭에 가서 물을 주고 있었는데, 차가 마당가의 주차장으로 들어와 멎었다. 그러더니 한 여인이 차에서 내리며 모자의 앞을 깊게 눌러쓰고는 대문으로 들어가기에 밭에 물을 주다 말고 나도 뒤따라 집안으로 들어섰다.

들어서는 나를 보고는 여인이 힘없는 소리로 "스님, 살려주세요" 하며 마당가의 툇마루에 쓰러지듯 앉아버리는 것이 아닌가. '누가 못살게 하나?' 하며 여인을 보니 고운 자태와는 달리 양어깨에는 그녀를 누르고 있는 무언의 힘을 느낄 수가 있었다.

모자를 눌러썼으나 언뜻 보인 눈동자는 힘이 없어 풀려있는 듯하였고, 얼굴은 창백하여 푸른빛마저 감돌고 있었다. 흔한 경우는 아니나 여인이기에 겪는 고통임을 알 수 있었다.

잠시의 시간을 보내고 차나 한잔 하자며 옆 뜰에 있는 정자에 올라 자리를 잡고 앉아 차를 마시니 긴장이 풀려서인지 제 설움을 털어놓는다.

辛丑(신축) 생, 丁酉(정유) 월, 壬申(임신) 일 생이며, 이름은 ㅇ정애란다.

학업을 마치고 평범하게 직장생활을 하다가 남편을 만나 결혼을 하여 딸아이를 낳아서 키우는데 갑자기 남편이 소식이 끊기고 행방불명이 되었단다. 마른하늘에 날벼락 같은 일이었으나 백방으로 찾아보아도 생사조차 알 길이 없었으며, 경찰에서도 기다리는 방법 말고는 달리 방도가 없다고 하였다고 한다.

날이 가고 달이 가면서 남편을 찾는 일보다 딸아이와 살아가야 하는 일이 더 급한 발등의 불이 되기에 딸아이를 친정의 부모님께 맡기고 직장생활을 시작하였단다.

그녀는 대학에서 영어와 일어를 전공으로 배웠기에 취업을 쉽게 할 수가 있었다. 회사를 찾는 외국 손님의 통역으로 안내나 접대하는 일과 때론 외국에 출장을 다녀오기도 하는 그녀는 바쁘게 생활을 하다 보니 소식이 없는 남편의 일은 먼 옛일처럼 느껴지고 딸을 키우며 10여 년을 지냈단다.

그런데 언제부터라고 할 수는 없으나 누군가가 자신을 감시하고 쫓아 다니는 것 같은 기분을 느꼈다고 한다.

밤에 잠을 자려고 하면 누군가가 방에 함께 있으며, 잠자리에 들면 자신의 몸을 더듬는 것 같은 느낌이 들고, 어느 때에는 밤새 시달려서 잠을 한숨도 못잘 때가 있고, 잠을 제대로 잘 수가 없어서 직장생활도 접어야 했단다.

일상의 생활이 바뀌어 밤낮의 구별이 없게 되면서 '왜 이러나?' 하는 마음에 여기저기 찾아다니게 되었다. 주위에서 기도나 정성을 드리면 나아진다고 하여 여러 차례 기도도 해보고 굿도 해보았으나 별로 효험이 없어서 지금껏 고통을 달고 살아오고 있다고 하면서 살려달라고 한다.

남들처럼 평범하게 살 수 있게 해달라는 것이니 어려운 일도 아닌 것을.

누가 가라고 하여 가는 것도 아닐 것이고, 누가 오라고 하여 오는 것도 아닐 것이다. 누가 하라고 하여 하는 것도 아니며, 하지 말라고 하여 하지 않는 것도 아닐 것임을 안다면 세상에 살면서 느끼는 행복이나, 불행, 고통도 모두 자신이 만들어서 자신이 만든 것만큼 짊어지고 가는 것임을 알아야겠다.

이 여인은 나이로 보면 여름에서 가을로 넘어가는 환절기이며, 막바지 여름의 끝자락에 더위가 맹위를 떨치니 땅의 기운은 온통 돌멩이와 쇠의 기운 申, 酉(신, 유)이기에 젊은 처자가 밀려드는 더위를 감당하기 어려워지니 힘든 계절을 보내고 있었다.

　게다가 자신의 생각이나 의지와는 상관없이 타의 기운에 휩싸여 지내고 있음도 알 수가 있었다.

　생사도 모르는 남편의 실종으로 젊은 여인의 삶이 얼마나 괴로운 나날이었겠는가.

　그러나 자연의 나날들이 어려움도, 고통도 치유하는 능력이 있다는 것은 시간이 가고 날이 가면서 생각도 함께 움직이며, 세월 따라 변하며, 잊어버리고 묻어버리는 것이리라.

　젊은 새댁의 밭이라도 남편이 없다고 밭이 묵어나지 않는 것도 자연의 도리이기에 누군가는 쟁기를 들고 와서 밭을 가는 수고를 하였기에 새댁의 밭이 묵어나지는 않았으리라.

　쟁기가 밭을 가는 일은 때의 일이며, 쟁기로 밭을 갈면 밭에 씨가 떨어지는 것도 자연의 일이 아닌가! 세상을 살아가면서 싹을 보고 키우는 것만큼의 기쁨도 달리 없겠으나, 조상들과의 합의가 안 된 씨들이 어찌 어찌하여 떨어졌다 해도 싹을 틔우겠는가? 괴로운 일이나 제자리에서 쳐서 저승으로 보낼 수밖에.

　여인에게 크든 작든 자신의 생각이나 행동이 자신을 만들어가고, 지금의 움직임이 오늘을 만들고 내일을 만들어갈 것임을 안다면 지금의 고통도 자신이 만든 것임을 알아야 하고, 자신의 행동을 알았다고 하여 글을 쓴다고 해도 고통이 완전히 소멸되고 해결되는 것도 아니며, 알아차림의 짓거리를 해야 될 것이라 일러주었다. 급한 대로 잠이라도 잘 자야 하겠기에 그녀에게 글을 써주며 보냈다.

사람들의 몸은 정신을 담고 있는 그릇

세상을 살아가면서 사람들은 홀로 살아가는 것이 외롭고, 심심하고, 쓸쓸하기에 여기든 저기든 기웃대기 마련이다. 짝을 찾고 동무를 찾아 모이고 흩어지며, 나름의 생을 살아간다고 하겠다.

囹圄(영어)의 몸이 되어 어차피 갇혀있는 죄수들에게도 홀로 생활하는 독방생활이 최고의 고문이라 하는 것도 홀로 남겨져 있다는 것에 대한 외로움과 두려움 때문이리라.

사람들의 몸은 정신을 담고 있는 그릇이며, 氣(기)가 있기에 움직이고 활동을 한다. 자신이 하고 싶거나 좋아하는 일을 하게 되면 신바람이 나서 힘이 드는 것도 모르고 열심히 하겠지만, 싫어하거나 하기 싫은 일을 하게 된다면 짜증을 내거나, 심통을 부리거나, 피하게 되는 것은 누구나의 일이리라.

정기의 바른 움직임도, 귀신들린 것처럼 신바람을 내는 신기도 움직임과 행위에 있음을 알아야겠다.

그러기에 귀신에 씌었다는 것도 별것이 아니다.

술이 좋아 이기지도 못하면서 술을 찾는다면 酒神(주신)에 씌운 것이며, 잡기에 미쳐서 도박이나 사행성 오락에 빠져서 생업을 등한시한다면 잡기의 귀신에 씌운 것일 테고, 감당키 어려운 일이나 무서움을 경험하여 겁에 질려 있다면 공포의 귀신에 씌운 것이고, 이성의 색에 집착하여 빠져 탐닉한다면 色鬼(색귀)와 함께 살아가는 것이라 하겠다.

움직임이 귀신을 만들어내고 있는데, 웃기는 것은 귀신도 사람을 닮아서 외롭고 쓸쓸한 것을 싫어하여 어디에 둥지를 틀면 이놈 저놈의 귀신들을 끌어들여 서로 외로움을 면하고 사람을 혼란하게 만든다는 것이다.

귀신이 사람의 몸을 빌려 자리를 잡으면 그 중에서 제일 힘이 있는 놈이 조상의 이름표를 달고 '내가 누구다!' 하며 조상신의 행세를 한다. 그래야 사람들을 부리기가 쉽고 얻어먹기가 편하기 때문일 것이다.

화엄의 장엄한 세계에 웃음이 넘쳐난다

얼마나 지났나. 전화가 와서 받아보니 여인 특유의 말이 들려온다. "스님, 살려주세요?" 하며 병원에 간다고 해결할 수가 없는 일인 것은 알고 있으나, 몸에서 열이 나 너무 아프고 괴로워서 병원을 찾아 다녀왔단다.

애초부터 병원에 간다고 해결될 일이 아님을 얘기해 주었으나 너무도 괴로워서 병원에 갔을 것을 생각하니 안타까웠다. 그러나 어찌 하겠나! 놈들이 막바지에 다다라서 저항을 하는 것이니 만만치가 않음을 알기에 괴로운 시기를 잘 참으라고 격려를 해 주었다.

석 달쯤 되었나. 여인이 찾아 와서 고통을 호소한다. 얼굴의 색을 보니 아직 전투의 잔영은 가시지 않았으나 처음 찾아 왔을 때의 푸른빛은 옅어지고, 약하게나마 본연의 얼굴을 되찾아 가고 있었다.

 암놈의 몸으로 살아가는 것이나 수놈의 몸을 하고 살아가는 것은 각기 다른 몸짓으로 살아가고 있으니 수놈은 뻗치는 양의 기운이고, 암놈은 받아들이고 지키려는 음의 몸짓이 서로 다르다.

 암놈은 수놈에게 힘으로는 대항할 수가 없어서 자신의 의사와는 상관없이 좋은 것이나 싫어하고 안 좋아하는 것도 받아들이게 되는 경우도 생길 것이다.
 그런가 하면 때론 이성간에도 분위기나 상황이 어쩌지 못하여 밭을 갈았다면 씨가 떨어져 싹을 보게도 될 것이나, 어찌 키울 수가 있겠는가? 제자리에서 쳐서 저승으로 보냈을 것이니 좋은 일이 있겠는가? 생명인데!
 "세상엔 공짜가 없음을 알겠느냐?"고 하니, 그녀는 고개를 끄덕인다. 모든 일은 행위에 있다는 것을 얘기해 주고 퇴마의 글을 써서 주었다.

 이후 더위가 물러나고 날씨가 제법 서늘해졌을 때 여인이 다시 찾아왔다.
 "살려주세요!" 하며 찾아왔었는데, 웃음을 띠고 얼굴의 전면을 가리고 다니던 챙이 넓은 모자도 던져버리고, 자신이 사가지고 온 복숭아의 꽃만큼이나 화사해졌다.

그녀는 감사하다며 절을 올린다. 절을 받으며 "삼계에 회향을 하고 감사할 일이나, 내게 감사하지 말고 스스로 병을 고친 것에 대견하고 감사하라"고 일러주었더니, 모르겠단다.

허긴 알 턱이 있나!

웃는다. 예쁜 치아를 드러내며 환한 얼굴로 웃는다.

멀리서 "살려주세요!" 하는 외침이 맴돌다 사위어간다.

화엄의 장엄한 세계에 웃음이 넘쳐난다.

하! 하! 하! 하! 하!

20. 나 귀신에 씌었나요?

텃밭에서 감자를 캐고 있는데 마당에서 대룡이가 야단법석이다.

부처님 탁자 밥을 내리며 연명한지가 꽤나 오래된 견공인지라 웬만하면 시끄럽지가 않은 놈인데 누군가가 장난을 치자며 놀아주니 그냥 좋다는 것인지, 산속에서 사는 개라 사람의 그리움인지, '경계나 조심의 소리는 아니구나' 생각하며 일을 멈추고 돌아서 앞마당 쪽으로 내려섰다. 그랬더니 젊은 청년과 처자가 나를 보며 인사를 한다.

"아니, 가던 길이면 가시면 될 텐데. 어찌 개하고 장난을 치며 시끄럽게 하느냐?"고 하니, 스님을 뵈러왔는데 쓱 찾아 들어가기가 뭐해서 개하고라도 장난을 치고 있으면 스님이 오실 거라는 생각으로 개와 부러 장난을 치고 있었단다.

그러면서 대뜸 "스님! 나, 뭐하나 물어봐도 돼요?" 하면서 묻는다. 그래서 뭐냐고 하니 "스님들은 도를 공부하시는 분들이시니 사람들을 척보면 귀신에 씌었는지, 안 씌었는지 알 수가 있다고들 하는데 스님이 보시기에는 내가 귀신에 씌었어요? 안 씌었어요?" 하며 묻는다.

범수가 찾아와서 건넨 첫 물음의 대화인데 단순하고, 순박하고, 가식이 없었다. 그 이후에도 범수에게서 순진한 사람의 맛을 많이 느낄 수가 있었다.

'얼마나 답답하고 고생을 했으면 산속 암자에까지 찾아와서 첫마디부터가 귀신 타령일까?' 하는 생각과 '지금껏 살아오면서 얼마나 고통스러웠으면!' 하는 생각이 앞선다.

"이놈아, 젊은 놈이 밑도 끝도 없이 무슨 귀신타령이냐? 뭐 귀신은 할 일 없이 아무하고나 논다더냐? 헛소리 그만하고 귀신얘기를 하더라도 지금 감자 캐던 중이었으니 하던 일 마저 하고 얘기를 해줄 테니 그리 알고 할 수 있으면 밭에 들어와서 일이나 거들어라"고 했더니, 일을 거들어 드리겠다며 밭에 들어와서 말없이 열심히 일을 거든다. 일을 거드는 동작이 많이 해본 솜씨인지 서투름이 없고, 손끝이 아주 야무지다.

氣(기)란 움직임을 말한다

범수는 군대에 다녀와서도 시골에서 부모님을 모시고 농사를 지으며 생활을 하고 지내기에는 별로 어려움이 없었던가 보다. 그래서였는지는 몰라도 여기저기 일하는 곳에서 함께 일을 하자는 제의도 많았지만, 하고 싶은 일이 아니고 마음이 내키지가 않아서 현재 집안의 일을 도우며 생활을 하고 있었다. 동네에 제대를 하고 농사를 함께 짓던 친구가 있었는데, 그 친구가 마당발이라 함께 일도 하고 이곳저곳을 자주 놀러 다녔단다.

어느 날은 고향 친구가 일하는 공장을 찾아 갔었다. 친구는 반가워하였으나 사람이 없어서 일손이 달리고 바쁘다면서 사람을 구할 때까지만이라도 도와달라고 하여 친구의 일을 거들어주려고 시작했던 일이었는데, 일을 하다 보니 이제는 직업이 되었단다.

하는 일이란 것이 작은 조각을 이어 붙여 큰 것도 만들고, 물건을 자르고 붙이며, 모형을 만드는 것인데 모형을 만들다보면 일은 힘이 들어도 재미가 있었고, 자신이 만들었다는 묘한 성취감도 생겨서 지금껏 일을 해오게 되었다고 한다. 그리고 기술이나 요령도 익히게 되면서 직업이 되었는데, 문제는 몸의 체력이 따라주질 않아서 고생이란다.

몸이 약해서인지, 일이 너무 힘이 들어서인지, 무슨 병이 있어서인지 지치고 힘이 들어서 몸을 가누지 못하고 인사불성으로 쓰러질 때가 가끔 생긴다고 한다. 그럴 때마다 병원의 신세를 지고는 있지만 병원에서도 어떤 이유나 병명도 알 수 없다며 알려주질 않아서 답답하단다.

주위의 사람들도 자신이 몸이 약한 걸로 알고들 있으며, 어떤 사람들은 병명이 안 나오고 과로 정도로만 병원에서 얘기하는 건 답이 없는 일이니 이런 일은 점보는 집을 찾아 가든가, 굿하는 집을 찾아가서 알아보고 굿을 해보라고도 하여 이곳저곳의 이름난 집들이나 점보는 집도 드나들었다고 한다.

그런 곳에서 치성을 드려야 한다고 하면 열심히 치성도 드리고, 액막이 기도를 하라고 하면 액막이 기도도 드리고는 했다. 어느 곳에서는 경제적으로 부담스러운 액수의 큰 굿을 해야 한다고 해서 '몸이 좋아진다면!' 하는 생각에 큰 굿도 해보았다. 그러나 일시적으로는 효과가 있는 것도 같으나, 얼마를 지나면 효험이 없어지는 건지 몸이 전과같이 힘을 못 써서 다시 쓰러지는 일이 생겼단다.

이것저것 다 포기하고 다시 병원을 다니며 치료는 하고 있으나 병명도 모르고 막연히 치료만 받고 있어서 본인도 답답하단다.

그동안 여러 곳을 다니면서 들은 얘기를 나름대로 생각을 해보면 조상신이 붙어서 병이 생겼다는 얘기들을 많이 들었는데, 정말 조상님들의 신이 있다면 왜 자손을 병들게 하여 고통스럽고 괴롭게 살아가게 하는지 도무지 모르겠다고 한다.

지금의 나이를 보면 여름을 지나는 때라 생일을 물으니 쥐띠, 사월 생이란다.

壬子(임자) 년, 乙巳(을사) 월 생이라 태어나면서 짊어지고 나온 것도 암놈이며, 태어난 달이 지금 일하고 있는 계절인데 그놈도 독이 없는 암놈의 어린 뱀이니 껍데기의 수놈을 짊어지고 살아가기가 어려운 때임을 알 수가 있겠다. 이름은 O範(범)秀(수)란다.

壬子(임자) 년, 乙巳(을사) 월, 辛未(신미) 일 생이다(19세).

여럿이 달려들어서 일을 하니 일을 쉽게 끝냈다. 올해는 지난 가을에 퇴비를 마련하여 밑거름을 넉넉히 주어서인지 감자가 제법 씨알도 굵다. 작은 땅에서 캔 감자가 서너 가마는 되니 한동안은 여럿이 찾아와도 풍족하게 나누어 먹을 수가 있다는 생각을 하니 흐뭇하다.

어찌해서 농부가 농사를 지어 알곡을 수확한다고 하여도 농부가 알곡을 만들 수는 없는 일이 아닌가. 다 자연이 일을 하는 것이다.

해의 양기가 있어 곡식이 크고 자라며, 달의 음기가 있어 곡식이 익어가는 것을 그리고 자연의 비와 바람도 일을 하여 곡식을 만들어냄이 아닌가? 이렇듯 모든 자연이 보탬을 주고 있는 것을 알아야겠다.

농부가 농사를 짓는다고는 하나 관리자에 지나지 않음을 알아야 한다. 감자를 수확하고 보니 작으나 많으나 수확이란 마음과 눈이 풍성해져서 좋고, 마음 또한 넉넉해지니 좋다. 뒷정리를 하고 손을 씻고 방으로 손님을 들이니 공양주가 언제 쪘는지 감자를 쪄서 바구니에 가득 담아 들여놓는다.

氣(기)란 움직임을 말하는데 하늘의 天氣(천기)와 땅의 地氣(지기), 사람은 精神(정신), 즉 精氣(정기)와 神氣(신기)의 움직임이라 하겠다.

精(정)자를 뜯어보면 쌀 米(미)자와 푸를 靑(청)자로 이루어진 회의문자임을 알 수 있다. 또 精(정)자를 굳이 풀어보자면 쌀, 즉 곡식을 먹는 사람은 푸름, 맑음, 젊음, 동쪽의 싱그러움, 자라남, 그러면서 항상함이 없는 마음을 지니는 것이라고 하겠다.

그리고 神(신)자를 뜯어 풀어보면 보일 示(시)자와 이르렀다와 벌리다의 펼 伸(신)자로 펼쳐서 드러낸다는 뜻으로 이루어진 회의문자이고, 뜻을 풀어보자면 무언가 자신의 생각이나 의지와는 상관없이 무엇이 보이는 것 같고, 움직이는 것 같고, 옆이나 주위에 무엇이 펼쳐져서 자신에게 보여지며 다가오는 것 같은 것이리라.

햇것이라 맛이 있어서인지, 여럿이라 한 맛이 더 한 건지 바구니의 감자가 동이 났다. 상을 물리고 범수를 보니 뭔가 속으로는 몹시 긴장을 하고 있는 것 같다.

"아니, 들어올 때는 개까지 끌어안고 시끄럽던 놈이 뭐가 머리통 속에 들어있기에 이리도 얼어 있냐?" 하니, 스님이 아무 말씀도 안 하시니 답답하고 궁금해서 그런 거란다. 그래서 귀신 방위를 다스리는 글을 써서 건네주며 "범수야, 지금부터 너는 귀신하고는 아무 상관없을 것이니 이후로는 귀신에 대한 생각이나 걱정은 하지도 말고, 귀신 얘기도 하지 마라. 너에게는 어떤 문제가 전혀 없는 것은 아니지만 특이한 건강상의 문제지 귀신하고는 무관하니 그리 알고 오늘은 그만 내려가거라. 다음에 올 때에는 여름이니 시원하게 목이나 축일 수 있는 것을 가지고 오라"며 보냈다.

사람의 일거수일투족이 수이며, 들이고 내는 것이 수이고, 움직이고 멈추는 것 또한 수이며, 삼라만상 모든 것이 수 아닌 것이 없다. 그러니 정신도 하나고, 귀신도 하나고, 나 아님이 없는 것을 알아야 하고, 외눈박이 세상에서는 두 눈을 뜨고 살 수 없음도 알아야겠다.

🔥 같음 속에서도 다름이, 다른 이성간에도 같음이 있다

얼마 지나지 않아서 그날도 손님이 들어 얘기를 나누고 있는데 밖에서 대롱이가 시끄럽다.

왜 그러나 싶어 밖에 나가보니 범수가 와서 개집을 차지하고서 대롱이와 놀고 있다.

나를 보더니 합장을 하며 인사를 하고는 옆에 있는 상자를 집어 들더니 나에게 건네준다. 그래서 "이게 무어냐?"고 하니, 저번에 얘기하신 시원한 것이 아이스크림을 말씀하신 것 같아서 사가지고 왔단다.

스님은 색깔 있는 것보다 팥이 들어있고, 막대기로 된 것을 좋아하실 것 같아 특별히 찾아서 담아가지고 왔단다. "아니, 그래도 그렇지 이렇게나 많이 사오면 어떻게 하냐?"고 하니, 여름 내내 두고 두고 천천히 드시란다. "먼저 번에 이곳을 다녀간 뒤로는 잠도 잘 자고, 일상의 일들도 그전 같지가 않고 편해졌다"며 스님이 글을 써 주신 덕인지 내내 편안히 지냈단다.

그동안 귀신에 눌리고 끌려 다닌다는 생각에 만 가지 마음 걱정을 짊어지고 살았었는데, 이제는 그런 걱정도 사라지고 직장에서의 일도 그 전처럼 힘이 들지가 않고 몸의 힘도 많이 달라진 것 같다고 한다.

누구나 남의 일은 쉽게 생각들을 하겠지만 자신이 밤에 가위눌려 잠을 못자거나 힘을 써야 할 때에 힘을 못 쓰고 맥을 못 춘다면 정말 지푸라기라도 잡고 싶은 심정이 아니겠는가. 그 간절한 마음을 알기에 범수가 하는 말을 듣고 그동안 마음고생이 무척이나 심했었음을 알 수가 있었다.

만물은 나름대로의 영역이 있어 제 각각의 도리를 지키며 조화를 이루건만, 사람들은 남들과 비교하여 우위를 가름한다. 사막에서 사는 생물이 물이 귀하여 목마른 것과 높은 지역의 자갈이나 돌로 이루어진 암반지대에서 사는 생물이 평원의 초원을 그리는 것, 더운 늪지대의 생물이 그리는 시원함을 어찌 비교할 수 있겠는가. 그 각각의 생물들의 세상을 들여다보면 우리네 인간들의 세상과 다르지 않음도 알아야 할 것이다.

각각의 생물들은 어린이와 처녀, 총각, 아저씨, 아줌마, 할머니, 할아버지, 홀아비, 과부 등 우리네 살아가는 것과 같을 것이며, 자연 속에 사람이 살고 있음은 동물과 미생물과도 함께 존재하며 살아간다. 그렇기에 어느 한 골짜기나, 강이나, 바다를 들여다본다고 하더라도 그 속에는 우리네들이 사는 것과 같은 세상이 있음도 알아야겠다.

壬子(임자)는 쥐 중에서는 가장 나이 먹은 쥐이고 암놈이니 지나온 계절인 봄에는 일을 함에 있어서도 의욕도 없었고, 주어진 일에만 순응하였을 것이다. 나이가 들어 지금은 계절이 여름이며, 乙巳(을사)의 뱀이 일하는 시기이다. 어린 뱀이며 뱀의 무기인 독기도 없는 암놈의 뱀이다. 巳(사)는 화이고, 천간의 乙(을)은 나무이니 자라는 어린나무이기에 땔감이 필요하다고 하여 불을 피우려고 한다면 어린나무인 乙(을) 목이 감당하기에 어려움은 당연하다 하겠다. 乙(을) 목이 감당을 못하니 봄은 지났으나, 壬子(임자)의 물이 범람을 하니 巳(사) 화의 불은 계절이 여름의 더운 때이나, 견디질 못하고 꺼질 듯 말 듯한 때가 생기게 될 것이다. 그럴 때마다 범수는 병원 신세를 지게 되는 것이 아닌가. 허나 다행인 것은 계절이 점점 여름의 뜨거운 때로 향하고, 가을의 때가 되면 물을 이기는 자리에 들게 되니 세월이 흘러 가을의 나이가 되면 안심이 될 것이다.

범수에게는 계절이 이탈하여 물의 범람을 막는 글을 써서 주었다. 그러면서 잠을 잘 때의 방위를 일러주고 잠자리의 방위는 머리를 어느 쪽으로 향하는 것이냐는 건데, 나를 보내준 씨 밭의 자리이기에 각각의 사람마다 자신이 머리를 두고 자는 잠자리의 방위가 다름을 알아야 할 것이다.

그리고 방송을 잘 듣고 잘 보려면 안테나가 주파수를 잘 잡아야 하는 것과 같이 동서남북의 어느 곳이든지 딱 한 방향만이 제대로 방송을 듣고 볼 수가 있음을 안다면 잠자리의 방향이 신체와 건강에 매우 중요하다. 자신의 씨 밭과의 교신이기에 안테나를 잘 세워서 방송을 잘 듣고 보듯 잠자리 방위가 중요함을 일러주고 보냈다.

자연에서 태어나 자연과 더불어 살아가며 만나고 헤어지고 모였다 흩어짐이 자연이 그러함과 같이 N극도, S극도 서로 같은 극끼리는 밀어내고 다른 극과는 찰떡 붙듯이 붙어 떨어지지 않음도 자연이 아닌가. 같은 극이나 같은 성질의 것이라면 서로 밀어내게 되고, 서로 다른 성질이나 다른 이성은 끌어당김을 알면 같음 속에서도 다름이나 다른 이성간에도 같음이 있음을 알아 극 속에 극이 있음을 알아야 할 것이 아닌가.

사랑하느냐? 사랑하지도 마라. 미워하느냐? 미워하지도 마라. 사랑을 하게 되면 미워하게도 될 것임을 안다면 어느 극과 극도 항상 함께함을 알아야 한다.

세상의 모든 일들이 쪼개도, 쪼개도 그럴 것이니….

21. 산신들의 회의 터

 봄인가 싶은데 계절은 여름으로 가니 연하게 싹을 틔운 나뭇잎들도 짙은 초록색의 옷으로 갈아입는다. 언제나 계절이 하는 일은 분명하니 땅을 일구며 살아가는 농부들의 손이 바쁜 때가 아닌가 싶다.
 아침예불을 마치고 앞산의 응달쪽으로 나물이나 뜯으러 가자 싶어 산행을 준비하는데, 마당으로 차가 들어와 멎더니 범수가 인사를 하며 들어선다.
 "스님, 어디 가시려고 하세요?"
 "응. 산에 나물이나 뜯으러 가려는데 시간이 나면 따라나서!" 범수는 망태기가 어디 있냐고 하더니 찾아서 둘러메고 뒤를 따른다.
 산길로 접어드는데 대롱이가 어디에서 놀다가 봤는지 쫓아 와서는 범수의 길을 막으며 아는 척을 하는데, 범수도 그러는 대롱이가 좋은지 마냥 장난을 받아주며 즐거운 표정이다.

　대롱이란 놈은 요즘에 어느 색시와 새로운 신방을 차렸는지, 아니면 무슨 사업이 바쁜지 때가 되어도 볼 수가 없는 걸 보면 어딘가 집보다도 더 좋은 곳을 만들어놓은 것도 같다.

　범수는 시간만 나면 홀로 계신 어머니를 뵈러 시골집엘 자주 찾아 다녀오는데, 갈 때마다 동네의 아주머니들이 많이 놀러 오셔서 어머니가 지내시기는 심심치가 않으셨으며, 시골집은 아주머니들의 사랑방이 되었단다.

　부모가 자식들 키울 때야 서로가 제 할 일들이 넘쳐서 바쁘게 세월을 보냈지만, 자식들을 키워서 객지로들 떠나보내니 서로의 외로움을 여러분들이 모여서 지내시면서 달래게 되었다고 한다. 이는 자식 놈들 제 살기 바빠서 부모에게 얼굴 보이는 놈 보기가 어려우니 서로의 시름이나 외로움을 서로서로가 달래며 지내시는 것이리라.

　며칠 전에도 누님과 함께 시골집에 내려갔다고 한다. 그런데 전에는 밤이나 낮이나 동네 아주머니들이 항상 많이들 계셨는데, 저녁때가 되니까 아주머니들이 다들 가시더란다. 무슨 일인가 싶어서 어머니께 물어보았더니 뜻밖의 얘기에 누님이나 범수도 깜짝 놀랐단다.

　언제부턴가 집에서 사람도 없는 방이나 마루에서 소리가 난다는 것이다. 그것은 사람의 기척은 아니고 물건을 사용하면서 나는 소리인데, 들려서 문을 열어보거나 가서 확인을 하면 아무것도 이상한 것이 없는데도 돌아서 건너오면 이따금 소리가 다시 나더란다.

안방에서 놀고 있으면 주방에서 그릇이나 수저가 부딪치는 소리가 나고, 마루에서 놀고들 있으면 건너의 작은 방에서 장롱의 문을 열고 닫는 소리나 창문을 덜그럭거리는 소리가 들리고, 저녁에 잠자리에 들면 빈방이나 주방 쪽의 어디에서 무언가가 움직이는 듯하며 소리가 들린단다.

그날 저녁에 놀다가 어머니와 누님은 안방에서 자고 범수는 건너의 작은 방에서 잠을 잤는데, 아침에 일어나보니 누님이 간밤에 잠을 제대로 못 자고 잠을 설쳤다면서 누님도 밤새 마루의 주방에서 소리가 나서 몇 번이나 문을 열고 나가서 확인을 하였단다. 그러나 그때뿐이고 소리가 여전히 들려서 잠을 못 잤다고 한다.

특이한 것은 남자들에게는 그 소리가 안 들리고, 여자들에게만 그 소리가 들린다는 것이다. 그래서인지 범수는 아무 소리도 들리지 않아서 잠을 잘 잤는데, 무엇 때문인지도 모르겠고 어찌해야 할지 답답하다는 것이었다.

각각이 뒤집어쓰고 나온 껍데기가 다르다

계절이 때의 일을 잘하여서인지 산속에 들어서서 헤치고 다녀보니 곱게 자란 온갖 산나물들이 자못 풍성하여 오르고 내리다 보니 망태기가 그득해졌다. 산의 정상이 지척이라 범수를 보며 이왕에 왔으니 산신들의 '회의 터'나 둘러보고 가자고 하니 듣고도 모르는 소리라 의아해 한다.

언제인가? 하늘이 열리며 천지가 개벽을 하여 산하대지가 자리를 잡고, 인간들이 터 잡으며, 곳곳의 처에 이름표를 달아주었으니 물이나 들, 산의 이름이 그것이 아닌가.

이름표를 달았다고 존재하고 이름표가 없다고 존재하지 않는 것은 아닐 것이며, 때에 인간들이 필요하거나 존재를 알아차린다면 이름을 붙일 것이 아니겠는가.

하늘의 태양을 대장 삼아 목성, 화성, 토성, 금성, 수성의 별들이 우리네들이 살고 있는 공기주머니인 지구와 자연을 이루어 함께함을 알아 그 별들의 이름에서 오행을 만들었으리라.

이 땅의 자연과 함께하는 오행(물, 불, 흙, 쇠, 나무)이라는 이름도 甲乙은 木(목) 신이며, 丙丁은 火(화) 신이고, 戊己는 土(토) 신이며, 庚辛은 金(금)의 신이고, 壬癸는 水(수) 신이라 이름 지은 것도 인간들이 이용하고 사용하기 위함이 아니겠는가.

우리네들의 조상님들이 東北(동북)의 艮(간)방에 터 닦아주어 우리네들이 궁둥이 틀고 앉아 사는 백두대간에 굽이굽이의 산과 골짜기가 얼마나 많으며, 그곳의 곳곳마다 산신이나 골짜기의 신들 또한 얼마나 많겠는가?

산의 능선을 타고 오르니 정상이 발아래에 놓인다.

정상의 자리는 산 주인의 터이며, 조금 아래쪽 8부~9부 능선에 그 산의 아래쪽에 터 잡고 사는 능선이나 골짜기의 신들이 모여 회의를 하는 '회의 터'가 자리를 잡고 있다.

산의 능선에 크고 작은 바위 돌들이 흩어져 자리를 하고 있어 언뜻 보면 알 수가 없으나 조금만 눈여겨보면 돌의 하나하나가 제자리에서 진용을 갖추어 쾌상의 진법을 펼치고, 산을 호위하고 있음을 알 수가 있다.

들어본 적도, 누가 가르쳐준 적도 없을 것이나 이름이 있는 산이든, 이름이 없는 산이든 산의 정상 부근의 능선에는 산신들의 회의 터가 있음을 누누이 보아왔다.

산을 내려오면서 방위나 진법을 간단하게 설명을 하며 얘기를 해주어도 범수는 재미가 없는지, 취미가 없어서인지 앞뒤로 뛰어다니는 대롱이와 노는 것이 더 즐거운 표정이다. 허허.

집에 도착하여 망태를 쏟아놓으니 이것저것 귀한 약풀이나 나물들이 제법 푸짐하다. 정리를 마치고 범수와 늦은 점심공양을 들었다. 그리고 '이놈도 함께 산을 타고 다니느라 고생을 했을 것'이라 생각하고 뭐라도 먹여야겠기에 아껴두었던 통조림을 따서 밖으로 나서며 대롱이를 연신 불러도 어디로 갔는지 보이지도 않고 기척도 없다.

대롱이 이놈, 요즘에 집보다도 좋은 사업을 벌이는 것이 확실한 것 같다.

범수에게 대롱이가 집에 없다고 하였더니, "스님, 그놈은 아까 산에서 내려올 때 집에 오지도 않고 아랫마을 쪽으로 뛰어 내려갔습니다"라고 한다. (그건 집에 들어오면 물어보기로 하고.)

몇 년 전에 자신이 귀신에 씌었냐며 허약한 몸을 이끌고 와서 묻던 범수가 이젠 어머니의 안녕이 걱정이 되어 물으러왔으니 막둥이로 태어난 놈의 효심을 어찌 나 몰라라 하겠는가.

글을 써서 주며 범수에게 "걱정을 한다고 될 일 같으면 걱정을 품고 살아보라"고 하니, 알아들었는지 웃으면서 또 찾아뵙겠다는 말을 남기고 산을 내려갔다. (이놈아! 온 적도, 간 적도 없는 것을 알아라.)

각각이 뒤집어쓰고 나온 껍데기가 다르니 알아볼 수가 없음은 당연한 것이다. 그러니 이승에서의 자식이 전생의 부모였을 리 알 수가 없고, 전생의 자식이 이승의 부모 옷 걸침을 누가 알아보기나 하겠는가.

만나고 부딪히는 인연들. 인연마다 모두가 형제요, 부모이며, 我(아)인 것을 껍데기만 찢어놓은 눈으로는 어찌 감히 헤아리며 볼 수나 있겠나.

빚을 안 지고 태어나는 놈이 어디 있는가

봄이 익어 꽃이 떨어지고 열매가 맺으니 오곡의 열매를 익히기 위하여 여름은 열심히 더워진다. 그래서 시원하게 모시옷을 걸쳤는데도 땀이 몸을 감는다. 은행나무 옆에 지어놓은 정자에 올라 책을 뒤적이며 더위를 식히는데 앞마당을 차지하고 사는 대롱이가 갑자기 신바람이 난 듯 짖어댄다. (농사철이라 묶어놓았다.)

'무슨 일인가?' 하며 앞마당 쪽으로 돌아가 보니 범수와 대롱이가 거품을 물고 신바람이 나서 장난을 치고 있다.

"야! 이놈아. 왔으면 들어올 일이지 더운데 개하고 무슨 장난질이냐?"고 하니, 범수는 장난을 멈추고 돌아서는데 대롱이 녀석은 서운한지 발을 동동 구른다.

정자로 발길을 돌리는데 범수는 뭔가를 들고 따라 오며, 누님도 스님을 뵈러 오고 있다는 말을 한다. 어제 누님과 시골집에 내려갔는데 스님 덕분에 어머니께서 요즘에는 잠을 잘 주무신다며 깨를 짜서 참기름을 냈단다. 그래서 스님에게 갖다 드리라고 하여 가져왔고, 오다가 시원한 것이 생각이 나서 아이스크림을 사왔다며 풀어놓는다.

조금 있자니 범수 누님이 오셔서 합장 삼배를 하시니 두루두루 법계에 축원을 하고 회향을 하였다.

홀로 되신 노모의 잠자리가 편치 않음을 자식이 알았으니 어찌 편히 잠을 맞을 수가 있었겠는가. 어느 놈이 자식 아닌 놈이 있으며, 어느 놈인들 부모 아닌 놈이 있겠는가. 자식을 잉태하여 모체의 밖으로 자식을 내놓을 때까지 서 말 닷 되의 피를 쏟아 내신다는데, 그 빚을 안 지고 태어나는 놈이 어디 있는가.

누님도 시골집에서의 잠자리가 불편했었는데, 어제는 편히 잠을 자고 왔다고 하면서 연신 고맙다고 한다.

"범수야! 너 앞산의 약사봉에 산신들의 회의 터에 갔다 온 것을 아냐?"고 물으니, "그거야 스님이 그렇게 말씀을 하시니까 그렇지 내가 어찌 알기나 하겠어요?"

허어, 이 사람. 그날 그곳에 가서 어머니 잠자리 방해하는 놈을 잡아달라고 기도한 줄 알고 있는데, 범수가 기도를 안 했다면 누가 기도를 했나? 슬쩍 보니 머리를 긁어댄다.

누님이 안고 온 세월 속의 보따리를 들어보니 여간 만만치가 않았으나, 이왕에 왔으니 이곳에다 다 풀어놓고 가라 일러주고 그들을 보냈다.

이 강산 산하대지 어디라도 우리와 함께해 온 강산임을 안다면 바다에는 용왕신이, 부뚜막에는 조왕신이, 산에는 산신이 이 땅의 우리와 세세생생 함께함을 잊어서는 안 될 것이다.

22. 어느 도인과의 이야기

첫 번째 이야기 … 龍(용)의 세상

 세상을 살아가면서 누구나 많은 사람들을 만나고 헤어지며 어느 때에는 생각지도 않았던 일들에 휘말리기도 하고, 어느 때에는 생각지도 않은 귀한 인연의 사람들을 만나기도 한다. 삶이란 부딪히고 부딪히며 서로를 보듬고 살아가는 것이란 것을 철이 없을 때에는 누구나 모를 것이다.
 주위에 많은 사람들과 살며 어울리고 돌아다닐 때에는 홀로 살아가는 것을 생각조차 하지 않았을 것이다. 그러나 누구든 자신의 생은 제 자신이 홀로 살아가는 것이다. 그런데 생을 여러 사람과 어찌 함께할 수 있으며, 남과 공유하며 살아갈 수가 있겠는가.

사람은 세상에 올 때에도 혼자서 왔으며, 갈 때 또한 혼자 가는 것을 누구나 알고 있을 것이다. 그렇듯이 세상을 살아가는 것도 역시 혼자서 제 인생을 꾸미고, 제 자신이 하는 짓거리가 자신을 만들어가는 것이라 알고는 있으리라.

누구를 만나서 권선하며 착한 짓거리로 대해 주면 선업을 짓는 것이고, 제 이익이나 챙기고, 속이고, 상대를 내팽겨 치며 싸우거나 나쁜 짓거리를 했다면 악업을 짓는 것임을 또한 누구나 알고는 있을 것이리라.

홀로 살아가는 인생에서 때에 누구를 만나서 무슨 짓거리를 하느냐에 따라서 인생의 판도가 결정이 나는 것이니 부딪히고 만나는 하나하나의 모든 생들과의 인연이 중요하다고 하겠다.

"스님은 용을 봤어?"

緇衣(치의)를 걸치고 몇 해를 보내고서는 스승님과도 헤어져서 독살이로 공부를 하며 수행을 하던 중에 무언가가 풀릴 듯하면서도 풀리지가 않아서 애써 의심을 품고 열심히 정진을 하던 때가 있었다. 수행이란 때의 의심을 품고 스스로 풀어나가는 공부이기에 때론 선지식의 도움이 필요하기도 하다.

어느 날인가, 낯선 방문객이 찾아왔다. 언뜻 보니 스님이신지라 "스님이 어인 걸음을 하셨냐?"고 말을 건네니, "스님에게 그림을 한

점 그려주려고 왔다"며 바랑을 풀어 헤친다. 그러더니 종이와 먹물을 꺼내고서는 거침없이 그림을 그리는데, 잠시만에 달마도를 완성시켜 내 앞으로 밀어놓으면서 자신은 해야 할 일을 마친 사람처럼 느긋해하며 이야기를 늘어놓는다.

자신은 달마의 그림을 그리는 것이 좋아서 언제부터인지 어디에 서고 달마도를 그리기를 시작했으며, 籍(적)을 두고 있는 절도 있고, 그림을 그리는 화실도 있다고 한다. 그러나 자리를 지키고 앉아 있으면 답답하고 좀이 쑤셔서 자리에 앉아 있을 수가 없어서 여기저기를 떠돌아다닌다고 하며, 남들은 달마도를 그리기 때문인지 '달마도사'라고 부른단다.

차를 마시면서도 이야기는 이어가는데, 자신은 젊었을 적에는 불가의 무술에 심취하여 무술을 연마하다가 머리를 다쳤다고 하며, 수행은 꼭 앉아서만 하는 것이 아니며, 자연과 벗하는 것이나 행주좌와 어묵동정이 일체의 수행이며, 자연의 변화나 계절의 변화에서도 수행자들은 알아차려야 할 것이 있다고 한다.

그러고서는 바로 "스님, 봤어?", "뭘요?" 하니, "스님은 용을 봤어?" 하며 다시 묻는다. "아니요. 볼 수가 없는데 어떻게 용을 봐요?" 하니, "스님, 수행자는 용을 봐야 수행이 이었다고 할 것인데 스님이 아직 용을 못 봤다고 하니 언제고 시절의 때가 익으면 보겠지만 이미 보고서도 알지 못하여 못 봤다고 하는 것일 수도 있다고 한다. 그러면서 "때가 되면 용을 볼 수가 있을 것이요"라고 한다.

이어 그는 "용의 세상에서 용을 못 봤다면 눈을 가지고도 보지 못하는 봉사로 사는 것"이라고 하며 "아무나 알고 아무나 볼 수가 없는 일이고, 때가 익으면 보고 알게 될 날이 있을 것이요" 하며 말을 마친다.

"스님, 용의 세상이라니 무슨 말인지요?" 하며 물으니, 그는 "스님, 나 머리를 다쳤어!"라고 대답을 피하며 바랑을 메고 밖으로 나선다.

밖으로 나서서도 잠시 말이 이어지는데 주위의 산을 가리키며 저 산들의 움직임이 굽이굽이 이어짐이 용의 움직임이며, 저 산의 어디에는 천년, 이천년, 삼천년의 긴 시간 때를 기다리는 용들이 자리를 잡고 있어 자연이 때가 되면 용이 옷을 입게 된다고 한다. 그러면서 또 "스님, 내가 머리를 다쳐서인지 말을 많이 하면 힘이 없어져"라고 하며 언제고 시간이 되면 다시 들리겠다는 말을 남기고 홀연히 돌아갔다.

달마도사가 돌아간 후에 한동안은 이런저런 것들의 생각이 정리가 되질 않았다.

세상에 없는 용이 무엇이고, 용을 본다는 것 또한 맹랑한 일일 것이고, 수행자와는 무슨 연관이 있는가?

눈이 형형하고 몸이 날렵한 것으로 봐서는 무예에는 깊은 조예가 있어 보였으나, 자신이 머리를 다쳤다고 하는 것으로 봐서는 떠돌이 객승의 허망한 말장난으로 생각할 수밖에 없었다.

제갈량은 자연의 때를 알았기에 적벽대전서 승리했다

자연의 때는 누구에게나 주어지는 평상의 때이나, 갈구하고 기도하며 기다리는 자에게는 때가 도래된다.

때가 오면 때의 일을 할 수가 있을 것이나, 때를 알지 못하고 해가 뜨고 달이 지는 평상의 자연만 알고 있다면 자연의 무궁한 변화와 때를 놓치고 살아가는 것이리라.

제갈공명의 적벽대전이나 강태공의 곧은 낚시는 때를 알고, 때를 기다려서 일구어낸 사례가 아닌가.

위나라의 조조가 백만의 대군으로 쳐들어올 때 유비의 책사 제갈량이 오나라의 손권과 동맹을 맺어 손권 휘하의 장수 주유와 함께 조조의 대군을 물리친다. 동맹을 맺은 제갈량과 주유는 서로 어떤 비책으로 조조의 대군을 막을 수가 있냐는 서로의 질문에 손바닥에다 서로 火(화)자를 써 보인다. 그들은 조조의 군대를 화공으로 막아내기로 하고 방통을 먼저 조조의 진영으로 들여보내어 육지의 군대가 바다의 싸움에서는 불리하니 배를 서로 묶으면 바람이 불어도 흔들림이 덜해 군인들이 싸움을 잘할 거라고 거짓말로 꾀어 모든 배들을 쇠사슬로 묶어 연결을 해버리게 한다.

1차 연환지계의 작전이 성공은 하였으나 화공을 위해서는 동남풍의 바람이 필요했다. 때는 11월이라 동남풍이 전혀 불지 않는 시기였으나 제갈공명은 바람을 일으키는 기도를 한다며 단을 만들어 놓고 기도를 올린다.

"동남풍! 동남풍! 남동풍! 남동풍!"

기도를 열심히 드려서인지 동남풍이 일어나 불어대니 기다리고 있던 주유와 유비의 연합군이 화공으로 조조의 군을 대파할 수가 있었고, 조조는 목숨을 건지려고 도망가기에 바쁜 일이 벌어졌던 싸움이 바로 적벽대전이다.

이 싸움의 핵심은 제갈량이 바람의 방향을 바뀌어 불게 했다는 것인데, 제갈량이 바람의 방향을 바뀌게 했나? 재주를 부렸나?

봄에 부는 바람은 동풍이고, 여름에 부는 바람의 방향은 남풍이며, 가을에 부는 바람의 방향은 서풍이며, 겨울에 모든 것을 날려 보내며 부는 바람은 삭풍이자 북풍이다.

계절이 바뀌면 그날로 바람이 방향을 바뀌는 것이 아니라 제 계절의 바람이 다음에 오는 계절의 방향과 함께 일을 하는 것을 어려서부터 천문을 공부했던 제갈량은 익히 알고 있었을 것이다.

11월이라 북풍이 일을 하고는 있으나 그는 다음 계절에 불어올 동풍의 바람이 남풍의 도움으로 겨울에도 잠시잠시 분다는 것을 알았기에 적벽대전을 성공으로 이끌었던 것이다. 기도를 올려서 바람을 바뀌게 했던 것이라기보다는 자연의 때와 시기를 알았을 뿐이다.

🐉 80의 나이에도 때를 기다릴 줄 알았던 강태공

강태공의 본명은 여상이다. 평생을 공부만 하고 벼슬길에 나서질 않으며 때를 기다렸던 인물이다. 집안의 가세가 너무도 가난하여 한 때는 집도 버리고 떠돌이 거지의 생활도 하였다고 한다.

　강태공은 자연을 벗삼아 낚시질을 즐겼으나 낚시질이 낚시질이었나? 고기는 애초부터 잡을 생각조차 없었기에 민낚시를 물에 담가 놓고 세상을 경영하기 위하여 자연의 변화를 공부한다. 때의 바람과 물과 나무들의 움직임 등 계절의 바람이 일면 물결이 일어나고 물결의 파장이 어디에 어떤 영향을 주는지 미세한 바람이나, 나뭇잎의 움직이는 것이나, 물의 움직임까지도 세심하게 관찰하고 연구를 하였을 것이다. 그는 자연의 계절의 움직임이나 변화를 세상을 경영하는 측면으로 인식, 연구를 하여 육도삼략을 통달하고 때가 익으면 익은 것만큼의 큰일을 도모할 것을 알았고, 천하를 거머쥐고 경영을 할 인물을 기다렸던 것이다.

　그렇게 기다리며 어느 날처럼 낚시를 하던 중에 서백창이란 인물을 만나게 된다. 서백창은 낚시를 즐기던 노인을 만나 얘기를 나눠보니 천하를 품고 경영할 만큼의 책략과 지략이 뛰어난 것을 간파하고는 바로 만난 자리에서 자신의 군사(책사)로 봉하고, 망해가는 주나라를 거머쥐게 되었다. 그가 바로 주나라의 文王(문왕)인 서백창이다.

　문왕의 뒤를 이은 무왕도 여상을 왕의 스승으로 극진이 대접을 하였고, 공을 인정하여 봉토로 제나라를 하사하였다.

당시는 씨족 중심으로 같은 친족이 아니면 제후로 인정하지 않았던 때의 일이었던 걸 생각하면 얼마나 왕의 신임이 돈독했으며, 얼마나 존경을 받았는지를 가늠할 수가 있으리라.

때를 기다린다는 것은 말이나 생각처럼 쉬운 일이 아니며, 때를 기다리는 자는 때를 알기에 기다리고 기다려서 때를 만나 품은 뜻을 펼쳤을 것이다. 그러나 때를 알지도 못하면서 무작정 때를 찾고, 무작정 기다린다면 세월을 낚는 것이 아니라 세월을 헛되이 소비하는 것이 되리라.

세상을 경영하거나 뜻을 세워 세월을 낚는 것을 기다린다는 말과 함께 수행을 하고 있다고도 말할 수가 있을 것이며, 수행에는 고행이 뒤따르듯이 때를 기다리는 것도 고행임을 알아야 할 것이다.

누구나 고생이 없는 세상을 원하며, 고생을 피해보려고 온갖 재주를 피우며 살아간다. 여기서 고생과 고행을 구분해서 이해해야 할 것이다.

고생은 끝이 없음을 알아서 스스로 고행의 삶을 알고 찾아서 살아가야 하지 않겠나?

강태공은 주나라의 문왕을 만나서 100세가 되도록 건강하게 활동적으로 살았다고 하니 3천여 년 전 사람의 일로 볼 때 장수하였음을 알 수가 있다.

100세까지 장수를 하면서 왕을 도와서 정치를 했다는 것을 노익장으로서도 높이 평가를 해주어야 할 일이지만, 그보다도 강태공이 서백창(문왕)을 만날 때가 80세였다고 하니 왕을 만나기 전날까지는 백면서생이요, 백수였었다는 얘기가 아닌가.

누가 80의 나이가 되도록 뜻을 굽히지 않고 초연하게 낚시를 즐기며 때를 기다리는 자가 있겠는가?

때를 기다려 80의 나이에 뜻을 펼치는 백수라!

시대를 뛰어 넘어 살아가는 모든 이들에게 귀감이 되며, 무언의 힘이 되며, 때를 기다린다는 것이 무엇인지를 알려준 백수이기에 재삼, 재사 음미를 해봐도 맛이 있음을 백수들은 알아차려야 하지 않겠는가?

조상들이 터 잡고 살았던 곳곳이 온통 '용의 세상'

봄에 들어선다는 입춘이 지났건만 동면에 든 대지는 깨어날 줄을 모르고 애꿎은 바람만이 열심히 제 할 일을 하며 지나간다.

옷깃을 세우고 밖에서 잠시 일을 하고 있자니 지난여름에 다녀갔던 달마도사가 특유의 잰걸음으로 암자에 들어선다.

합장으로 맞으며 "밖이 추우니 안으로 들어가시자"고 하니, "스님, 내가 머리를 다쳤어!" 한다. 그러면서 "머리가 아프면 아무 일도 할 수가 없어. 그러니 지금 바로 나와 잠시 다녀와야 할 곳이 있으니 따라나서라"고 한다. 그래서 호기심에 하던 일을 멈추고 그를 따라 길을 나섰다.

차를 잠시 타고 가다가 어느 곳에 이르러 산길을 오르며 "그동안 어떻게 지내셨냐?"고 물었더니, 이야기가 산을 오르는 내내 끝이 없이 이어진다.

산의 능선을 오르며 작은 능선의 봉우리에 오르더니 "스님, 저쪽을 보시오?" 하며 손가락으로 가리키는데 무엇을 보라고 하는지 알 수가 없어, "잘 설명을 해주시오?" 하였다. 그랬더니 산의 이곳저곳을 가리키며 설명을 이어나가는데 한참만에야 달마도사가 하는 얘기가 눈에 들어온다. 그래서 "예. 그렇게도 볼 수가 있겠군요"라고 하였더니, "그래. 스님은 이제 용을 본 거야! 용을 봐야 수행자라고 할 수가 있지!" 하며 제법 들뜬 기분이 되어 장황하게 설명을 이어간다.

산을 내려와 공양이나 하자며 집으로 모시려고 하였더니, "스님, 내가 머리를 다쳤어? 머리를 많이 쓰고 나면 머리가 아파오는데 지금 머리가 아파요. 오늘은 어디 가서 곡차라도 해야 할 것 같은데…" 하며 대답을 들어보려고도 하지 않고 합장을 하고는 이내 잰걸음으로 길을 떠났다.

달마도사가 돌아가고 한동안 그와의 얘기를 되새기고서야 모든 것이 시절의 인연이며, 때가 되면 오고 가며, 때가 되면 자연이 익어가는 순리를 새삼 알게 되었다.

만인지상의 권좌를 용상이라고 한다. 왕님의 얼굴을 용안이라 하고, 왕님이 걸치시는 옷을 곤룡포라고 하며, 권력의 자리에 오르는 것을 등용이라고 하던가? 우리네 조상들이 터 잡고 면면이 살아온 산야며, 골짜기며, 이어이어 이어진 지명들을 가만히 살펴보자니 온통 '용의 세상' 임을 새삼 알게 한다.

또한 용은 어디에서 살고 있나? 물에서 살며 물에서 놀면서 지낸다고 알고 있다. 이 산하의 어디든 물과 닿아 있으며 지명 또한 물이 넘쳐나고 있음은 우연한 일인가?

언젠가, 무엇이 궁금했던지 한 패의 여인들이 내방을 하여 얘기를 나누게 되었다. 스님 앞이라 그랬는지 절에 열심히 다닌다고들 한다.

"그래, 절에는 무엇 때문에 열심히 다니시냐?"고 물었더니, 공을 드리러 다닌다고들 한다. "예! 열심히들 공을 드리세요. 절에 다니신다면 혹여 용은 보셨는지요?" 하며 물어보았다. 모두가 벙어리가 된 듯 말들이 없다.

"용을 못 보셨다면 공을 제대로 드린 것 같지는 않으니 절에 가시면 용을 찾아보고 기도를 드리세요" 하며 일러준 적이 있다.

(알기나 할까?)

용의 세상이라? 웃기는 소리하고 있네! 상상 속에나 있는 동물을 만들어서 뭐하며, 본 것은 무엇이며, 본들 무슨 소용이 있으며, 어디에 쓰게?

헛소리 그만합시다! 그럴까?

어디선가 작은 소리가 들리는 듯하여 들어보니 달마도사의 웃음 띤 소리가 들린다.

"스님, 나 머리를 다쳤어?"

달마도사가 장난삼아 짓거린 소리라고! 뭐라고? 안 들려?

두 번째 이야기 … 잠을 안 재워. 신이?

세상만물은 낮에 태양의 양기를 머금었다가 밤이 되어 음기의 기운이 일어나면 음기와 화합을 하면서 성장을 한다.

양기의 기운이 많고 적음의 양에 따라 음기와의 양이 조절이 되면서 성장을 하는 것이기에 밤에는 잠을 청하여 적당히 자고, 낮에는 몸이 피로를 느낄 만큼 몸을 움직여 일을 하는 것이 몸의 성장기에는 좋으리라.

자연의 시간과 운기의 흐름은 때가 되면 제 할 일을 알아 아침의 시간에는 모든 이들이 잠에서 일어나 몸을 움직여서 일을 시작하게 하고, 낮에는 일을 하게 만들며, 저녁이 되면 일을 멈추고 쉬게 하며 내일을 위하여 새로운 기운이 필요할 것이기에 잠을 청하게 하는 것이다.

 자연의 운행에 따라서 몸을 움직이며 사는 것이 이상적이기는 하나, 산업화되어버린 현실을 살아가자면 어찌 자연의 운행에 꼭 맞춰 살 수가 있겠는가.

 살아가기 위하여 아침이 점심이 되고, 점심이 저녁이 되고, 아침이 밤이 되거나 점심의 때가 밤늦은 시간이 되어 때의 생활을 영위하고 있는 많은 사람들을 보게 되는데, 이상은 없을까? 잠시 동안이라면 모를까, 긴 시간이 간다면 어찌 이상이 없을 수가 있겠는가. 특히 자라나는 성장기의 어린 학생들일수록 자연의 운행에 따라서 생활을 하는 것이 중요하다고 할 것인데, 세상이나 어른들이 너무 일방적으로 아이들을 공부에만 매달리게 하는 것 같아 안타깝기 그지없다.

 원하는 학교에 들어가서 공부하여 졸업을 하였다고 그 인생이 성공을 했다고 할 수가 있으며, 맘에 드는 좋은 직장을 얻거나 맘에 드는 여인과 혼인을 하였다고 하여 인생이 성공을 했다고 단언할 수가 있을까?

 때에 맞춰서 일을 하고, 쉴 때에 쉬고, 수면을 취해야 할 때에 수면을 취하면 자연과 더불어 살아가는 것이라 할 것이다. 사는 것이 무엇인지 때를 알 수가 없는 생활을 해야 하니 세상살이가 나아지고 좋아졌다고들 하는데, 분명 얻은 것이 있으면 잃는 것도 있음이 당연한 것이리라.

밤은 신들의 영역, 사람과 접하기가 쉽다

해가 뜨면서 하루를 열어가는 일상의 일들이 산업화에서 첨단과학의 시대로 가면서 해가 져서도 해야 할 일들이 늘어나는 결과를 가져왔다. 이렇듯 과학문명의 발전이 사람들의 살아가는 행태를 바꾸어 놓았으니 밤낮의 구별이 없이 활동을 하는 것이리라.

자연은 음과 양의 기운으로 엮어져 있음을 안다면 해가 떠있는 동안에는 양의 기운으로 살아 있는 것들이 활동을 하는 때이다.

그리고 해가 지고 달이 뜨는(달이 떠있든, 안 떠있든) 밤은 음의 기운으로 神(신)들이나 靈界(영계)의 영역이며, 신들이 활동하는 시간이다.

神(신)들은 戌(술)시에 활동을 시작하여 寅(인)시에 닭의 울음소리가 나면 그날의 활동을 접고 자연이 만들어 놓은 보석 같은 '구슬이불'인 이슬을 덮고 잠을 청한다고 한다.

밤에 일을 하든지, 밤을 즐기든지 밤에 움직이며 활동을 한다면 신들이 움직이고 활동을 하는 때이기에 신들과의 접촉이 쉬워지고 용이하다는 것을 알아야 하겠다.

단순하던 농경사회를 벗어나 과학문명이 발달을 거듭하여 최첨단으로 치달으면서 세상을 변화시키고 사람들의 생각과 행동에 변화를 주는 복잡한 세상이나 때를 알아서 따르고 이끄는 사람들이 있는가 하면, 때를 제대로 알지 못하여 뒤처지거나 따라가지 못하는 사람들이 있으니 같은 때와 공간을 공유하며 살아가지만 분명 다른 세계를 살아가고 있음이 아니겠는가.

빛이 강하면 강할수록 그림자가 짙어지는 것이 자연의 이치가 아니던가?

때의 지도자를 잘 만나서인가? 50년대 전쟁의 잔해를 치유해가며, 60년대의 어려움을 딛고, 70년대에 들어서면서 경제의 성장과 맞물려서 여권이 신장되어 가고, 여성이 여러 분야에서 목소리를 높이게 되고, 몸값이 오르고 그리고 사회 참여의 자리가 늘어나게 된다.

허나, 여성 본연의 일은 자신의 밭에 떨어진 씨를 제대로 키워 내야 하는 일인데, 씨를 제대로 익혀서 세상에 내놓았나? 덜 익혀서 세상에 나왔다면 그만큼 덜 익은 짓거리를 할 것인데, 그것은 세상엔 절대 공짜가 없기 때문이다.

그럼 언제 덜 익은 짓거리를 할 것인가? 태어나서 20세까지는 봄이고, 21세부터 41세까지는 여름이다. 42세부터 63세까지는 가을이고, 63세 이후는 겨울이다.

인생이 많은 변수를 안고 살아가는 복잡하고 다난한 시기는 계절적으로 늦여름이니 나이로는 35세에서 40세가 되겠다.

자연의 계절이 가을이 오기 직전의 늦여름이 되면 자연이 곡식을 익히기 위하여 여름의 햇볕은 가장 따갑고 뜨겁게 대지를 달구어 익히는데, 자연과 같이 더운 열기가 인생의 늦여름의 시기에도 내리쬐는 것을 알아야 할 것이다. 허나, 덜 익어서 태어났다면 모체의 태중에서 제대로 익어서 태어난 사람들보다는 고통과 고생이 심할 것이고, 부모도 덜 익힌 값을 당연히 받을 것이다.

사회가 발전을 해가면서 문화를 공유하는 것은 사회가 발전하면서 축적된 힘이 있기에 가능한 일이나, 누구나 다 함께 공유할 수는 없을 것이다. 그것은 각각의 사람마다 精氣(정기)가 다르기에 움직이는 靈體(영체) 또한 다르기 때문이다.

(이해가 안 가는 말인데? 나도 그래.)

밤의 문화가 발전되고 밤을 공유하는 사람들이 늘어 가는데, 밤은 신들의 영역이기에 신들과의 교감이 쉽고 접하기가 쉽다. 그래서 신들은 이용할 수 있는 무엇에게나 스미고, 타고 다닌다는 것을 알아야 하겠다.

문명 발달로 불야성을 이룬 밤 세태

산자락에 묻혀 살면서도 일상의 많은 일들은 사람들의 수고를 빌릴 때가 있다. 그럴 때마다 찾아와서 이곳저곳을 번듯하게 고쳐놓고 가는, 읍내에서 철물점을 운영하시는 ○ 사장이 있는데, 언젠가도 배관이 터져서 급하게 부탁을 드렸더니 찾아와서 일을 마치고 손을 씻으면서 "스님에게 어려운 말씀을 드려야겠다"며 입을 여신다.

맘인즉, 사십이 다 되어가는 처남(○유상)이 있는데 여기저기에서 그동안 수도 없이 중매를 넣었지만 한 곳도 성사가 되질 않아서 걱정이 되며, 처남 본인도 결혼에는 별로 흥미가 없어 보이는데 왜 그러는지 궁금하단다.

신상을 물어보고 시간이 나면 한 번 데리고 오라고 하였더니 꼭 데리고 오겠다고 하며 산을 내려갔다.

며칠이 지났나 싶은데, O 사장이 건장한 젊은이를 대동하고 와서는 처남이라고 소개를 하는데, "어흠! 어흠!" 기침을 연신해댄다. "처남이신가?" 하고 물으니, 대답 대신 그는 "어흠!" 기침을 하며 고개만 까딱일 뿐 말을 하질 않는다. 그래서 "몸이 불편하냐?"고 다시 물었더니, 옆에서 O 사장이 "어려서부터 그렇게 말이 없다"고 말을 받는다.

키가 훤칠하게 크고 이목구비도 뚜렷하여 누구라도 그의 껍데기는 욕심을 낼 만한데, 아쉽게도 속에는 웬 영감이 들어 앉아있어서 세월을 죽이고 있으니 혼인에 흥미가 없음은 당연한 것이라 하겠다.

처남을 밖으로 내보내고 O 사장에게 "처남이 憑依(빙의)가 되어 속에 늙은 영감 귀신이 들어 앉아있어서 결혼은 어려울 것 같다"고 말을 해주었더니, 믿을 수가 없다고 한다. (허긴, 겉보기에는 멀쩡하니까.)

그때에 믿을 수가 없다는 얘기만을 하다가 그들은 산을 내려갔는데, 오륙년이 지나서 얼마 전에 우연히 O 사장과 처남을 만날 수가 있어서 유상이에게 "결혼은 했냐?"고 물어보았더니, 대답은 하지 않고 뒷짐을 지고 헛기침을 하며 몸을 돌린다. 허긴, 유상이의 몸에 실려 있는 영감의 입장에서 보면 스님은 두려운 존재이기에 몸을 사리는 것이 당연하리라.

  O 사장은 처남이 어느 직장에서도 적응을 못하고 떠돌아다니는 것이 안타까워서 자신이 직접 데리고 다니며 일을 하고 있는데, 속이 상하는 일이 많다고 한다.

  낮에는 비실비실하다가도 저녁이 되면 생기가 돌고, 밤이 새는 줄도 모르고 제 방에서 바쁘게 무언가를 하며 지낸단다. 그래서 언젠가 "무엇을 하기에 밤에 잠을 안 자느냐?"고 물어보았더니 공부를 한다고 하기에, 다시 "무슨 공부하느냐?"고 물어 보았더니 '과거공부'를 하고 있다고 얘기를 한 적이 있다면서 씁쓸한 웃음을 지으며 얘기를 한다.

  술 취하여 몸을 가누지도 못하는 놈에게 술이 취했으니 정신 좀 차려보자고 하면 나는 술에 취하지 않았는데 왜 술 취한 사람 취급을 하냐고 한다. 그리고 정신이 오락가락하는 사람도 자신은 정신이 멀쩡하다고들 할 것이니 유상이의 입장에서도 멀쩡하다고 말을 하는 것은 당연한데, 어디 그것이 멀쩡한 것인가?
  자신이 인지하지 못하는 사이에 귀신에게 씌인 꼴이 되어 허망한 세월을 지내는 이들이 유상이뿐이겠는가?
  주위에서도 껍데기가 움직이는 것에만 신경을 쓰고 내면에 무언가가 자리를 잡고 있다는 것에 대해서는 인식을 하지 못하고들 있으니 문화가 발전되어 가며 밤의 문화가 불야성을 이루는 세태를 보고 있노라면 빛의 명암에 심심한 유감이 생기는 것은 나만의 걱정인가?

누가 잠을 안 재우고 있나?

얼마 전인가, 밤에 잠을 자는데 밖에서 대롱이가 요란하게 짖어서 '산에서 짐승들이 내려왔나?' 하며 일어나서 밖으로 나와 주위를 둘러보는데, 대롱이 녀석이 산의 등산로 쪽을 보며 계속 짖어댄다.

산짐승들은 야행성이라 어두워지고 밤이 깊어지면 행동을 하고 움직이는지라 '어느 놈이 내려왔나?' 하며 산 쪽을 살피며 보고 있자니 무언가가 움직이며 내려오는데 달마도사였다.

마당으로 내려서며 합장을 하고는 "스님이 나오실 줄 알았지!" 혼잣말처럼 뱉더니 "스님, 약 올랐어? 잠을 깨워서?" 하며 짓궂은 표정을 지으며 말을 건넨다.

"예, 약이 많이 올랐지요. 어느 놈이 산에서 내려 왔는지 혼을 내주려고 하였는데 달마 동자님이시니 어찌하지를 못하겠네요" 하였더니, "스님은 잠을 잘 잤지? 근데 나는 잠을 안 재우고 심부름을 시켜서 이렇게 다니고 있는데! 스님, 나는 잠을 안 재워서 잠을 못자요?"라고 한다. 그래서 "누가요?" 하며 물어보니, "神(신)이요"라고 대답을 한다.

그러고 나서 잠시 망설이더니 "스님, 신을 봤어?" 하며 묻기에, "삼라만상의 모든 형상이 신인데 무슨 신을 묻는 거냐"고 하였다. 그랬더니 "스님, 살아서 움직이는 신 봤어?"

'아니, 웬 뚱딴지같은 소리?

언제나 찾아와서 이야기를 나눌 때마다 알듯 모를 듯한 말만을 꺼내놓았던 터라 어떻게 답을 못하고 있었는데 살아서 움직이는 신을 물어 오니 뭐라 답을 해야 할지?

달마도사와 한동안 얘기를 나누고서야 그가 야밤에 찾아 온 이유를 알았고, 언제나처럼 얘기를 나누다가 "스님, 나 머리를 다쳤어?" 하는 말을 남기고는 볼일을 마친 듯이 잰걸음으로 그는 어둠 속으로 돌아갔다.

그나저나 방으로 들어와서 잠을 청하며 '움직이는 귀신이라?' 생각을 해보지만 잠만 달아난다.

잠을 청해도 잠이 오지 않아 뒤척이는 것이 귀신들과 놀고 있는 건가? 어라? 밤에 잠은 안 자고 귀신들과 놀고 있나? 아! 밤이니까. 그럼 누가 잠을 안 재우고 있나? 밤이 깊었는데 심부름시키면 어떻게 하지? 자자!

달마 동자! 나, 잠들었어!

세 번째 이야기 … 왕들의 전생

산자락에 터 잡고 살아가는 것이 어찌 불편함이 없겠는가만, 불편하고 옹색하다는 것마저도 세월이 흐르며 훑어 가버려서인지 이제는 편안하며 넉넉하기까지도 하다.

산문 밖을 나서 살아보려는 중생들의 몸짓을 보고 있노라면 좋아지고 있는 세상만큼 나아지는 것이 아니라, 점점 더 어려워지는 것 같아 보이는 것은 세월 따라 힘없이 늙어가는 몸뚱이를 품고 있어서인가 싶기도 하다.

세상을 살아가는 것이 어찌 보면 잠자리 지붕의 넓이가 기준이 되다시피 했으니 잠자리의 지붕으로만 보면 제법 넉넉하다고 여기는데, 뭐? 아니라고?

산속에 있는 지붕은 기준에도 없다고?

어? 그럼 뭐야? 같은 지붕인데.

삼국시대의 삼국은 백제, 신라, 가야(?)

나라가 평안하다 함은 위정자들이 모범을 보여 백성들이 따르고 백성들이 평안해야 나라가 평안하다 할 것인데, 애써 알려고 하지 않아도 위정자들의 부정이나 부패에 연루된 소식을 접하게 될 때에는 '왜들 그리 욕심들을 내나' 하며 태평성대를 누리며 '격양가'를 노래하던 요순시대를 떠올려 본다.

백성들이 불렀다는 격양가는 '해 뜨면 일하고, 해 지면 쉬고, 우물 파서 물 마시고, 밭 갈아 내 먹으니 임금의 혜택이 내게 무엇이 있다더냐?' 하며 태평성대를 노래했다는 것이 아닌가.

  그리고 임금은 백성들과 똑같은 초가에 살면서 방도 꾸미지도 않았고, 백성들 중 굶는 사람이 생기면 임금도 끼니를 걸렀고, 추위에 떠는 사람이 있으면 자신도 같이 떨었고, 죄지은 이가 있으면 자기도 죄인처럼 괴로워했다고 한다. 순임금은 왕이 되고서도 새벽같이 일어나 밭에 나가 농사를 지었고, 물에 가서는 물고기를 낚았음으로 평소에 게으름 피우던 백성들도 임금을 본받아 부지런해졌다고 한다. 너무 오래전에 꿈같은 얘기를 늘어놓았나?

  우리들은 어떤 사물이나 일들을 대하면서 끊임없이 긍정과 부정을 하며 살아가는데, 과연 긍정과 부정을 하게 하는 것은 무엇일까? 누구는 찬성하는 일에 누구는 반대를 하고들 있으니 쉽게 결정을 할 수 있는 일은 아니나, 각각의 사람들은 태어나면서 자신만의 씨 주머니를 가지고 세상에 나오는데, 세상에 나오는 누구라도 같을 수가 없고, 서로 달리하여 태어나는 것임을 알아야 하리라. (씨 주머니에 무엇이 들었나? 궁금할 걸!)

  세월이 지나도 부정은 부정한 대로 가고, 긍정은 긍정한 대로 가고 있는 것을 알 수가 있는데, 누가 시켰나?

  세상은 돌고 돈다는 말들을 듣게 된다. 달이 지구를 돌고, 지구는 태양을 돌고, 태양도 북극성을 축으로 제자리를 돌고 있어서 돌고 있다는 말을 하는 건가? (함부로 돌면 안 되겠지!)

 이 땅의 지난 역사를 더듬어 보면 고구려, 백제, 신라의 삼국이 한반도와 만주와 대륙의 드넓은 땅을 차지하고 동북아의 맹주자리를 놓고 자웅을 펼치던 때가 있었다.
 삼국이 이름만 다른 동족의 나라이기에 '삼국이 스스로 통일을 일구어 냈다면 중국에게 많은 영토를 내주지 않아도 됐을 텐데' 하는 생각이 들어서인지, 가끔 생각이 날 때면 애석하다는 생각이 드는 것은 이 땅의 그 누구라도 다르지 않으리라.
 허나, 역사만큼 맹랑한 것이 어디 있나? 가리키며 배웠으니 그리들 알고는 있으나, 알고 있는 것들이 허구나 날조된 역사일 수도 있지 않은가.
 밀리고 밀려 동강이 난 반쪽의 땅이라도 자리 잡고 대한이 건재하니 언젠가는 북을 넘어 만주로, 대륙으로 옛 조상들의 고토를 밟을 날이 올 것이 아닌가! (허풍 치는 소리로 들려?)
 자연의 이치는 내려왔다면 올라갈 것이고, 손님이 왔다면 언젠가는 돌아갈 것이고, 작은 것은 커지고, 큰 것은 작아지며 밀물과 썰물이 같은 물이라도 시간차에 의해서 왔다 갔다 하고 있는 것을 안다면 당연한 일이리라.
 이 땅을 중심으로 삼국시대를 찾아보면 고구려, 백제, 신라가 아니라, 백제, 신라, 가야의 삼국시대가 있었던 것을 알 수가 있다.
(웬 가야?)

　가야는 6가야가 있었다고 하며, 세기 전이나 세기 후에 일어나 500여 년을 존속했다고 한다. 세월이 흐르면서 대부분 신라에 복속되고, 남쪽의 일부는 백제에 복속이 되었단다.

　가야라는 나라들이 있었다고는 하지만 알려진 것만큼 역사에 남겨진 것들이 없어서 아는 것이 부진한 것 또한 사실이나, 50년도, 100년도 아닌 500여 년의 역사를 지녔다고 함은 상당한 힘과 세력을 지녔던 나라들이었다는 것을 알 수가 있으리라.

　나라를 복속시키거나 새로운 왕조의 탄생은 복속을 시켰거나 멸망한 왕조가 있음을 말하는 것이다. 그러면 점령당한 땅의 유민들은 과연 어떻게 되었을까?

　지구라는 땅덩어리에 줄긋기 하듯 생겨나고 줄이 지워지듯이 사라졌던 수많은 왕조들의 유민들은 어떻게 그들이 살아 있었음을 알렸을까? 나라를 잃어버려 힘없는 그들이.

　먼 곳에서 답을 찾을 필요가 없을 것 같다.

　조선조의 말엽에 왜놈들의 술수와 모략에 국권을 상실하게 되어 식민지의 백성으로 전락해버린 이 땅의 백성들은 어떠했었나? 물론 힘이 없어서 당했지만 떳떳하게 국권을 잃은 것이 아니기에 이 땅이 얼마나 많은 선열들이 저항했으며, 조국 광복운동을 하다가 산화되었는가? 그리고 얼마나 많은 이들이 삶의 터전에서 내몰려져서 떠돌게 되었는가?

"스님은 대통령을 아시오?"

언젠가 밖에 외출을 하였다가 산사의 집으로 돌아왔는데, 주인 없는 집의 대청에서 어느 인사가 그림을 그리고 있는 것이 보였다. '누군가?' 하며 가까이 다가가서 보니 언젠가 들렀던 달마도사가 달마도를 열심히 그리고 있었다. '오늘은 무슨 풍딴지같은 얘기를 하려나?' 하는 호기심에 기척을 하니 돌아다보더니, 스님을 만나 얘기나 하려고 왔는데 스님이 안 계셔서 달마를 치고 있었다고 한다.

인사를 나누고 차를 달여 마시며 그동안에 지나온 얘기를 나누게 되었다.

달마도사가 "스님은 대통령을 아시오?" 하며 물어오는데, "아니, 대통령을 모르는 사람이 어디 있겠소?" 하며 대답을 하였다. 그랬더니 "아니, 그것이 아니라 대통령이 어느 나라(시대)의 정신을 담고 정치를 하고 있느냐는 것이오?" 하기에, "예?" 하며 애매한 표정을 지었다.

달마도사는 "전임 대통령을 검찰이 소환하는 것을 보았는데, 그것은 현재 정치의 정신과 전직 정치의 정신이 다르고, 정신이 다른 것은 각각의 대통령들이 전생의 왕조가 다르고, 시대가 다르며, 전직 대통령의 왕조나 시대는 가야의 영역이며, 그 앞의 영역은 백제의 왕조"라고 얘기를 하는데, 들으면서 '역시 풍딴지같은 소리를 하는구나!' 하는 생각을 하면서 한마디 했다.

"아니 도사님, 지금 과거 이 땅의 왕조를 들먹이는데 세상에 태어나 살아가면서도 내가 나를 몰라 헤매며 살고 있고, 번다한 것을 피하여 산속을 찾아 수행을 하고 있는 판국에 전생의 얘기를 늘어놓는 것 같은데, 어디서고 아예 그런 말은 하질 마시오?" 하며 말을 자르고 나섰다.

달마도사는 그래도 웃으며 말을 이어간다.

"스님, 空(공)과 色(색)이 다르지 않고 본래 한물건도 없음을 아실 것이며, 이생과 전생과 내생이 서로 닿아 있어서 삼세가 두루두루 함께함도 아실 것이기에 꺼내 본 얘기입니다. 스님이나 나 전생과 내세의 인연이 없다면 결코 이런 이야기를 어떻게 나눌 수나 있겠소?"

이왕에 말을 했으니 보따리를 풀어놓고 전생을 더듬어 보자고 하기에 한동안 얘기를 나누었는데, 얼마 지나지 않아서 또 "스님, 그만해. 나 머리를 다쳤어!" 하며 자리를 털고 일어난다.

가야가 신라에 의해서 망하고, 백제가 나당연합군에게 왕성을 빼앗겨 나라가 망한 뒤에도 가야의 백성이나 백제의 백성들이 순순히 점령자를 받아들였을까?

역사의 기록에 망한 나라의 기록을 남겼을 리가 없기에 정확한 것은 알 수가 없으나, 그 터의 백성들도 저항을 하였을 것이고 산화되어가면서까지 조국의 광복을 후손들에게 주지시켰을 것은 당연한 일이 아니었겠는가?

세월이 가면 모든 것은 잊혀진다고 한다.

잊혀진다는 것은 시간이 흐르면 생각에서 멀어지게 되고 어떤 일에 대하여 반응을 하지 않는다는 것인데, 세월이 흘러갔다고 과연 그럴까?

제 몸뚱이를 가졌어도 하는 짓거리는 때에 따라 다르다

가끔씩 절에 올라오면 살아가는 것을 새삼 느끼신다는 노신사분이 계신데, 학생들을 가리키던 선생님이셨다.

그는 교장선생님으로 퇴임을 하셨다고 하여 가끔씩 발걸음을 해주시면 '교장님'이라 부르며 이야기들을 나누다 가시는데, 언젠가는 오셔서 자기 집에 와달라고 부탁을 하신다.

교장님은 2남 4녀의 자식들을 모두 키워서 출가를 시켰고, 80이 다 되신 노모와 白壽(백수)를 바라보는 할머니를 모시고 사는데, 효심이 대단하여 언제 보아도 아름다운 사람이다.

부탁을 하는 내용을 들어보니 할머니가 불심이 대단하신 분인데, 자신의 묘 자리를 스님이 오셔서 잡아주시기를 원하셔서 청하는 것이었다.

약속을 한 날에 교장님의 집에 찾아갔는데 웬 사람들이 그리도 많은지. 물어보았더니 할머니의 생신이라서 가까운 일가들과 식구들이 모였다고 한다.

할머니를 뵈니 나이가 무색할 만큼이나 정정하셨다. 인사를 드리고 교장님과 가까운 곳에 있는 선산으로 발을 옮기는데 뒤를 따르는 아들과 조카와 사위들이 제법 시끄럽다.

산에 올라 이곳저곳을 둘러보고 한 곳에 자리를 정하여 표를 하고, 좌와 향을 설명하고 터와 사신(청룡, 백호, 현무, 주작)들이 일하는 것에 대하여서도 얘기를 해주니 모두들 귀를 기울이며 재미있게 듣는다.

산에 올라가서 볼일을 마쳤으면 내려오는 것은 당연한 일이라 산을 내려오는데, 뒤에 따라 내려오던 젊은이들 속에서 큰 소리가 터져 나왔다.

"그러니까 형님, 그게 비열한 짓이지요? 자신의 힘으로 백제를 이길 수가 없다고 다른 민족인 당나라를 끌어들인 것은 비열한 짓이며, 저항하는 왕을 신하를 이용하여 끌어내서 끌고 간 것도 당당하지 못한 짓이지요? 신라가 삼국을 통일했다고는 하지만 그것이 진정한 통일이었나요?"

듣는 순간 귀를 의심하며 '무슨 소리야? 지금? 1,300여 년이 지난 백제의 멸망에 대해서 분통을 터트리고 있으니.'

교장님을 돌아다보니 묻지도 않았는데 "저놈은 셋째 사위인데 일가들이 모이면 첫째 사위와 논쟁을 벌이는데 어제 오늘의 일이 아닙니다. 둘이 하는 말을 들어보면 둘의 말이 다 옳은 것 같아 둘의 얘기를 들어주는 형편입니다"라고 말한다.

　시간과 공간을 초월하여 신라의 후예와 백제의 후예들이 한집이 되어버린 이 터에 다시 태어나서 벌이는 논쟁임을 알아차리고 혹시나 하여 둘의 출신을 물어 보았더니, 사위들 모두 도회지와 가까운 지역의 출신들이라는 얘기를 듣고 집으로 돌아왔었다.

　인연은 정해져서 태어난다. 어느 때에 어느 곳에서 움직이며 살았고, 어느 시대의 정신세계였는가는 그 누구도 알지를 못할 것이다. 그러나 사람의 몸을 받고 태어나서 살아감은 살아왔던 것과 같이 정해진 대로의 짓거리를 하다가 가는 것임을 알아야 하겠다.

　사람의 의식이 자신이 생각하고 있는 대로 움직이는 것이 아님은 무언가의 씨에 의해서 태어나고 살다들 가겠지만, 과연 태어나게 하는 씨에 대해서는 누가 알기나 하겠는가. 허니 내가 나를 모르고 살 수밖에.

　무량겁의 세월, 세세생생의 세월을 어느 때에 살았는지조차도 모를 것이니 어찌 추측이나 할 것이며, 헤아리기나 하겠는가.

　신라의 국호는 덕업일신(德業日新), 망라사방(網羅四方)을 줄여서 사용을 한 것인데, 덕업을 쌓아 날로 새로워지고 사방을 망라한다는 뜻이 담겨 있다.

　신라시대에 화랑정신으로 삼국을 통일하려는 때의 영역이 시공을 뛰어넘어서 왕이 되어 나라를 다스린다면 당연히 가야의 영역이나 백제의 영역은 대립의 대상이며, 정복의 대상이 될 것은 정한 이치가 아닌가. 망해버린 가야의 왕을 지낸 영역이기에 신라의 공격을 받는 것은 당연하리라.

그러니 소환을 하여 취조를 하는 것이고. 그 이전의 왕도 가야와 가까운 사이인 백제의 영역이기에 공격을 하리라는 것은 예측된 일이리라.

누구나 사람의 몸을 빌어 세상에 나옴은 양의 영역과 음의 영역이 있기에 제 몸뚱이를 가지고서도 하는 짓거리는 때에 따라 다르기 때문에 천층만층으로 구분이 되며, 행태 또한 다른 것을 알아야 하겠다.

어? 전생의 얘기는 달마도사가 꺼냈는데, 왜? 이런 헛소리를 늘어놓고 있지. 나도 머리를 다쳤나?

전생을 아는 놈, 어디 없을까?

여름이 익어가니 이곳저곳의 나무에서 매미가 울어대어 듣고 있자면 소리가 시끄러운데, 시끄러우면서도 매미소리를 싫어할 수가 없다. 그놈들은 한 철을 울어대려고 땅 속의 암흑에서 7~8년을 굼벵이로 살다가 땅으로 올라와서 탈피를 하고 한 철을 울고서는 다시 굼벵이로 돌아간다는 사실을 안 뒤로부터다.

매미의 울음소리를 듣고 있노라면 한 철 농사를 짓다가 가는 사람의 삶과 다를 바 없음을 새삼 알게 한다.

매미의 울음소리는 어두운 땅 속의 지하세계에서 살다가 밝은 세상을 만나 기뻐서 내는 소리인지, 자신들의 처지가 슬퍼서 내는 소리인지 분간을 할 수가 없다.

누가 알겠는가. 자신을? 혹여 자신을 안다고 하여도 전생을 알기나 하며, 그 전생을 알았더라도 전생의 전생을 알기나 하며, 감히 추측이나 하겠는가?

매미도 자신이 때가 되어야 탈피를 하여 날개를 갖춘다는 것을 어찌 알며, 태어났기에 그냥 살아간다고 생각하는 인생들이 과연 자신의 전생에 대하여 알겠는가?

전생을 얘기하면 그저 흥밋거리로 듣고 치부하며, 남의 일처럼 생각들을 하며 지나치는데 과연 재밋거리인가?

스스로인 자신이, 자신을 자신의 씨 주머니에 담아가지고 살고 있으면서도 알지를 못하기에 스스로가 제 맛도 모른 채 매미가 날개를 부비며 소리를 내듯이, 인간들도 껍데기만 비비고 부비며 살고 있다는 것을.

너는 알아? 아니 나도 몰라. 나도 껍데기만 비비고 살고 있거든.

그럼 전생을 아는 놈이 어디 없을까?

글쎄, 달마도사?

아! 그렇지? 머리를 다쳤으니까.

책 속의 책 – 암수로 풀어보는 운세법 1

'계절의 암수가 운명을 다스린다'
– 혜공스님의 '암수운세법' 대 공개 –

　세상만물 모든 것이 음양의 합(조화)에 달려있으니 조화를 잘 이룬다면 실한 열매를 맺을 수가 있을 것이고, 그렇지 못하면 열매 맺기가 힘들 것이다. 겉모습으로 수놈 또는 암놈으로 태어났다고 해서 태어난 대로 살아가는 것은 아니다. 오히려 계절과 태세에 따라 그 역할은 달라진다. 계절에도 암수가 있으니 암놈과 수놈이 계절을 잘 만나면 풍성한 열매를 맺고, 큰 수확을 얻을 것이다.
　역학 사상 최초로 천부경의 삼재인 천지인을 근간으로 암놈과 수놈, 계절에 따른 변화를 사주팔자가 아닌 삼주육자로 파악한 혜공스님은 오랜세월 많은 사람들과의 상담을 통하여 그들의 고민을 풀어 주면서 누구나 알기 쉬운 운세법에 대하여 연구에 연구를 거듭하시다 암수운세법을 개발하였다. 암수법은 가장 평범하고 보편적인 자연의 이치로 인생의 운세를 파악하므로, 누구나 쉽게 이해할 수 있는 내용으로 꾸며져 있다. '계절의 암수가 운명을 다스린다' 는 혜공스님의 '암수운세법' 을 본격적으로 세상에 공개한다.

– 편집자 도움말

제1장 암수법과 우주

해와 달 vs 양력과 음력

사람들이 달력 또는 책력을 만든 것은 해와 달과 지구라는 별의 운행을 기록하여 우리네들의 생활에 이용을 하기 위한 것이다. 지구라는 공기 주머니에서는 태양계라는 굴레에서 벗어날 수 없고 태양이 품고 있는 별들(수성, 금성, 화성, 목성, 토성)까지도 우리네가 살고 있는 지구와 함께하기에 영향을 미치고 있으므로 음력과 양력을 만들어 해와 달의 움직임을 함께 사용하는 것이다.

메소포타미아인들과 양력

태양력, 즉 양력은 티그리스 강과 유프라테스 강의 중간 지역에 형성된 대평원에서 고대문명을 꽃피웠던 메소포타미아인들에 의해서 만들어져 발전되었다. 당시에도 천문학이 발달하여 태양계와 혹성, 행성들을 발견하여 그것들이 지구에 미치는 영향을 연구하여 지구에 존재하는 모든 생명, 특히 인간과의 관계를 정리하였다.

특히, 메소포타미아인들은 태양, 달, 화성, 수성, 목성, 금성, 토성, 천왕성, 해왕성, 명왕성을 천체와 지구에 영향을 미치는 별로 보고 연구하였으며, 그들은 계절에 따라 나타나는 12별 자리를 하늘에 쓰인 문자라고 해석을 하였다. 또 별들 사이의 일정한 관계의 분명함을 정리하였고 황소좌, 쌍둥이좌, 사자좌, 물고기좌, 전갈좌, 궁수좌, 천칭(저울)좌, 물병좌, 처녀좌 등 十二宮(십이궁)의 이름도 붙였으며, 十二宮(십이궁)은 지금도 사용하고 있는 달력에 일 년을 12개월로 정한 것의 근간이 되었다.

메소포타미아인들은 별들의 일정한 관계나 춘분과 추분의 달이 차고 기우는 변화의 항상성을 발견하였으며, 그러한 발견들의 항상성을 착안하여 우주와 인간과의 숫자를 산출해 내었다. 그들은 모든 변화를 태양을 주축으로 생각하여 태양력을 창안하였고, 태양과 별자리의 변화를 관찰했다. 오늘날 쓰이는 원의 각도나 시간의 분과 초에 사용하고 있는 60진법의 수 체계도 그들의 소산이다. 서양에서는 지금도 그들이 연구하여 만들어 놓은 하늘의 열두 별자리를 이용하여 점성학으로 발전을 시켜서 그들의 길흉화복에 이용하고 있다.

고대 황하문명과 음력

태음력, 즉 음력은 황하유역에서 문화의 꽃을 피웠던 고대 황하인들에 의해서 창안되었다. 태양과 달을 연구, 관찰하여 지구와 음양에 대한 근원을 풀고 금성, 목성, 수성, 화성, 토성을 대표적인 별로 정하여 우주와의 관계를 연구하여 음양설을 창안하였다. 황하문명인들의 연구대상이었던 태양, 달, 화성, 수성, 목성, 금성, 토성의 일곱 별이 현대인들이 사용하고 있는 일주일의 근원이 되었다.

황하의 고대인들은 우주를 음양 이원론으로 보고 우주만상을 음양으로 대분하여 남자는 하늘이고, 여자는 땅이라고 추리했다. 또 우주만물의 생명은 공간으로부터 유발된다는데 착안하여 숫자를 찾아내는 한편, 지구에 직접적인 영향을 미치는 달을 연구하여 월력, 즉 음력을 만들었다. 음력은 오늘날에도 태양력인 양력과 함께 사용하고 있다.

윤년과 윤달

지구가 태양을 중심으로 운행을 하고 달이 지구를 중심으로 운행을 하며 계절을 엮어 나가는데, 해를 중심으로 하기에 달의 주기에서 모자라는 일 수를 이삼년을 주기로 모아서 한 달을 만들어 주어 해에 맞추어 나가게 하였다. 그해를 윤년이라 하고 달을 윤달이라 한다. 윤달은 특성상 달의 행위가 중심이 되고 자연과 사람들에게 유익함을 주기에 윤달은 해의 자전주기이며, 한 살인 120년으로 볼 때에 44번이 들어 있다. 한 갑자인 60년에는 22번이 들게 되는데 윤달의 분포를 보면 계절의 봄, 여름, 가을에 들어 있음을 알 수 있으니 이는 자연을 키우고 살찌우며, 꽃을 피우고 맺히며, 열매를 익히는 일을 하기 위한 것이다.

운세학의 발전

운세학이라면 음양오행의 상생상극의 일정한 관계를 이용하여 사람들도 자연의 일부이기에 오래전 상고시대나 고대사회에서 인류가 문화를 발전시키면서 함께 발전을 해왔다.

해와 달 등 천체를 운행하는 별들이 항상 같은 궤도를 일정히 도는 것에서 자연의 순환법칙이 있음을 알게 되었으며, 고대인들은 이를 관찰하면서 음양과 오행의 틀을 형성하였으리라.

농경사회에서는 이 관측 자료를 농사에 이용도 하였고 기상관측의 측면으로도 이용을 하였으며, 점차 識者(식자)들에 의해서 통치자 중심으로 신관이나 제사장 등 소수의 지배층이 정보를 소유했었다.

시대에 따라서 이 지식은 통치의 수단으로서 일반인들은 넘볼 수 없는 신의 영역으로 치부하여 숨기고 은밀히 전하며 밖으로의 노출을 극도로 피하던 때도 있었다.

자연에서 터 잡고 자연의 일부로 살아가는 사람들의 운명까지도 천체의 운행과 상관관계가 있음을 알게 되면서 사람의 운세를 미리 점쳐보고 예측을 하며, 앞날의 일들을 알아보는 운세학으로 자리매김하게 된다.

자연 속의 모든 것에 음양이 존재하고 암수가 함께 자리하고 있는 것도 이들 천체의 영향을 받기 때문이며, 암놈이나 수놈이나 하는 짓거리도 때에 따라 달라진다.

천체의 수를 찾아 명과 운세를 미리 알아보자는 것이 바로 운명학의 시발이 되는 것이리라.

雌雄(자웅)법. 암수운세법의 생성

해의 움직임을 기록한 것을 양력이라 하고 달의 움직임을 기록한 것을 음력이라 한다. 曆(역)이란 해와 달의 움직임을 말하고 이런 해와 달의 움직임을 파악하여 책이나 기록으로 남긴 것을 册曆(책력)이라 한다. 양력이든 음력이든 달력을 사용하는 것은 인간 생활을 계절과 달로 엮어놓은 것이며, 그 계절과 달들의 움직임 속에서 생활하는 것이라 하겠다.

달력은 7일을 한 주로 묶었는데 日(일)과 月(월)은 양과 음이 되고, 화, 수, 목, 금, 토는 오행을 이룬다. 화성, 수성, 목성, 금성, 토성의 행성들의 움직임이 일주일을 이루며, 하루하루는 오행의 움직임이며, 오행은 자신의 수를 만들어 감을 알아야겠다.

하늘과 땅이 어우러져 태세의 수를 만들어 내며 사람들은 삶 속에서 항상 최상의 수를 찾을 것이니 '뭐 좋은 수가 없을까?' 하고 수를 찾는 것이 바로 그 예이리라. '목이 마르다면 어떻게 해야 물을 구하여 마실 수가 있을까?' 하고 '배가 고프다면 어떻게 해야 밥을 먹을 수가 있을까?' 하며 궁리를 하는 것도 바로 수와 관련이 있으니 암수가 서로 다른 짓거리를 하는 것도 천간과 지지의 수와 연관 되어 있고, 오행도 각각의 수를 대표하여 일을 하고 있음을 알아야겠다. 따라서 이 모든 수가 어떻게 들고 나는지를 알고 세상의 근간을 이루는 암수의 짓거리를 중심으로 때의 움직임으로 운세를 풀어나갈 수가 있기에 암수로 풀어보는 운세법이라 하였다.

자연에서 생명을 붙잡고 살아간다는 것은 하늘과 땅에 몸뚱이를 두고 터 잡고 살아가며, 움직이고 활동을 하는 것이니 움직이고 활동하는 기운이 운세이리라.

셀 수조차 없는 무한의 움직임이 하늘과 땅의 움직임이며, 이어 이어 나가는 것 또한 암수가 움직이는 것이 아닌가. 허니 암놈은 암놈의 짓거리에서 수를 찾을 것이고, 수놈은 수놈의 짓거리에서 수를 찾으려 할 것이다.

태어난 해, 달, 날을 하늘과 땅의 조화인 천간과 지지에 계절인 봄, 여름, 가을을 대입하여 그때그때 계절의 암수를 구별하고 암수의 나이가 때의 짓거리를 만들어 가기에 운세를 알아보는 방법을 창안하였으니 자웅법, 또는 암수운세법이라 하였다(이하 '암수법'으로 줄임).

오행의 기원에 대한 연구

음양오행을 이용하여 운세를 살펴보는 명리학의 골격은 송나라 시대의 연해자평서를 쓴 서자평에 의해 일 주를 중심으로 운세를 보는 방법으로 자리를 잡아 근세에 이르고, 그 이전에는 당나라 시대에 이허중이 생년월일시의 생극제화와 왕상휴수론에 의해 생년을 중심으로 운세의 길흉화복을 통변한 당사주가 있다.

당사주 이전에도 많은 역서들이 있었겠지만 근원을 밝힐 수가 없으며, 오행의 기원에 대해서는 사람들의 필요에 의해서 기상학적인 측면과 점성학적인 측면이 자연발생적으로 생겨나 첨삭을 거듭하며 점진적으로 발전을 해왔을 것이다.

오행 치수 법

한족의 천하태평의 시대라는 요·순의 시대라 하고 있으나, 요 임금의 시대에 몇 년에 걸쳐 대홍수가 넘쳐났으니 중국의 二十五史(사)의 저자인 사마천의 사기나 서경에 당시의 중원을 이렇게 기록하고 있다.

'아! 사악이여, 넘실대는 홍수는 넓은 땅을 뒤덮고 물은 산을 잠기게 하며 언덕 위로 오르는 거친 기세는 하늘을 찌를 듯하다. 백성들이 이를 한탄하고 있으니 누가 이 홍수를 다스릴 수 있겠는가?' 하니 모든 신하가 鯤(곤)이라는 사람을 추천하였다.

요 임금은 곤에게 치수의 담당, 관리를 명하였으나 아무런 성과를 거두지 못하였고, 요 임금의 뒤를 이은 순임금이 제위에 오르자 상국인 조선의 도움을 청하려 禹(우)를 보내었고, 우는 상국으로부터 오행치수법이라는 *신서를 받아와 治水(치수)*에 성공을 하였다.

　사천삼백여 년 전에 고조선에서는 오행의 상생상극으로 치수를 다루었음을 알 수가 있고 음양과 천간과 지지의 생성은 고조선시대 이전인 배달국의 때임을 알 수가 있겠으나, 눈 밝고 귀 밝은 학자들의 발굴이나 냉철한 연구가 뒤 따라야 할 것이다.
　일주일을 칠일로 정하여 사용하고 있는 것도 고조선의 2대 단군이신 부루왕 때에 백성들의 불편함을 덜기 위하여 되와 저울과 七回曆(칠회력)을 만들어 사용을 했다는데, 칠일(일, 월, 화, 수, 목, 금, 토)이 돌게 하는 력은 현재에 사용하고 있는 달력이며, 일주일의 근간임을 알 수가 있겠다.

태호 복희의 팔괘

　한족(중국인)들의 뿌리는 삼황오제에 두고 있으니 三皇(삼황)은 '태호 복희', '염농 신제', '황제 헌원'이고, 五帝(오제)는 '전욱 고양', '소호 금천', '제곡 고신', '요 임금', '순 임금'을 일컬음이며, 密記(밀기)에 이르기를 태호 복희는 배달국의 신시에서 태어나 雨師(우사)가 되었다. 신룡의 변화를 보고 괘도를 만들고 癸亥(계해)로 시작되는 역법을 甲子(갑자)로 시작되는 것으로 고쳤다. 결국 음양오행설은 배달국의 문화에서 나와 한족의 중원으로 흘러갔다는 것을 알 수가 있겠다. 우사란 비를 관장하는, 즉 물을 관리 감독하는 배달국의 관직이다.
　중국의 서량지 교수도 《중국사전사화》에서 '曆法(역법)은 東夷(동이)가 창시자이며 소호 이전에 발명되어 사용하였다'고 밝히고 있다. 東夷(동이)

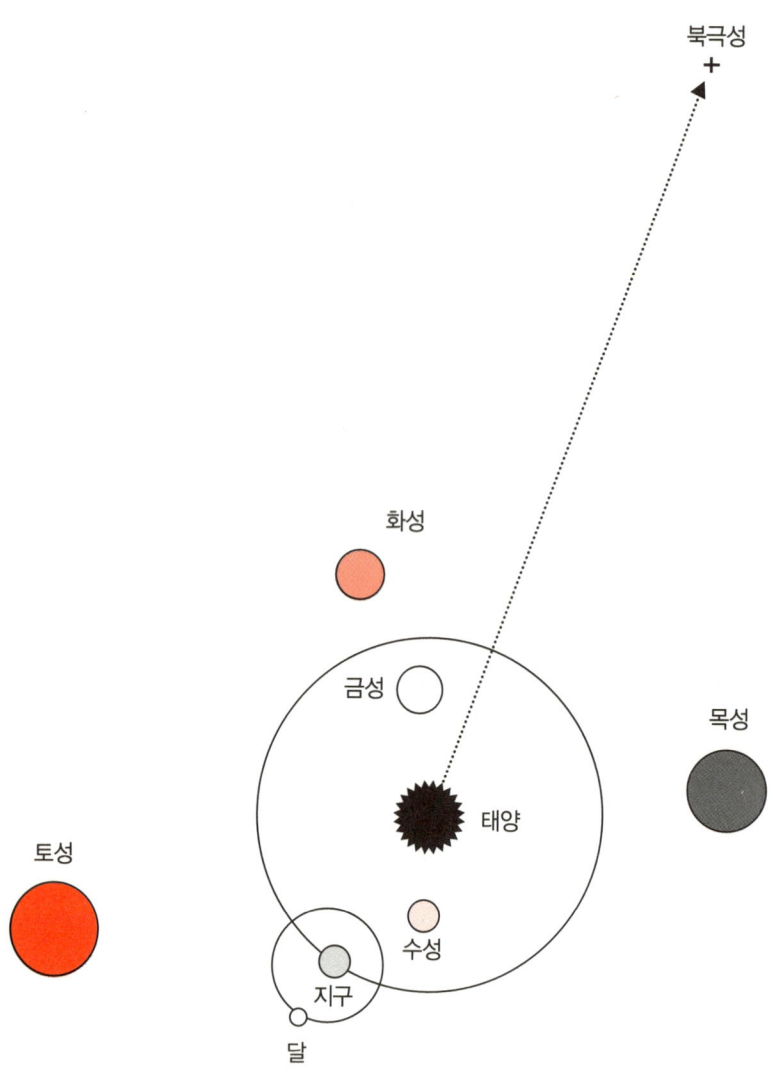

란 중국에서 부르는 고조선이며 배달국을 말한다.

중국의 학자 필장복은 자신의 저서 《중국인종 북래설》에서 '동방 인종의 五行(오행) 관념은 동북아(동이)에서 창시된 것을 계승한 것이다' 라고 했다.

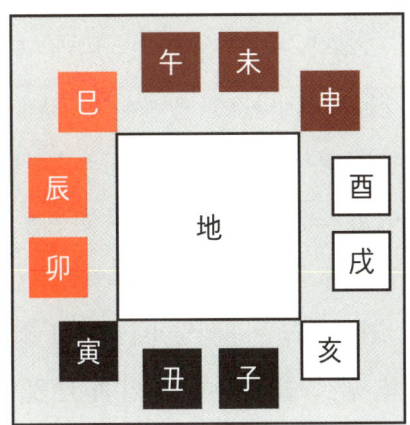

〈지지 형상도〉

지구와 천체

천체와 음양오행은 태양을 양으로 하고 달을 음으로 하여 음양이 형성된다. 또 지구와 형제 별들인 목성, 화성, 토성, 금성, 수성 등 지구에 영향을 주는 별들이 오행이며, 그 외에 천왕성, 해왕성, 명왕성, 은하, 북두성은 오행을 보조하고 있다.

삼라만상 모두가 음양

태양의 따사로움이나 역동적인 움직임의 기운을 양이라 하고, 달의 은은함이나 다소곳하며 받아들이는 듯한 기운을 음이라 하였다. 삼라만상의 모든 것이 음양과 함께 존재하고 있다.

시작과 끝, 어른과 아이, 남자와 여자, 밤과 낮, 위와 아래, 가난함과 부귀함, 귀한 것과 천한 것, 앞과 뒤, 즐거움과 슬픔 등 형태를 지닌 것이나 없는 것은 물론이고 기의 움직임까지도 모두 음과 양으로 존재하고 있다.

다섯 개의 행성과 오행

오행의 근간은 태양과 달, 수성, 금성, 목성, 토성, 화성 등 다섯 형제 별들의 위치와 역학 관계에서 형성이 된다. 대장격인 태양은 여섯 별과 천왕성, 해왕성, 명왕성과 위성과 은하를 이끈다. 태양을 양으로 놓고 화성, 수성, 목성, 금성, 토성의 다섯 별을 오행에 놓고 지구의 위성인 달을 음에 놓아 음양과 오행이 이루어진다.

자연의 모든 움직임이나 변화가 오행에 담겨 있으며, 오행이란 수, 화, 목, 금, 토를 말한다. 日(일)과 月(월)이 양과 음이며, 다섯 오행은 형제처럼 항상 같이 행하며, 천간과 지지 음양은 合(합)을 이루기도 하고, 極(극)하기도 하고, 畏(외)하기도 하면서 조화를 부린다.

오행의 배속

천간은 하늘의 모양을 본떠서 둥글게 배속을 하였고, 동서남북의 사방

〈천간 형상도〉

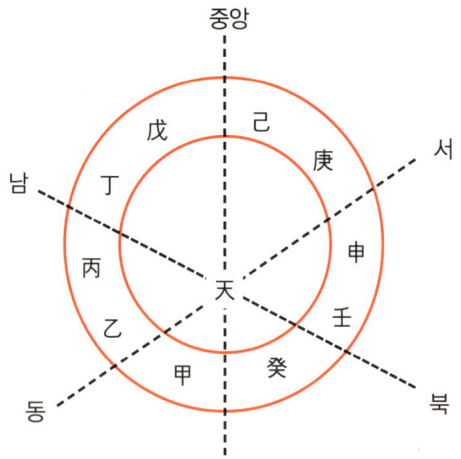

과 중앙방위와 상하를 주었다. 지지는 땅의 모양을 사각으로 추리하였기에 사방과 각 방위의 끝마다 간방에 중앙인 토를 주었다. 천간과 지지는 60갑자의 모체가 되며 오행에 배속되어 있다.

甲(갑)乙(을) 寅(인)묘는 木(목)이고, 丙(병)丁(정) 巳(사)午(오)는 火(화)이고, 戊(무)己(기) 辰(진)戌(술)丑(축)未(미)는 土(토)이며, 庚(경)辛(신) 申(신)酉(유)는 金(금)에 속하고, 壬(임)癸(계) 亥(해)子(자)는 水(수)이다.

오행이란?

물, 불, 나무, 흙, 쇠의 다섯 가지를 말하며, 항상 움직이고 변하며, 절차를 거치며, 형제처럼 나란히 항상 行(행)하는 것이다.

水(수)는 생명의 원천

물이란 무엇인가? 매미가 먹고 산다는 아침의 이슬이나, 왕이 흘리는 눈물이나, 더울 때나 힘들 때에 흘리는 땀이나, 계곡에서 퐁퐁 솟구치는 샘물이 물이다. 또한 하늘에서 내리는 빗물, 냇가에 흐르는 시냇물, 강물, 바닷물, 골짜기에 흐르는 물, 지붕에서 떨어지는 낙숫물, 감정이 동하여 흘리는 눈물, 가정의 안녕을 빌거나 자식 잘되길 바라며 떠놓고 기도하는 정안수도 물이니 부르는 이름만 다르고 있는 곳만 다를 뿐 우리 주변에 물이 없는 곳이 없고 물이 안 가는 곳이 없다. 지구 껍데기의 사분의 삼이 물로 차 있으니 모든 생명의 원천이 물이라 하겠다. 오행으로는 천간의 壬, 癸(임계)와 지지의 亥, 子(해자)가 물에 속한다.

물체의 분류로 보면 음료수, 씨앗, 어류, 간장, 잉크, 땀, 소금물, 채소, 필묵, 포목, 섬유류, 비누, 세탁기, 배, 군함, 의류, 샘물 등이 물에 속한다. 방향으로는 북쪽이고 맛으로 보면 짠 맛이다. 계절로는 겨울이며, 색은 검정색이다.

인체로 구별을 해보면 신장, 방광, 요도, 자궁, 귀, 요통, 생식기, 고환, 갑상선, 혈액, 대소변, 머리의 흑점, 장딴지 등이 水(수)에 속한다.

인물이나 직업적 분류로 보면 임산부, 어부, 맹인, 매춘부, 의사, 철학자, 승려, 저술가, 양상군자, 투기업자, 술주정꾼 부인과 의사, 공예인, 선장, 주먹구구식으로 장사하는 사람으로 본다.

불 火(화)는 힘이다

우주의 근원인 태양이 불이며, 달의 은은한 열기나 빛도 불이다. 천둥이 치며 번쩍이는 번개와 벼락도 불이며, 화산이 폭발하여 흘러내리는 용암의 열기나 빛도 불이다. 또한 대장간의 화덕의 불이나 산꼭대기에 설치하여 위급함을 알리던 봉화도, 화전민들이 살기 위하여 터를 얻으려 태우던 산불이나 정월이면 해충을 없애려고 놓았던 쥐불도 컴컴한 바닷길을 밝히는 등대의 불도, 속상해 하며 어지럽고 산란한 것도 불이며, 혼자만이 두근두근한 마음도 화이며 불이다.

천간에서는 丙(병)과 丁(정)이 불이고, 지지에는 巳(사), 午(오)가 불이다. 계절로는 여름이고 방향으로는 남쪽이다.

물체의 분류로 보면 폭발물, 휘발류, 대형차량, 화약, 미용재료, 전화, 전등, 간판, 안경, 액세서리, 유흥장, 유원지, 사진, 등대, 편지, 정거장, 화장품 등이다.

인물과 직업으로 분류하면 용접공, 전기, 전자, 기술자, 미용사, 보일러, 화부, 도시인, 염직공, 마부, 화가, 서예인, 호색인, 소방관, 발명가, 방화자, 부녀자, 창녀 등으로 볼 수 있다.

나무 木(목)은 젊은 기운의 표상

나무의 종류나 쓰임을 보면 우리네들의 일상의 모두를 차지할 만큼 다양한 쓰임을 알 수가 있는데, 종이나, 목재나, 약재나 일일이 적을 수가 없을 만큼 다양하다.

木(목), 나무는 자라는 기운과 젊음의 기상이며, 동쪽이며, 하루를 여는 아침의 뜻이 있고, 교육을 뜻한다. 누구에게나 봄은 청운의 꿈이며, 자란다는 것은 어떤 용도에 쓰이기 위한 것이므로 이미 어떤 용도의 用器(용기)인가는 종자가 있으니 정해져 있다 하겠다.

나무가 다 자라면 톱이나 도끼의 다스림이 있어야 거듭 태어나는 것임을 알면 다 자란 나무는 金(금)의 기운도 두려워하지 않는다. 천간의 갑, 을과 지지의 인, 묘가 목이다.

물체로 보면 목재, 전주, 동상, 발전기, 가로수, 고층건물, 나루터, 의복, 종이, 그릇, 목기, 나무수저, 서적, 신문, 책상, 탑, 박달나무, 섬유질, 운동화, 비누, 묘목, 가구, 낚싯대 등이다.

인물로는 장사꾼, 학자, 무서운 사람, 건망증 환자, 법인, 언론인, 교육가, 판사, 노동자, 목공인, 건축업자, 유아, 지휘자, 당구인, 골프인, 야바위꾼, 신경성 환자 등이다.

인체 분류로 보면 머리, 담낭, 눈, 근육, 동맥, 무릎, 팔, 간장, 이마, 모세혈관, 말초신경, 수족, 손가락, 발가락, 정강이를 나타낸다.

金(금)은 권력이나 지배력이다

바윗덩어리에 쇠 金(금)이 들어 있다.

우리가 살아가는 터전은 공기 주머니이며 오행으로 이루어져 있다. 그 중에서 단단한 것을 금이라 하였다. 철로 이루어진 것이나, 모래 속에 있는 사금이나, 바다 속에 塊(괴)로 되었거나, 고철이나, 제 기능을 할 수가 없이 녹이 나서 칙칙한 산화된 금속이나, 임금님의 머리에 올려 장식되는 왕관이나, 왕비님의 몸치장에 쓰이는 장신구나, 노리개에 붙어 있는 쇠붙이가 모두 금이다. 또 금은 일상에 사용하는 연장이 되고, 기계나 공구 자동차에도 쓰이고, 대포나, 미사일이나, 우주 공간에 올리는 우주선에도 가공하여 사용을 한다.

천간의 庚(경)과 辛(신)이 금이며, 지지에는 申(신), 酉(유)가 금이다

금속은 광물질인 돌로 이루어지니 주변의 돌이 모두 금속인 셈이다.

산에 가면 큰 바위나 작은 바위나 돌들이 있다. 산을 이루는 돌이든, 강가나 바닷가의 돌이든, 백사장의 모래인들 어찌 금이 아니겠는가. 금속은 그 물질의 특성에 따라 가공을 하여 물건을 이루는데, 그 특성에 따라 대접을 해주고 있음을 볼 수가 있다. 이는 또 희소가치가 크고 사용처가 다양하면 귀한 몸값이요, 흔하거나 별로 사용가치가 없다면 대접을 잘 받을 수가 없다.

金(금)을 물체로 보면 은행, 물감, 차량, 지폐, 무기, 금은, 비행기, 그릇, 악기, 보석, 침, 고추, 양념 등이며, 인물로 보면 군인, 운전기사, 항공기 조종사, 철도인, 은행인, 부관, 노파, 가수, 접대부, 요리사, 마취사, 침술사 등이며, 인체 분류로 보면 폐, 대장, 근골, 경락, 음성, 피부, 골수염, 정맥, 코, 혈관, 모발, 신경, 타박, 월경 등으로 본다. 계절은 가을이며, 색

은 백색이다.

土(토)는 중앙이며 정거장이다

토는 땅이다. 흙도 쓰임이나 모양새에 따라서 붙어있는 이름들이 다르다. 집을 지을 때나 벽을 바를 때에도 흙이 필요하고, 길가에도 지붕의 위에도 올리는 흙이 있고, 하천의 제방을 쌓는 흙이나 산길을 열어 흩어지는 흙 등 어디든 흙은 있으나 제 역할은 모두가 다르다.

오행의 특성상 물체로 분류해 보면 공장, 창고, 화로, 도자기, 시계, 서적, 표구, 골동품, 전자계산기, 어음수표, 물감, 조미료, 식품, 골재, 시멘트, 모자, 의상, 포목, 외래품, 위조 특허품, 약재, 병풍, 부채, 장판, 무기, 증권, 금고, 자갈, 모래밭, 얼음판, 비품, 농토 등이다.

인물로 보면 군인, 은행원, 세무관리, 소년, 중개인, 여관업자, 圇圁(영어)인, 미용사, 불청객, 범법자, 광고업자, 법관, 요리사, 석공, 재봉사, 토목기사, 빈곤자, 주색인, 수위, 경찰관, 변호사, 예술인, 두목, 자본가, 마취사, 영양사 등이다. 방위는 중앙이고, 색은 황색이다.

天干(천간)은 戊(무)와 己(기)가 토이며, 地支(지지)에서는 진, 술, 축, 미가 토이다.

복부나 내장이 토에 속하며 재화를 나타냄을 알아야겠다.

오행의 五事(오사)

五行(오행)이란 물, 불, 나무, 흙, 쇠의 다섯 가지를 말하며, 항상 움직이고 변하며, 절차를 거치며, 형제처럼 나란히 行(항) 같이 함을 볼 수 있다.

생명체는 물이 있어야 존재하는 것처럼 모든 생물은 물로부터 시작을 하니 오행 중에서 맨 먼저는 물이다. 물은 有液無氣(유액무기), 즉 액은 있지만 기운이 없는 것을 水(수)라고 한다. 다음이 불이니 有氣無形(유기무형) 기만 있고 모형이 없는 것을 火(화)라고 하며, 세 번째 나무는 有形無質(유형무질) 형상은 있으나 질이 없는 것이 木(목)이고, 네 번째 쇠는 有質無體(유질무체) 질은 있는데 체가 없는 것을 金(금)이라 하며, 다섯 번째의 흙은 有質有體(유질유체), 즉 형상과 질을 다 갖춘 것을 土(토)라 한다.

오행의 상생과 상극

相生(상생)이란 서로 생하여 도와주는 것을 말하는데 목생화, 화생토, 토생금, 금생수, 수생목이다. 나무가 타면서 불을 만들고 따뜻하게 하니 목생화요, 불이 흙을 굽고 데우며 재가 남아 흙으로 돌아가니 화생토요, 흙이 쌓이고 쌓이면 단단해지며 금을 만들어가니 토생금이요, 돌이나 바위에 냉기가 서려 물이 생겨나니 금생수요, 물이 나무나 식물들을 자라게 하

〈상생도〉

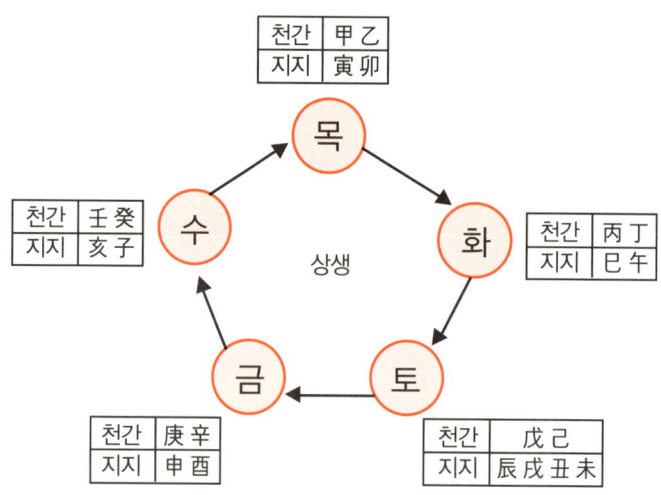

니 수생목이라 하겠다.

　相剋(상극)이란 상대를 이겨낸다는 말이다. 어느 한쪽에는 피해나 손실을 가져온다는 뜻이나 자연에서는 꼬집어서 극성이 나쁜 것도 아니며, 때론 필요할 때도 있고 때론 생산도 해내니 잘 살펴야 하겠다. 목극토, 토극수, 수극화, 화극금, 금극목이며, 나무가 땅속으로 뿌리를 내리고 파고 들어가니 목극토이다. 흐르는 물을 흙으로 제방을 만들어 물을 가두어 막으니 토극수요, 타는 불도 물을 퍼부어 꺼버리니 수극화이며 불이 쇠나 바위의 돌덩이를 녹이니 화극금이고, 쇠나, 도끼나, 칼이나 능히 나무를 베고 자르니 금극목이다.

　파고 들어가거나, 둑을 쌓아 막거나, 꺼버리거나, 녹이거나, 자르거나, 자연이 하는 일들은 어느 한쪽으로 보면 손실과 파괴만 있을 것이라 생각을 하지만 極(극)의 하는 일도 자연의 순환이며 자연의 원리라 하겠다.

〈상극도〉

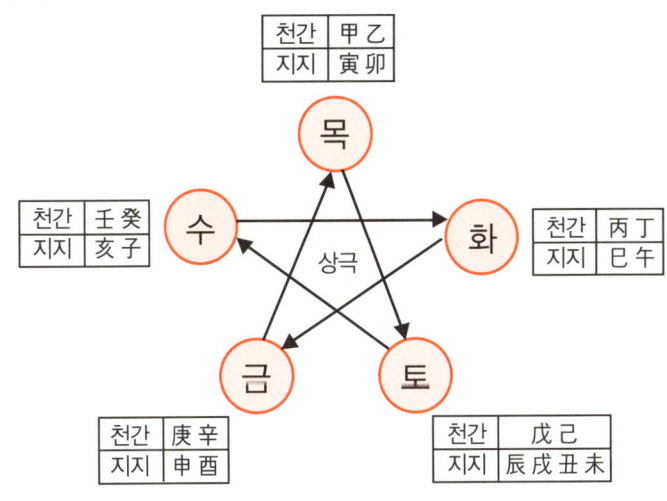

음양과 천간과 지지

고대의 황하인들은 우주를 음양이원론으로 보았으며, 우주만물의 생명은 공간으로부터 유발된 것이기에 天干(천간)과 地支(지지)를 정함에 있어 양의 기운을 남자인 하늘로 추리하였고, 음의 기운인 여자를 땅으로 추리하였기에 천간을 정함에 있어 남자의 신체가 구비한 十空(십공)에 착안하여 10천간을 정하였고, 지지는 여자의 신체가 구비한 十二空(십이공)으로 12지지를 정하였다.

음양과 오행의 생성을 암수의 10공과 12공에서 착안한 것은 공은 생을 포함하고 있으며, 생명의 시발이며, 모든 생명에 태어나는 제자리이기 때문이리라.

천간(하늘에 드리워진 문자)

天干(천간)은 하늘에 떠있는 별들을 하늘에 드리워진 문자로 추리하여 음양과 함께하는 그 별들(화성, 수성, 목성, 금성, 토성)을 甲(갑) 乙(을) 丙(병) 丁(정) 戊(무) 己(기) 庚(경) 辛(신) 壬(임) 癸(계)로 하여 천간을 정하였다.

하늘을 떠 바치고 있는 일을 하고 있으므로 하늘 天(천), 방패 干(간)자를 쓴다.

하늘의 둥근 모양을 본떠 동서남북과 중앙에는 토의 자리를 배치하였다.

하늘의 자리가 모든 것들의 머리 위에 있음을 안다면 하늘은 변화무상하게 움직이며, 자유자재하며, 땅에서 일어나는 모든 것들을 결정하고 집행한다는 뜻이 있음을 헤아려야 할 것이고, 천간은 암수를 정하고 나이를 정한다.

천간	명칭	천간의 의미
甲	대림목(大林木)	모든 재화는 밭에서 키워서 구하므로 만물이 성장을 뜻한다. 목재, 원목, 송, 목
乙	화초목(花草木)	새싹이 싹이 터 나올 때 굽은 풀이다. 화초, 덩굴, 잎사귀, 채소, 꽃
丙	태양화(太陽火)	태양의 밝고 더운 열기로서 만물을 번성케 한다. 태양, 큰불, 밝은 불, 허풍, 허황
丁	등촉화(燈燭火)	힘센 장정의 어깨처럼 만물을 포근히 감싸는 밝은 빛, 달빛, 등촉불, 불씨, 산소 불, 촛불
戊	성원토(成垣土)	만물을 무성하게 하므로 만물의 근간이며 넓은 대지이다. 제방, 태산, 운동장, 건물
己	전원토(田園土)	성장한 몸이므로 완숙하여 안정됨을 의미한다. 초원 화분흙 평야 도자기 전원
庚	검극금(劍戟金)	가공되지 않은 쇠, 자동차, 원석, 중장비, 쇠뭉치, 무기이다. 열매나 소득의 뜻도 있다.
辛	주옥금(珠玉金)	열매가 9번의 고통을 지나 곡식으로 태어나는 것을 의미한다. 연금을 거친 금, 장식, 보석, 침, 장식용 쇠
壬	강호수(江湖水)	음의 극대하여 양이 시샘한다. 회임, 도도한 기상, 강과 호수, 바다, 우물, 저수지
癸	우로수(雨露水)	만물이 결실을 마치고 셈을 끝내고 곡간에 저장된 곡식, 종자, 이슬비, 샘물, 눈물, 골짜기 물, 낙숫물, 진액

천간의 字(자)의 해설

천간의 字意(자의)는 자연계의 생물이 각 계절을 만나 싹을 키우고, 꽃이 피고, 열매를 맺고, 수확하여 저장되어가는 과정을 품고 있다. 사람들의 인생살이로 본다면 어린 유아기에서 힘이 있는 청년기를 거쳐 노련한 장년기와 완숙한 노년기를 나타내고 있으며, 각각의 시기를 인생의 나이로도 봄직하다.

甲(갑)은 밭 田(전)자와 뚫을 丨(곤)자이다. 일체 만물이 껍질을 뚫고 나오는 형상의 글자이다. 시작을 뜻하며 먹을 것을 생산하게 되니 중요하다.

乙(을)은 새싹이 나오며 꼬부라진 형상이니 만물의 初生(초생)을 나타내며. 생겨나서 자라는 것을 형상화한 자이다. 오리 형상으로 보기도 하며, 오리 알은 약재로도 사용하니 귀하게도 대접을 했으리라.

丙(병)은 만물이 싹을 틔우고 새싹이 자라려면 밝고 더운 열기가 필요한데, 때에 더운 열기와 번성하도록 도와주는 형상의 자이다.

丁(정)은 만물을 어깨로 포근히 감싸는 온정의 뜻과 힘센 장정의 어깨를 뜻하기에, 밝음과 온정과 온기로 하나하나의 생물에게 힘을 주는 형상의 자이다.

戊(무)는 번성하다는 茂(무)의 뜻이니 만물을 무성하고 풍성하게 하며, 잘못 자란 싹이나 결실이 없을 것은 伐(벌, 베어버린다)의 뜻을 담고 있다.

己(기)는 성장한 여인의 몸을 형상화한 자이며, 씨를 담고 있으니 완숙과 안정으로 자신을 다스리고 있음이다.

庚(경)은 열매가 맺어 소득과 결실이 있음을 뜻하고, 익어 있으나 가공이 안 된 쇠이기에 가공의 손길이나 때를 기다려야 하니 원석의 돌멩이다.

辛(신)은 열매가 익어도 아홉 번의 손질과 부스러짐의 고통을 거쳐서야 곡식이 되어 나오는 것을 뜻하니 돌이란 광석에서 여러 번의 손질과 가공을 거쳐 빛을 발하는 보석이 만들어진다는 뜻이다.

壬(임)은 회임하다 姙(임)의 뜻이 있고 음과 양이 함께하며 음의 극대에서 양이 始生(시생)함을 뜻하며, 어디에도 굴하지 않는 도도한 기상을 뜻하는 자이다.

癸(계)는 만물이 결실을 마치고 곳간에 들게 되어 지난해의 결실을 셈을 하고, 다음해에 쓰일 종자를 선택하여 갈무리를 한다는 뜻의 자이다.

천간의 동물

갑	여우	영리하고 재치가 있으며 민첩하고 빠르다.
을	오소리	부드럽다. 여리고 순하나 공격적이고 귀하다.
병	사슴	뿔을 과시하며 활동적이다.
정	노루	민첩하고 날렵하며 용감하다.
무	독수리	하늘의 제왕, 리더로서 위엄을 갖추었다.
기	오리	하늘과 물을 오가니 위와 아래가 안정하다.
경	까치	무리를 이루고 장난이 심하며 짓궂다.
신	꿩	옷을 아름답게 입고 있으니 뽐낼만하다.
임	제비	높이 날고 고고하니 여유가 있으리라.
계	박쥐	밤낮이 바뀐 생활. 눈이 어두워도 잘 날아다닌다.

지지(땅의 붙박이들)

地支(지지)의 열두 마리의 동물을 일컫는다. 子(자), 丑(축), 寅(인), 卯(묘), 辰(진), 巳(사), 午(오), 未(미), 申(신), 酉(유), 戌(술), 亥(해)를 말하며, 땅의 특성상으로 볼 때 하늘에서 행하는 모든 것들에 순응하며 지켜내야 한다는 뜻이 있다. 지지는 일 년의 열두 달과 계절을 관장하고 계절을 익히는 일을 하고 있다.

12지 동물의 배속

지지에 정하여진 열두 마리 각각의 동물들이 어떤 연유로 정해졌는가?

각각의 동물들은 어떤 일들을 하는가를 살펴보면, 음과 양의 수자를 중심으로 땅에 닿는 발이나 발가락을 중심으로 배속되어 있다.

子(자)는 쥐를 말한다. 앞발가락이 네 개이고 뒷발가락이 다섯이라 발톱은 아홉이니 양의 첫째자리에 두었고, 물에 속한다. 계절은 11월이니 한랭

하고 쓸쓸하며 발톱을 보면 4와 5가 함께 있으니 음과 양이 함께 있음을 알아야겠다. 영리하고 재치 또한 있으나 제 꾀에 제가 빠짐을 주의해야 하겠다.

丑(축)은 소를 말하며, 소는 발가락이 둘로 나뉘어서 음수이니 두 번째 자리에 놓았다. 토에 속하고 계절은 12월이고 대지는 꽁꽁 얼어있는 凍土(동토)이나, 일 안 하고 쉬고 있으니 소에게는 좋은 계절이다.

寅(인)은 범을 말한다. 발가락이 다섯이라 양수이니 셋째자리에 놓았으며, 목에 속하고 계절은 정월이다. 또한 다 큰 나무이며, 일 년을 시작하는 때이니 백수의 제왕답게 기세가 등등하니 금의 기운도 감당할 만하다.

卯(묘)는 토끼를 말함이며 발가락이 넷이니 음수로 넷째자리에 놓았다. 목에 속하며 계절은 이월이고, 청색을 나타내고 부지런함과 민첩함도 있다. 그러나 신경질적인 것도 유의해보자.

辰(진)은 용을 말한다. 발가락이 다섯이라 양수로 다섯째자리에 놓았으며, 계절은 3월이다. 농사짓기에 좋은 양질의 흙이며, 오행은 봄의 결실인 土(토)이다. 12地支(지지)의 동물 중에서 유일하게 想像(상상) 속의 동물이니 감추어져있다는 뜻이 내재되어 있다. 그러니 보석이나 보물로 보면 발견하고 본 사람만이 가질 수 있을 것이다.

巳(사)는 뱀을 말함이며 혓바닥이 둘로 갈라졌으니 음수로 여섯 번째에 놓았다. 불이며 계절은 4월이고, 12지 동물 중에서 유일하게 다리가 없음을 잘 살펴야겠다.

午(오)는 말이다. 말은 발굽이 둥글게 하나로 되었으니 양수로 일곱째자리에 놓았고 이글거리는 태양이요, 넘치는 용광로의 용암이다. 계절은 오월이고 남쪽의 기운이다.

未(미)는 양이나 염소를 가리키며 발굽이 둘로 쪼개졌으니 음수로 여덟째에 놓고, 계절은 6월이고 여름의 결실인 메마르고 거친 土(토)이다. 독립성과 협동성도 뛰어나지만 투쟁의 본성인 야성이 강함도 유의해야 하겠다.

申(신)은 원숭이를 말한다. 발톱이 다섯이니 양수로 아홉 번째에 놓고 금에 속하며, 계절은 7월이다. 지모가 있고 영리하나, 게으르고 무리지어 생활을 한다. 쇠로 보면 가공이 안 된 원석이니 제 꾀에 제가 넘어가니 염두에 둬야 하겠다.

酉(유)는 닭을 말하며 발가락이 넷이니 음수로 열 번째에 두었다. 그리고 금에 속하니 가공된 보석이요, 공구요, 기계이다. 계절은 8월이고 신경질이나 대항하여 쪼는 자학적인 것도 염두에 두자.

戌(술)은 개를 일컫는다. 발가락이 다섯이라 양수로 11번째에 두었고, 계절은 9월이고 가을의 결실인 토에 속한다. 뱃심과 충성심이 있어 순종도 하지만 돌변하면 맹수이니 때로는 공포의 대상이 될 수도 있어 염려가 된다.

亥(해)는 돼지이며 발굽이 양분되었으니 음수로 12번째에 놓았다. 水(수, 물)이자 겨울의 시작인 10월에 속한다.

12지의 동물들은 이원론적으로 음과 양의 형태를 중심으로 결정되었고, 땅에 닿는 발이나 발톱 중심으로 배속된 것을 알아야 하겠다.

三才(삼재)와 삼재의 수

자연을 이루고 있는 요소를 삼재라 하였다. 하늘과 땅과 사람을 말하며, 곧 자연이고 우주만물의 근본을 말한다. 삼재는 天才(천재), 地才(지재), 人才(인재)를 말한다. 하늘이 열리고 땅이 굳어져 공간이 생기어 사람들이 살아갈 수 있는 자연의 터전이 생기게 되었을 것이고, 삼재의 생성을 살펴

〈오행의 속성 활용도〉

五行	木(목)		火(화)		土(토)		金(금)		水(수)	
음양	양	음	양	음	양	음	양	음	양	음
천간	甲(갑)	乙(을)	丙(병)	丁(정)	戊(무)	己(기)	庚(경)	辛(신)	壬(임)	癸(계)
천간의 동물	여우	오소리	사슴	노루	자라	오리	까치	꿩	제비	박쥐
지지의 동물	寅(인) 호랑이	卯(묘) 토끼	午(오) 말	巳(사) 뱀	辰(진) 戌(술)	丑(축) 未(미)	申(신) 원숭이	酉(유) 닭	子(자) 쥐	亥(해) 돼지
生數(생수)	3		7		5		9		1	
成數(성수)		8		2		10		4		6
五行	木(목)		火(화)		土(토)		金(금)		水(수)	
방위	東(동)		南(남)		中央(중앙)		西(서)		北(북)	
계절	春(춘)		夏(하)		間(간)		秋(추)		冬(동)	
색	靑(청)		赤(적)		黃(황)		白(백)		黑(흑)	
인체	간, 담, 신경		심장, 소장, 눈병		비, 위, 복부		폐, 대장, 호흡		신장, 방광, 자궁	
질병	얼굴, 두통		고혈압, 편두		당뇨, 피부		근골, 사지		혈액, 생식	
오체	肩(견)		胸(흉)		足(족)		頭(두)		腹(복)	
오관	目(목) 눈		舌(설) 혀		肩(견) 어깨		鼻(비) 코		耳(이) 귀	
오미	酸(산) 신맛		苦(고) 쓴맛		甘(감) 단맛		辛(신) 매움		鹹(함) 짠맛	
오기	風(풍)		熱(열)		濕(습)		燥(조)		寒(한)	
상생	生(생), 火(화)		生(생), 土(토)		生(생), 金(금)		生(생), 水(수)		生(생), 木(목)	
상극	剋(극), 土(토)		剋(극), 金(금)		剋(극), 水(수)		剋(극), 木(목)		剋(극), 火(화)	
기운	생산, 양육		왕성, 활력		성실, 중후		살벌, 엄숙		쇠퇴, 감춤	
오의	인정		명랑		중후		냉정		비밀	
오진	色(색)		聲(성)		香(향)		味(미)		觸(촉)	
오격	曲直(곡직)		炎上(염상)		稼穡(가색)		從革(종혁)		潤下(윤하)	
오사	교육		사업		영농, 종교		군인, 혁명		법관	
오심	희열		다변		지체		급속		음흉	
오상	仁(인)		禮(예)		信(신)		義(의)		智(지)	
오곡	보리		기장		밤		벼		콩	
오음	牙(아)		舌(설)		喉(후)		齒(치)		脣(순)	
오형	길고		세모		원형		네모		둥글다	
모양	뻣뻣하고 장대하다		활발하고 조급하다		무겁고 탁하고 투박하다		네모반듯하고 완강하다		부드럽고 수려하다	
소리	呼(호)		言(언)		歌(가)		哭(곡)		呻吟(신음)	
오음	각		치		궁		상		우	

보면 하늘을 이루고 있는 천재의 생성 순서는 화수목금토이며, 생성 순서의 오행이 순서대로 천수를 이루고 지재인 땅의 생성 순서가 토금목수화이니 이것 또한 생성의 순서가 지수를 이룬다. 인재는 사람의 생성 순서인 수화목금토이며 인수를 이룬다. 이는 자연을 이루는 요소들이며, 어느 것 하나라도 자연이기에 떨어져서는 안 될 것들이다. 사람들에게는 삶의

〈지지의 물체 해설〉

子	음식물, 종자, 어류, 간장 액체, 생선, 잉크, 땀, 소금물, 채소, 필묵, 원천, 수, 생수
丑	무기, 음식, 증권, 금고, 차고, 인쇄기, 전기제품, 이불, 커튼, 만주, 얼음판, 비품, 의복, 농토, 자갈, 모래밭
寅	발전기, 피아노, 목재, 동상, 전신주, 가로수, 고층건물, 나루터, 의복, 서적, 신문, 목기, 책상, 탑, 박달나무
卯	화초, 비누, 운동구, 섬유질, 묘목, 옷장, 가구, 책상, 낚싯대, 종이, 그릇, 의복, 목기, 나무젓가락, 버드나무
辰	외래품, 토석, 비밀장소, 위조, 특허품, 골재, 약재, 도자기, 병풍, 부채, 장판, 포장, 비행기, 토산
巳	정류장, 전화, 담배, 편지, 종점, 대형차량, 화약, 폭발물, 휘발유, 미용재료, 전등, 사진, 등대, 액세서리
午	박테리아 균, 화장품, 액세서리, 못, 유원지, 유흥장, 간판, 학용품, 국기, 안경, 사진, 전등, 등대, 사진기
未	어음, 수표, 물감, 조미료, 식품, 골재, 시멘트, 혼수, 모자, 의상 드레스, 포목, 음료수, 꽃집
申	극장, 은행, 지폐, 차량, 무기, 금은, 보석, 비행기, 절단기, 칼날, 수도관, 전선줄, 농기구, 트랙터, 중장비
酉	그릇, 마이크, 악기, 보석, 침, 은행, 현금, 귀금속, 곳추, 양념, 마취약, 노랫소리, 된장, 핸드폰
戌	보안등, 창고, 공장, 골키퍼, 화토, 도자기, 각종 시계, 골동품, 컴퓨터, 전자 계산기, 서적, 표구
亥	간장, 바다, 소금물, 음료수, 주류, 포목, 섬유류, 팔목, 세탁기, 비누, 배, 군함, 여객선, 커튼, 의류, 생선

〈천간 지지의 오행 특질 및 동물 분류표〉

간지	동물	간지	간지	동물	간지	간지	동물	간지	간지	동물	간지
甲	여우	辰木	丙	사슴	太陽	庚	까치	大金	壬	솔개 제비	湖水
卯	토끼	草木	午	말	熱火	酉	닭	鐵金	子	쥐	海水
乙	오소리	草葉	丁	노루	起火	辛	꿩	針金	癸	박쥐	溪水
辰	용	固土	未	염소	濕土	戌	개	寒土	丑	소	濕土
巽	교룡	煙火	坤	들개	城土	乾	이리	堅金	艮	게	城土
巳	뱀	小火	申	원숭이	劍金	亥	돼지	河水	寅	범	劍金

戊 : 가재(大土)   己 : (薄土)

〈지지의 인물 해설〉

子	천수	임산부, 아이들 국소, 매춘부, 어부, 야경인, 맹인, 의사, 승려, 철학자, 저술인, 양상군자	午	화산	문화인, 도시인, 마부, 교육자, 염직공, 화가, 서예인, 호색가, 발명가, 방화자
丑	동토	군인, 은행원, 세무 관리, 복권 경리사원, 소년, 중개인 유아, 기사, 여관업자	未	조토	주색인, 요리사, 석공, 재봉사, 부관, 토목기사, 농부, 도자기상인, 잡역부, 잡화, 빈곤자
寅	목근	무서운 사람, 건망증 환자, 장사, 학자, 법인, 발명가, 언론인, 문화인, 교육자, 판사	申	광석	군인, 운전기사, 항공인, 통신사, 기능인, 철도민, 행인 모모, 노파, 부사장, 부관, 보조인
卯	초목	신경환자, 노동자, 건축업자, 목공인, 유아, 지휘자, 마부, 당구, 야바위꾼, 골프인	酉	금석	소녀, 가수, 접대부, 요리사, 식모, 비처녀, 군인, 은행원, 마취사, 침술사, 그래픽
辰	습토	불청객, 범법자, 미용사, 목공, 배달부, 재목상, 중개인, 항공사, 광고업자, 법관, 검사인	戌	사토	비밀, 사기꾼, 기사, 공예인, 수위, 경찰관, 교도관, 변호사, 예술인, 자본가, 두목
巳	지열	장녀, 부녀자, 불을 취급하는 사람, 용접공, 보일러, 미용사, 전기 전자 기술자, 제품취급자, 방송기술자	亥	해수	투기업자, 술주정꾼, 주먹구구식 장사꾼, 부친 임산부, 어부 선장, 부인과 의사, 공예인, 예술인

〈지지와 인체 & 발병〉

子	비뇨기	신장, 요도, 자궁, 귀, 요통, 음부, 정자, 생식기, 월경, 갑상선, 고환
丑	위장	비장, 복부, 수족, 횡격막, 맹장, 췌장, 입
寅	심장	머리, 담낭, 눈, 근육, 동맥, 무릎, 팔
卯	간장	간장, 이마, 눈, 모세혈관, 근육, 말초신경, 수족, 손가락, 발가락, 정강이
辰	망각증	위장, 피부, 등과 허리, 가슴, 코, 맹장, 겨드랑이
巳	치통	소장, 얼굴, 치아, 복부, 인후, 편도선, 삼초, 심포, 혓바닥
午	정신병	심장, 눈, 혀, 신경통, 정신, 심 포, 시력, 열
未	허 토병	위장, 배, 입, 입술, 잇몸, 척추, 복부, 수족
申	대장염	폐, 대장, 입, 입술, 잇몸, 척추, 복부, 수족
酉	폐결핵	폐, 코, 음성, 혈관, 피부, 모발, 입, 월경, 뼈골, 신경, 타박
戌	공포증	위장, 명문, 갈비, 두뇌, 대퇴부, 가슴, 대변, 항문, 위신경
亥	방광염	고환, 생식기, 월경, 혈맥, 대소변, 자궁, 종아리, 머리흑점

터이기에 기도하고 빌며, 의지하고 살아가는 곳이 삼재임을 알아야겠다.

하늘을 이루는 천재의 수는 화수목금토(하늘이 열린 순서)이니 1화, 2수, 3목, 4금, 5토의 순이다.

불은 위로 오르려는 성질이 있다. 그러므로 천수에서 제1은 火(화)가 된다. 우주의 생성도 부딪혀 터질 때의 화기로부터 출발을 하였으며, 더운 기운은 수증기 만들고 더운 곳으로는 물 기운이 몰리므로 불 다음에는 물이 형성되었다. 형성되어진 물은 나무를 생성시켜 자라게 하므로 나무가 자라는 여건을 만들었기에 물의 다음 순서는 나무일 것이고, 나무가 쌓이고 용암이 녹아 흐르다 굳어져서 단단한 성질의 돌로 변하는데, 그것을 단단한 금이라 하였고, 탄소가 금강석이 되는 것과 같은 이치이리라. 아무리 단단해도 자연의 풍화작용에 의해서 부스러져 가루를 만들어가며 대지를 덮으니 결국은 흙이 되는 것이 자연의 이치이리라. 하늘이 열리고 땅이 굳어졌으니 땅이 열린 순서를 보면 하늘의 생성과는 반대일 것이니 지재의 수, 즉 지수는 1토, 2금, 3목, 4수, 5화의 순서이다.

하늘이 열리고 땅이 굳어져 공간이 형성이 되어 생명들이 자리를 잡게 되니 인재의 수는, 즉 사람의 수는 생명이 음양의 착상에 의하여 생겨나는 순서를 말함이니 그 순서는 태아의 생성 순서를 보면 알 수가 있으리라. 1수, 2화, 3목, 4금, 5토이다.

부모의 정자와 난자(물)가 기와 열을 받아서 착상하여 자라고(나무), 뼈(금)가 생기고 피부(토)가 생기게 되니 태아는 5개월이 되면 생명을 갖추게 되는 것이다. 6개월부터 10개월까지는 부모의 성격, 인격 등을 받아들여 저장하는 시기이다.

생수와 성수

생수는 본래부터 오행을 이루는 근간의 수를 말한다. 모든 생명의 틀을 이루는 수이며, 1, 2, 3, 4, 5이다. 1이 자라면 6이 되고, 2가 자라면 7이 되고, 3은 8, 4는 9, 5는 10이 된다. 따라서 6부터 10까지는 자란다는 의미의 성수이다. 따라서 수는 생수와 성수로 구분한다. 태아의 경우는 1~5개월까지는 눈코입귀 등 생명으로서 형성되어 생수의 시기이고, 6~10개월의 사이는 태아가 성수의 시기이기에 자라는 시기이다.

〈삼재의 생성 순서와 삼재의 수〉　　〈삼재의 구성〉

천재 (天才)	화	수	목	금	토
	1	2	3	4	5
지재 (地才)	토	금	목	수	화
	1	2	3	4	5
인재 (人材)	수	화	목	금	토
	1	2	3	4	5

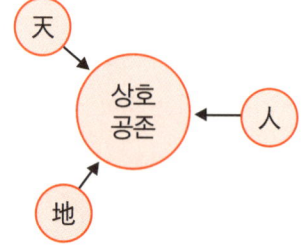

合(합), 하늘의 합과 땅의 합

천지만물은 조화를 이루어 어우러져 있다. 음과 양이 일을 하여 조화를 이루어 합이 되는 것을 의미하는 것이며, 천간인 하늘도 음양이 일을 하며 합을 만들어내고 있음을 알아야겠다. 하늘, 즉 천간의 합은 갑기합, 을경합, 병신합, 정임합, 무계합이다.

음과 양이 일을 하여 조화를 이루니 씨는 씨를 만들고 종은 종을 만들어내며 化(화)하니 갑기가 합하여 土(토)를 만들고, 을경이 합하여 金(금)을 만들고, 병신이 합하여 水(수)를 만들고, 정임이 합하여 木(목)을 만들

〈천간의 합〉

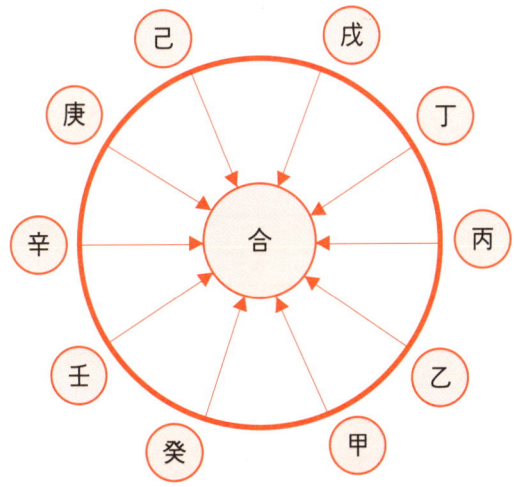

며, 무계가 합을 이루어 火(화)를 만들며 조화를 이룬다.

땅인 지지에서도 합이 이루어지니 삼합, 반합, 방합, 육합, 계절합 등이 있으나, 특성상 선택의 합이며 천간인 하늘처럼 결정의 합이 아니므로 힘이 약할 수밖에 없다. 지지의 합은 선택의 합이라 하겠다.

암수 가름(결정)

암수의 구분은 하늘인 천수의 고유영역이며, 合(합)에 의해서 결정이 되는 것이니 甲(갑)의 수놈과 己(기)의 암놈이 乙(을)의 암놈과 庚(경)의 수놈이 丙(병)의 암놈과 辛(신)의 수놈이 丁(정)의 수놈과 壬(임)의 암놈이 합을 이루며, 戊(무)의 수놈과 癸(계)의 수놈도 합을 이룬다고는 하나, 어찌 수놈끼리의 합을 합으로 볼 수 있겠는가. 합이란 情(정)으로 이루어지는 조화이나 무와 계는 애초부터 정이 없이 만나는 것이니 이놈들은 만나면 암놈이든 수놈이든 야합하고 투기하고 투쟁을 일삼으니 짓거리를 잘 살펴야

〈암수자웅조건표〉

간지	갑자	을축	병인	정묘	무진	기사
자웅	수	암	암	수	수	암
간지	경오	신미	임신	계유	갑술	을해
자웅	수	수	암	수	수	암
간지	병자	정축	무인	기묘	경진	신사
자웅	암	수	수	암	수	수
간지	임오	계미	갑신	을유	병술	정해
자웅	암	수	수	암	암	수
간지	무자	기축	경인	신묘	임진	계사
자웅	수	암	수	수	암	수
간지	갑오	을미	병신	정유	무술	기해
자웅	수	암	암	수	수	암
간지	경자	신축	임인	계묘	갑진	을사
자웅	수	수	암	수	수	암
간지	병오	정미	무신	기유	경술	신해
자웅	암	수	수	암	수	수
간지	무오	기미	경신	신유	임술	계해
자웅	수	암	수	수	암	수

하겠다.

좋아하고 은혜하는 마음이 있어 사랑하는 것이요, 합을 이루는 것이니 갑의 총각이 하숙집 아줌마를 서로 그냥 좋아 합을 이루고, 을의 처녀가 경의 힘 있는 아저씨가 그냥 좋아 합을 이루고, 병의 처녀가 신의 멋있는 아저씨가 좋아 합을 이루고, 정의 장정이 임의 안방마님과 눈이 맞아 그냥 좋아 합을 이루는데, 무의 아저씨와 계의 나이든 노파와의 합은 좋아서 이루는 합이 아니라 정은 없으나, 서로가 어떤 목적을 이루기 위하여 합을 이루어 화하여 만들어내는 것도 火(화)이니 머리통이 뜨겁고 열 받고 스트레스가 쌓이는 합임을 알 수가 있다.

癸(계)는 암수로 보면 암놈이나, 나이 먹은 암놈의 짓거리가 수놈의 짓거리를 하여 수놈으로 간주한다.

천간과 지지의 충

 충이란 서로 대립하는 것이 부딪히는 것으로 천간이나 지지도 서로 마주보는 곳의 자리와 충을 이루는데, 어느 한쪽은 손실과 상처를 받게 되는 것이나, 부딪혀 깨지고 다치는 것은 자연이 하는 일이다. 그러니 자연이 생기는 일임을 안다면 충이나 부딪히는 일들을 손실이나 손해로만 받아들여서는 안 될 일이니 충돌을 하고나서 새로운 기운이 생기고 化(화)함이 있음이리라. 충이란 극하는 것이니 물이 불과 충돌하여 불이 꺼질 것으로만 아는데, 작은 물이 크고 센 불을 이길 수가 없을 것이니 자연의 충은 부딪혀 화하여 새로운 것을 만들어가는 질서임을 알아야겠다.

〈지지의 충〉

子	丑	寅	卯	辰	巳	午	未	申	酉	戌	亥
午	未	申	酉	戌	亥	子	丑	寅	卯	辰	巳

〈천간의 충 극도〉

甲	乙	丙	丁	戊	己	庚	辛	壬	癸
庚	辛	壬	癸	甲	乙	丙	丁	戊	己
충	충	충	충	극	극	극	극	극	극

계절의 財産(재산)

 예나 지금이나, 고대의 사회나 현세의 사회나 사람이 살아가기 위해서는 먹어야 살아갈 수 있는 것이고, 생을 이어나갈 것이다. 살아가는 데에는 먹는 것이나 재화가 중요한 것이 아니던가. 먹고사는 것은 일체가 땅

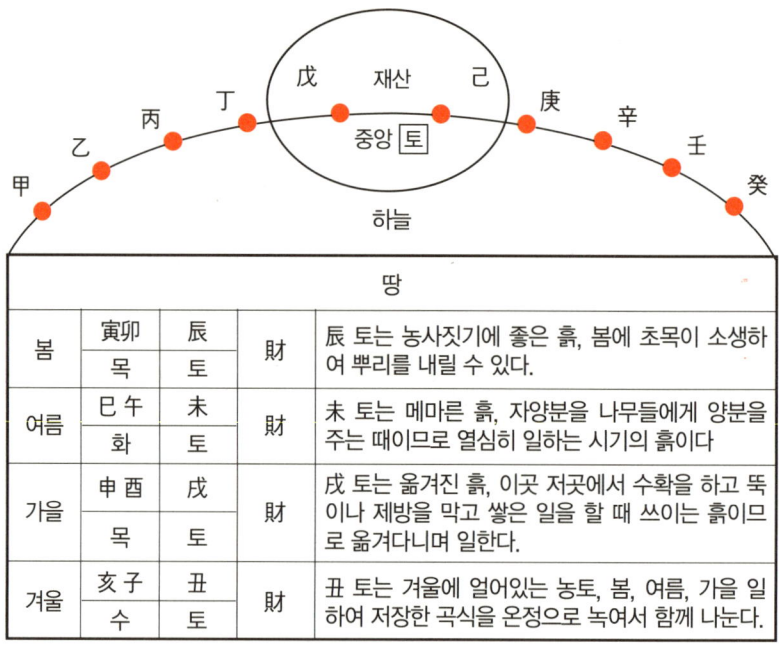

땅				
봄	寅卯	辰	財	辰 토는 농사짓기에 좋은 흙, 봄에 초목이 소생하여 뿌리를 내릴 수 있다.
	목	토		
여름	巳午	未	財	未 토는 메마른 흙, 자양분을 나무들에게 양분을 주는 때이므로 열심히 일하는 시기의 흙이다
	화	토		
가을	申酉	戌	財	戌 토는 옮겨진 흙, 이곳 저곳에서 수확을 하고 둑이나 제방을 막고 쌓을 일을 할 때 쓰이는 흙이므로 옮겨다니며 일한다.
	목	토		
겨울	亥子	丑	財	丑 토는 겨울에 얼어있는 농토, 봄, 여름, 가을 일하여 저장한 곡식을 온정으로 녹여서 함께 나눈다.
	수	토		

에서 생산이 되는 것이고 땅에서 나는 모든 것들이 財貨(재화)를 이루는 것임을 안다면 천간의 순서를 정함에 있어서도 木(목)갑을 火(화)병정 다음에 戊(무)와 己(기)의 토를 중앙의 자리에 배속을 하고, 金(금)경신 水(수)임계를 두었으며, 지지를 정함에 있어서도 각 계절이 일을 하고 그 계절마다 결실이 있을 것이니 후미에 배속을 한 것도 일리가 있다 하겠다. 辰(진)未(미)戌(술)丑(축)이 토이니 봄의 농사를 지어 진토의 財(재)를 만들고, 여름의 농사를 지어 미토의 財(재)를 만들고, 가을의 농사를 거두어들여서 술토의 財(재)를 만들고, 겨울의 농사도 축토의 재산을 만들어 감을 알 수가 있으리라.

* 太歲(태세) : 육십갑자 중의 그 당년의 해를 말함

천간의 나이

존재하는 모든 것들은 나이가 있으니 하늘자리의 천간인들 어찌 나이가 없겠는가, 천간의 나이는 갑, 을, 병, 정, 무, 기, 경, 신, 임, 계가 나이의 순이니 갑은 한 살이요, 을은 두 살이요, 병은 세 살이요, 정은 네 살이요, 무는 다섯 살이요, 기는 여섯 살이며, 경은 일곱 살이요, 신은 여덟 살이요, 임은 아홉이요, 계는 열 살이 되겠다. 땅에 붙어살아가는 만물들은 하늘에서 정하여 행해지는 모든 것에 대하여는 어찌할 수가 없음을 볼 때에 땅에서 이루어지는 행위들은 계절이 일을 하고, 익히고, 때가 있어 영위하고, 운용을 할 수가 있으니 천간의 수인 천수를 알고 그 수의 나이를 알아 운용을 하여야 함은 정하여진 것이기에 땅에서는 어찌할 수 없음을 알아야 한다.

〈천간 나이의 조견표〉

甲	乙	丙	丁	戊	己	庚	辛	壬	癸
1살	2살	3살	4살	5살	6살	7살	8살	9살	10살

60갑자와 納音(납음)오행

60갑자란 천간의 첫 글자인 甲(갑)자와 지지의 첫 글자인 子(자)자를 짝으로 하여 甲子(갑자), 乙丑(을축), 丙寅(병인), 丁卯(정묘), 戊辰(무진), 己巳(기사) …… 庚申(경신), 辛酉(신유), 壬戌(임술), 癸亥(계해)로 끝을 맺으며, 60개의 배합으로 조직이 되는 것을 말한다.

납음오행이란 천간과 지지의 오행을 수리로 전개하면서 앞뒤의 수를 선

〈納音(납음) 오행〉

해중금	갑자 을축	바다 속의 쇠, 인격을 갖추고 심지가 굳다
노중화	병인 정묘	화롯불, 가사에 사용되는 불
대림목	무진 기사	다 자란 나무, 집 짓는 재목으로 쓰인다
노방토	경오 신미	길가의 흙 경작지를 제외한 땅, 택지
검봉금	임신 계유	산꼭대기 쇠, 돌, 항상 살피고 돌봐야 한다
산두화	갑술 을해	산의 불, 화전 농사꾼, 발명가
간하수	병자 정축	작은 골짜기 샘물, 낙숫물
성두토	무인 기묘	성벽의 흙, 국방, 경찰, 공무원, 소방관
백랍금	경진 신사	산화철, 특수직 잉크, 오일
양류목	임오 계미	부드러운 버드나무, 유아원 초등학교 교사
천중수	갑신 을유	샘솟는 물, 전당포, 결혼 알선업
옥상토	병술 정해	집 짓는 흙, 목수 건자재 의류 업
벽력화	무자 기축	벼락불, 화려함 추구, 인기 연예인
송백목	경인 신묘	소나무, 잣나무, 곡식장사, 한의원, 기도원
장류수	임진 계사	흐르는 강물, 천문, 변호사, 설득, 계도
사중금	갑오 을미	모래 속 흙, 풍류를 즐긴다. 성직자, 교사
산하화	병신 정유	사용하는 불, 대장간, 미용, 용접, 주유
평지목	무술 기해	주위의 나무, 책방, 저지, 신문사, 출판사, 언론
벽상토	경자 신축	벽에 바르는 흙, 과학자 음악가 악기 미술
금박금	임인 계묘	꾸미는 쇠, 액세서리, 금속, 숙식, 관광업, 전당
복등화	갑진 을사	꺼지지 않는 불, 결백한 성격, 정직
천하수	병오 정미	흐르는 물, 판매업, 외교, 물 정수기업
대역토	무신 기유	옮긴 흙, 도자기, 기계부품, 농장 건설, 토건
채천금	경술 신해	장식용 쇠, 귀금속 제련, 용광로, 컴퓨터
상자목	임자 계축	뽕나무 한의사 가구점 금방 도장
대계수	갑인 을묘	골짜기 물, 다양한 모양, 연예인, 코미디언
사중토	병진 정사	모래 속의 흙, 꾸미고 찾아 다닌다. 거간꾼
천상화	무오 기미	솟는 불, 정치가 외교관, 기관사, 선장
석류목	경신 신유	석류나무, 독성, 비서, 부관, 서비스업
대해수	임술 계해	바다 물, 다양한 직업, 노력

천수로 하고, 6갑오행의 수를 후천수로 하여 실용한 것으로 6갑의 순수한 오행 외에 천간과 지지의 씨, 즉 종자에 의해서 형성된 오행을 말한다.

선천수와 후천수는 生(생)수와 成(성)수를 말하는 것이니 오행의 생수는 1, 2, 3, 4, 5로 태어난 수를 말하고, 성수는 6, 7, 8, 9, 10이니 태어난 수가 성숙하게 자라 나타내는 수를 말한다.

갑자을축 (해중금) 병인정묘 (노중화) 무진기사 (대림목) 경오신미(노방토) 임신계유(검봉금)

갑술을해 (산두화) 병자정축 (간하수) 무인기묘(성두토) 경진신사(백랍금) 임오계미(양류목) 갑신을유 (천중수) 병술정해 (옥상토) 무자기축 (벽력화) 경인신묘(송백목) 임진계사(장류수) 갑오을미 (사중금) 병신정유 (산하화)무술기해 (평지목) 경자신축 (벽상토) 임인계묘(금박금) 갑진을사 (복등화) 병오정미 (천하수) 무신기유(대역토)경술신해 (차천금) 임자계축(상자목) 갑인을묘 (대계수) 병진정사 (사중토) 무오기미(천상화) 경신신유 (석류목) 임술계해(대해수)

空亡(공망)

하늘인 천간은 열 개이고 땅인 지지는 자리가 열 두 개인데, 하늘이 움직이며 땅의 지지와 배합을 하여 운행을 하다가 천간이 한 순을 돌면 지지는 두 자리가 남게 된다. 남는 두 자리를 바로 공망이라 한다. 갑자, 을축, 병인, 정묘, 무진, 기사, 경오, 신미, 임신, 계유로 천간은 한 바퀴 일을 마치나, 지지는 술과 해가 남게 된다. 갑자 순에는 술, 해를 공망이라 한다.

공망이 든다 함은 '공해지고 망한다' 는 것이며, 하던 일을 멈추고 쉬게

〈육십갑자 및 태세의 공망 조견표〉

육십갑자 및 태세										공망
갑자	을축	병인	정묘	무진	기사	경오	신미	임신	계유	술해
갑술	을해	병자	정축	무인	기묘	경진	신사	임오	계미	신유
갑신	을유	병술	정해	무자	기축	경인	신묘	임진	계사	오미
갑오	을미	병신	정유	무술	기해	경자	신축	임인	계묘	진사
갑진	을사	병오	정미	무신	기유	경술	신해	임자	계축	인묘
갑인	을묘	병진	정사	무오	기미	경신	신유	임술	계해	자축

된다는 뜻이 있다. 그리고 새로운 분야의 일을 하게 될 수도 있다는 것이며, 진술축미토와 함께하는 공망은 재산의 손실도 가져 올수 있다는 것이니 계절과 태세의 오행을 잘 살펴야 되겠다.

계절과 기간

자연의 계절인 봄여름가을에 태어난 년, 월, 일을 대입을 하여 봄은 20년, 여름은 21년, 가을은 22년의 시기를 적용하여 계절의 암수와 오행과 태세의 운기나 오행으로 운세를 보며, 태어난 시에 해당하는 겨울은 필요가 없는 것은 아니나, 생을 중심으로 본다면 자연에서는 농사를 지을 수가 없는 계절에 해당하기에 운세를 감정함에 있어서는 굳이 넣을 필요가 없다 하겠다.

그러므로 봄여름가을의 세 계절에 농사를 지어 겨울이라는 창고에 저장을 하였다가 농사를 지을 수 없는 겨울에는 봄여름가을에 농사지어 저장해둔 곡식을 먹으며 지내야 하는 것이니, 겨울은 인생살이로 보면 세 계절에 지은 농사를 저장한 창고라고 하겠다.

봄이나, 여름이나, 가을이나 주어진 자연의 시간은 같으나, 생을 영위하고 함께 살아가는 인간들에게는 함께하는 시간을 참작하지 않을 수가 없겠다.

　봄은 자라고 크는 시기로 사람이 태어나 함께 살아가는 교육을 받는 시기이니 20세까지이며, 여름은 21년이니 누구나 땅을 밟고 살아가려면 모태에서 자라는 기간이 있어 태어나면서 한 살을 먹으니 그 기간을 여름의 시간에 넣어 일을 하니 21~41세가 되겠다. 가을의 기간은 22년이 되는 것은 가을의 나이가 되면 누구나 자신들의 씨를 받아 자식을 낳아 키우고 양육도 해야 하는 때이며, 부부가 함께 자식을 키워가는 시기이다. 정리하고 거두는 시기이며, 나이로는 42~63세라 정한다.

계절의 운기(支藏干 : 지장간)

〈지장간(支藏干)의 속견표〉

地支 氣	여 기	중 기	본 기
子	壬(10日)		癸(20日)
丑	癸(9日)	辛(3日)	己(18日)
寅	戊(7日)	丙(7日)	甲(16日)
卯	甲(15日)		乙(15日)
辰	乙(9日)	癸(3日)	戊(18日)
巳	戊(5日)	庚(9日)	丙(16日)
午	丙(10日)	己(9日)	丁(11日)
未	丁(9日)	乙(3日)	己(18日)
申	戊(7日)	壬(7일)	庚(16日)
酉	庚(15日)		辛(15日)
戌	辛(9日)	丁(3日)	戊(18日)
亥	戊(7日)	甲(7日)	壬(16日)

※ 월을 30日을 기준함

계절이란 하늘의 천간과 지지가 자연의 순환에 의해서 사계절을 만들어 내고 있다. 사계절은 12달이 엮어서 만들어내고 있으며, 12달은 천간과 지지의 기운이 함께 일을 하면서 엮어 내며, 그 달과 계절을 만들어서 익히고 있음을 알아야겠다.

운기는 초기, 중기, 정기로 분류하는데, 子(자) 속에는 천간의 壬(임)과 癸(계)의 기운과 함께하고, 丑(축) 속에는 癸(계), 辛(신), 己(기)가 함께한다. 寅(인)은 戊(무), 丙(병), 甲(갑)의 기운이 있고, 卯(묘)는 甲(갑), 乙(을)의 기운과 함께한다. 辰(진)은 乙(을), 癸(계), 戊(무)와 함께하며, 巳(사)는 戊(무), 庚(경), 丙(병)과 함께하고, 午(오)는 丙(병), 己(기), 丁(정)의 기운과 함께하고, 未(미)는 丁(정), 乙(을), 己(기)의 기운과 함께한다. 申(신)은 戊(무), 壬(임), 庚(경)과 기운과 조화를 이루고, 酉(유)는 庚(경), 辛(신)의 기운과 함께한다. 戌(술)은 辛(신), 丁(정), 戊(무)의 기운과 함께하고, 亥(해)는 戊(무), 甲(갑), 壬(임)의 기운과 함께 조화를 이루고 있다. 천간의 기운과 지지의 기운이 함께하여 날을 만들고, 달을 만들고, 계절을 만들며, 해를 만들어 가며, 조화로 온갖 만물을 숙성 시키며 익히고 있다.

계절과 운세

계절이 오는 것이나, 계절이 가는 것이나 항상 변함이 없이 반복이 되며, 계절이 만들어내는 일들도 언제나처럼 반복이 되어도 변함이 없다. 봄은 봄에 일을 하면서 만물을 소생시키고 자라게 하며, 여름은 만물을 살찌우게 키워내고 익히며, 가을도 제 일을 하며 열매를 익혀서 거두어들이고 저장을 할 것이다. 자연의 계절은 때가 되면 계절이 익어 봄, 여름, 가을, 겨울로 오고간다. 운세도 세월의 흐름 속에서 계절과 태세가 만들어내는 것이며, 각각의 계절들이 태세의 운기에 따라서 움직이는가를 살펴본 다면 운세의 흐름도 알 수가 있으리라. 어떤 일도 자연이 만들어내는 것이기에 모자라는 것도, 넘치는 것도 자연의 계절이 하는 일임을 알아야 한다. 태과와 불급을 알아서 암수가 하는 짓거리를 잘 헤아려야 할 것이다.

계절의 특성과 성격

계절을 이루는 것은 달이 만들어 가는데 각각의 계절은 나름의 특성이 있으니 살펴보자면 봄인 1, 2, 3월은 만물이 대지를 뚫고 힘차게 싹을 틔어 자란다. 어느 곳이라고 할 것도 없이 산하대지를 가득 채워가며 일을 하는 시기이다. 1, 2, 3월생의 특성은 무슨 일이든 시작함에 강하고, 조급하고 기다림에 서툴고 바쁘며, 모양을 그렸다면 모양에만 치중을 하니 이해득실에는 어려움이 있겠다.

여름인 4, 5, 6월은 신록의 때를 맞이하니 온 천지의 산하에 녹음이 짙고 꽃이 개화하여 향기가 진동을 하는 때이다. 4, 5, 6월생은 몸이나 행동

〈태세의 운행과 운세〉

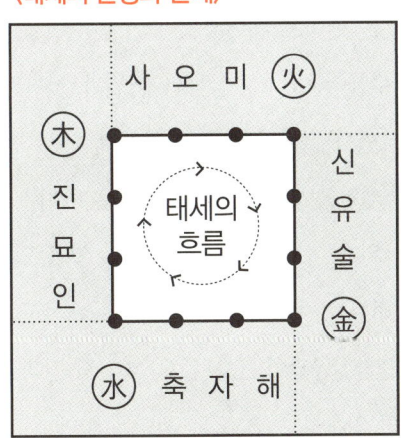

으로 하는 일보다는 입으로 한 몫 하는 일이 어울릴 때가 많다. 더운 계절이기에 남을 의식 안 하고 언행에 거침이 없다. 그러나 허풍이나 독설도 함께 담고 있음을 알아야 한다.

가을인 7, 8, 9월은 오곡이 익어 온 들판에 그동안 애써 익힌 곡식이 넘쳐나는 때이다. 7, 8, 9월생은 여유가 있으며, 성격이 느긋하고 먹고사는 것이나 일상에도 별로 걱정을 안 한다. 모든 것을 풍족함으로 받아들이며 치장을 하거나 모양을 내는 일에 열심일 것이다. 허나 모든 것이 풍족하다 함은 게으름을 만들어냄도 생각을 해봐야겠다.

겨울인 10, 11, 12월은 모든 것들을 거두어 들여서 창고에 쌓아 저장을 한 시기이다. 다음해에 쓰일 종자를 관리 보존하는 때이다. 대지는 얼어 동토의 때이니 10, 11, 12월생의 특성은 부지런하며, 인내하며, 머리의 회전도 빠르며, 행동을 함에도 신중함이 있겠다. 그러나 변절을 하거나 매사에 의심이 많음도 함께함을 알아야 한다.

三才(삼재)와 운세의 조절

누구나 암수의 옷을 걸치고 태어나지만 암놈이 암놈이 아니라 수놈으로 살아가고, 수놈이 수놈이 아니라 암놈의 세월과 짓거리로 살아가게 되어 있음은 이미 태어나면서 짊어지고 나온 것이다.

운세의 조절이란 계절을 알고, 짊어지고 나온 나이를 알고, 태세의 흐름을 알고, 오행의 기운이 어느 기운으로 흐르는 것을 알아 태과 불급을 조절할 수 있음을 말하는 것이다.

운세의 조절은 자연의 근간인 三才(삼재, 하늘과 땅과 사람)의 수에 있다. 人才(인재)의 수인 인수를 보면 모든 생명은 물에서 생성이 되는 것이기에 인수는 1수, 2화, 3목, 4금, 5토가됨을 알 수가 있고, 계절과 태세를 알아 수를 찾아내면 운세를 조절할 수가 있으리라.

(암수법의 정리와 푸는 요령과 성명과의 관계는 제2권 부록에서 이어진다.)

암수운세법 강좌

암수운세법은 혜공 스님이 자연의 오행을
기초로 하여 삼주육자법으로
새롭게 창안한 학술입니다.
암수운세법을 배우고 연구하고자 하는
이의 참여를 바랍니다.

- 일시_ 매주 금요일 오후 3시
- 장소_ 경기도 하남시 교산동 49-10 〈금구정사〉
- 전화_ 031-795-4536
  011-306-9936

암수운세법 연구회

남한산 뒷자락 금구정사에서 혜 공 합장